Historia de Europa

10

Jacques Droz

EUROPA: RESTAURACIÓN Y REVOLUCIÓN
1815-1848

Traducción
Ignacio Romero de Solís

Diseño interior y cubierta: RAG

Reservados todos los derechos. De acuerdo a lo dispuesto en el art. 270 del Código Penal, podrán ser castigados con penas de multa y privación de libertad quienes sin la preceptiva autorización reproduzcan, plagien, distribuyan o comuniquen públicamente, en todo o en parte, una obra literaria, artística o científica, fijada en cualquier tipo de soporte.

Título original: *Europe between Revolutions, 1815-1848*

La edición en lengua española de esta obra ha sido autorizada por John Wiley & Sons Limited. La traducción es responsabilidad de Siglo XXI de España Editores, S. A.

© Publishers Wm. Collins Sons & Co Ltd., 1967

© Siglo XXI de España Editores, S. A., 1974, 2020
para lengua española

Sector Foresta, 1
28760 Tres Cantos
Madrid - España

Tel.: 918 061 996
Fax: 918 044 028

www.sigloxxieditores.com

ISBN: 978-84-323-1980-8
Depósito legal: M-1.387-2020

Impreso en España

ÍNDICE

Mapas 7

Introducción 15

   I. La filosofía de la Restauración.............................. 17

  II. La evolución económica
      de los grandes Estados europeos 25

 III. La burguesía y la ideología liberal 43

 IV. Socialismo y movimiento obrero............................ 63

   V. La evolución política de los grandes Estados 93

      La monarquía constitucional en Francia, 93 – La práctica del régimen parlamentario en Inglaterra, 118

 VI. El movimiento liberal y nacional
      en Europa Central 133

      El *Vormärz* alemán, 134 – El *Risorgimento* italiano, 146 – Las luchas nacionales en la monarquía austriaca, 156

 VII. La Rusia zarista 165

VIII. La Iglesia ante el mundo moderno......................... 173

 IX. Las relaciones internacionales................................. 195

   X. Conclusión: Las causas de las Revoluciones
      de 1848 221

Bibliografía 231

Apéndice bibliográfico 239

Índice onomástico 247

MAPAS

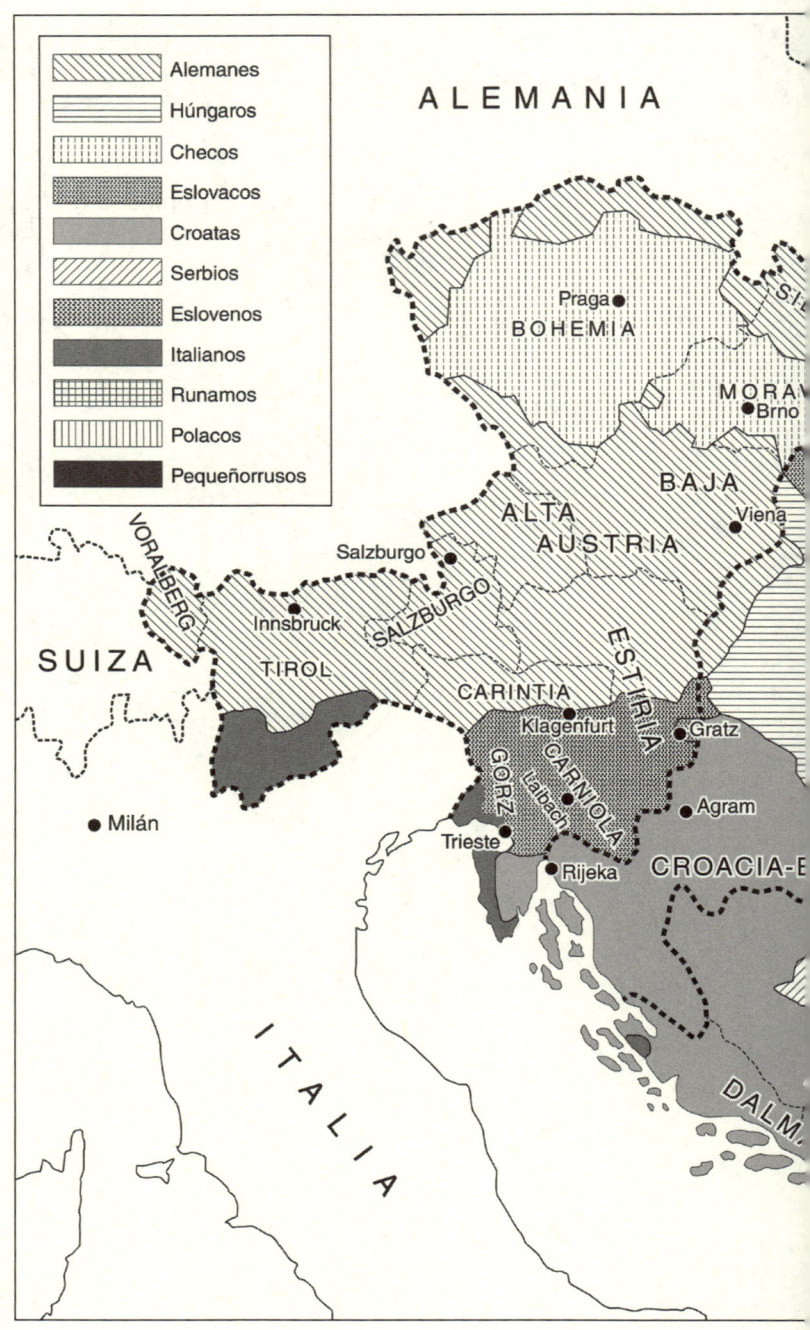

El lenguaje y los pueblos
del Imperio de los Habsburgo
1815-1848

INTRODUCCIÓN

El periodo que se extiende entre 1815 y 1848 aparece como una época conflictiva que opone a las antiguas clases dirigentes, ligadas a la sociedad del *Ancien Régime,* la ascensión de las nuevas fuerzas surgidas de la Revolución industrial y que se apoyan en el liberalismo para imponer su dominación.

Aparentemente, 1815 señala el triunfo de la reacción, que intenta imponer sus tendencias, sus tradiciones y sus fuerzas. Pero la Revolución francesa no trastocó en vano la estructura política y social de Francia, ni tampoco propagó en vano las nuevas ideas en los Estados más cerrados y aislados de Europa, gracias al empuje victorioso de los soldados de la Revolución y del Imperio. Los vencedores intentaron rehacer el mapa de Europa al amparo de una restauración; pero el Congreso de Viena no logró la estabilidad europea que los soberanos se prometían. Bajo el disfraz de la unidad de las concepciones políticas, el instrumento diplomático del que se esperaba la paz no logró suprimir las contradicciones de las ideologías. Una vez desaparecido el peligro, los intereses chocaron entre sí, y se desarrollaron las apetencias precursoras de sangrientos conflictos. No basta con detener las agujas que señalan el paso del tiempo y retroceder al momento de 1789; en realidad las nuevas ideas se infiltraron por doquier, las mentes se abrieron a nuevas concepciones, más universales. Las nacionalidades se afirmaron. Con las ideas de emancipación y de liberación sociales, el invasor francés difundió el concepto de nacionalismo.

En la lucha ideológica que libran sin cuartel los partidarios y adversarios del liberalismo, este va a acabar venciendo. Pero su victoria será la del egoísmo brutal. Dueño de la economía, dueño del poder, el burgués edifica su fortuna sobre la miseria de la mayoría; contribuye a la extensión de la depauperación. Ayudado por la Revolución industrial que se inició en 1785 y que se acelerará gracias a la aparición de los ferrocarriles, el desarrollo de la industria moderna y del capitalismo provoca la creación de un inmenso proletariado, a la par que, suscitado por la desesperanza material y moral que sufre esta clase, se afirma cada vez con más fuerza un movimiento doctrinal antiburgués, sobre todo después de 1840, en todos los países que se industrializan.

Este doble antagonismo es el contexto de la historia de Europa entre 1815 y 1848.

I. LA FILOSOFÍA DE LA RESTAURACIÓN

No cabe la menor duda de que la llegada de 1815 suscitó grandes esperanzas en las clases dirigentes europeas. Los diplomáticos congregados en Viena no solamente creían haber puesto punto final a la aventura revolucionaria e imperial, sino también intentaron restaurar, junto con el principio de la legitimidad, el respeto a los poderes establecidos así como el sentido de la jerarquía y de la autoridad. Los soberanos que vuelven a empuñar las riendas del Estado tras veinte años de pruebas pueden, en realidad, apoyarse sobre un movimiento general de reacción contra el individualismo, movimiento que invita a las elites a reconstruir la unidad de la *intelligentsia* y el gusto por la tradición contra los progresos del libre examen. Realmente, para ser más exactos, esta reacción contra las «luces» se había iniciado en el transcurso de las últimas décadas del siglo XVIII: en 1775, Claude de Saint-Martin, «el filósofo desconocido», publicó *De los errores y de la verdad;* en 1790, Edmund Burke escribió sus *Reflexiones sobre la Revolución en Francia;* en 1796, Joseph de Maistre publicó sus *Consideraciones sobre Francia;* y en 1799, Novalis presentó su meditación sobre *Europa o Cristiandad,* primera manifestación del romanticismo alemán. Pero solo en torno a 1815 comenzaron a rendir fruto estas obras.

El tradicionalismo surgió en Francia como resultado de una reflexión sobre la Revolución de 1789, considerada como una conspiración de la francmasonería y del iluminismo y de las experiencias de la emigración, que reconduzco a la nobleza a la fe de sus padres. Joseph de Maistre, noble saboyano, y el vizconde de Bonald, gentilhombre de Rouergue, ambos emigrados, que se convirtieron, después de 1815, en teóricos del ultramontanismo, creían que la Revolución y, posteriormente, Napoleón fueron males enviados por la providencia para castigar el crimen de la incredulidad; se burlaron de las pretensiones racionalistas del siglo XVIII, a las que oponían las lecciones de la experiencia, y coincidieron en mostrar la impotencia del hombre para crear un gobierno, en señalar la futilidad de las constituciones escritas y la superioridad del empirismo sobre el razonamiento lógico. El hombre, afirman ambos, no puede crear nada nuevo en el mundo político ni en el mundo físico: «Puede, sin duda, plantar un pepino, hacer crecer un árbol, perfeccionarlo mediante injertos y podarlo de cien modos distintos, pero jamás se ha podido imaginar que pueda crear un árbol; ¿cómo ha podido, entonces, imaginarse que tuviese poder para crear una constitución?», escribe Joseph de Maistre. Y de Bonald afirma: «El hombre no puede dotar de una constitución a la sociedad política, como tampoco puede dotar de gravedad a los cuerpos o de extensión a la materia». El primero de ellos insiste, en su libro *Sobre el papa,* en el origen teocrático de los príncipes legítimos, que detentan su poder por delegación del único y verdadero soberano, el papa infalible; el segundo acentúa el carácter absoluto de la Revelación divina, que excluye de la vida social la libre discusión e incluso la tolerancia.

En Suiza, Ludwig von Haller publica, a partir de 1816, su *Restauración de la Ciencia del Estado:* «Los reyes legítimos —anuncia— son restaurados en sus tronos, lo mismo que restauraremos en su puesto a la ciencia legítima, la que sirve al soberano señor, y de cuya verdad da fe el universo». Apoyándose en el Derecho natural, también él reacciona violentamente contra el racionalismo del siglo XVIII. Asimila el Estado a una familia; el territorio nacional, a un bien personal del soberano; la autoridad, a la propiedad; la ley, a la gracia del príncipe; el impuesto y el servicio militar, a una asistencia consentida; la política, a la ciencia del derecho privado. Desde el punto de vista de Haller, el soberano reina no en virtud de una delegación, sino de un derecho, que le confiere la fuerza; no administra la cosa pública, sino sus propios negocios. El único límite de su poder es el respeto que debe a los demás propietarios; por ello, existe frente a él una pirámide de libertades y privilegios, pero en ningún caso se puede hablar de un contrato entre el soberano y sus súbditos.

Las tesis de los románticos alemanes son equivalentes. Opuesta al universalismo de las instituciones francesas, la escuela histórica del Derecho reacciona igualmente contra la disposición de los hombres de la precedente generación que carecían de «sentido histórico». Por esta razón, su fundador, el jurista Savigny, la emprendió en su libro, *De la vocación de nuestro tiempo para la legislación y la Ciencia del Derecho,* contra la pretensión de su colega Thibaut de dotar a Alemania de un Derecho uniforme: en su opinión, el elemento creador del Derecho, como el de la lengua y las costumbres, es el espíritu del pueblo *(Volksgeist);* por tanto es absurdo querer remodelarlo en función de la fantasía arbitraria de los hombres. Desde 1815, Savigny y Eichhorn prosiguieron, en la *Revista de la Ciencia histórica del Derecho,* en nombre de la costumbre y de la tradición, sus ataques contra los partidarios del Derecho natural. Los románticos, al experimentar, por otra parte, la cada vez más profunda influencia del catolicismo –en muchos casos son conversos– aportan una justificación teológica a las ideas de legitimidad, de jerarquía y de obediencia. Las últimas obras de Adam Müller, el teórico del Estado «orgánico», están dirigidas contra el liberalismo político y la economía materialista; tras establecer que la tierra no puede ser objeto, como los bienes muebles, de provecho material o de intercambios comerciales, Müller trató de demostrar que el trabajo solo tiene valor en cuanto servicio a la comunidad, que el crédito es un acto de fe en el Estado, y que el impuesto es una deuda sagrada que se debe saldar con devoción. Aún mejor que él, Baader, adversario de la economía liberal, presiente la evolución de una sociedad en la que los capitales se acumularán en algunas manos, dejando al margen de ellas a un ejército de proletarios animados de pasiones revolucionarias. La noción de Estado inspira las últimas obras de Friedrich Schlegel. Estos románticos tienen el sentimiento de que, si los valores sobre los cuales ha vivido la antigua sociedad deben ser preservados, únicamente la Iglesia puede hacerlo, y para ello hay que concederle la mayor independencia posible. Por eso el grupo de católicos vieneses formado en torno al redentorista Hofbauer se afana en destruir las últimas secuelas de la legislación josefinista. En cuanto al círculo de la «Mesa Redonda», reunido en torno a Joseph von Görres, gracias al apoyo del rey de Baviera, Luis I, formado por profesores de la nueva universidad de Múnich, preparó en la revista *Eos* las armas que, veinte años después, deberían devolver su libertad a la Iglesia de Alemania.

Del mismo modo, en Francia, Lamennais piensa que las fuerzas conservadoras deberían apoyarse en el vigor del sentimiento religioso, en un catolicismo popular y ultramontano. Por ello, en su *Ensayo sobre la indiferencia en materias de religión* (1817), intentó reagrupar a las inteligencias alejadas hasta entonces de toda religión revelada, en torno a una nueva apologética, basada en la certeza de que «no existe paz para la inteligencia más que cuando está segura de la posesión de la verdad». La admiración que profesa Lamennais por la Edad Media cristiana, en la que todos los occidentales estaban unidos por convicciones comunes, le lleva a la condenación radical del libre examen, defendido por Lutero y Descartes, y a la rehabilitación del principio de autoridad, del que depende el orden de las conciencias. «El mundo –escribe– es víctima de la multiplicidad de opiniones; cada cual solo quiere creer en él mismo, y solo se obedece a sí mismo. Restableced la autoridad y todo el orden renacerá de nuevo.» El problema de la certeza constituía, desde su punto de vista, el problema principal, por lo que acudirá a buscar su solución en el «sentido común», en el «consentimiento universal»; ahora bien, únicamente la religión católica es depositaria de esta unanimidad, al ser su universalidad garantía de veracidad. De este modo, siendo la Iglesia la única fuente de toda autoridad y de toda certeza, Lamennais deduce que es necesario que los Estados se sometan a ella, que lo temporal sea sometido de nuevo a lo espiritual. Los papas deben guiar y deponer a los príncipes vacilantes. Estas ideas teocráticas encontraron amplio eco en Francia y, fuera de Francia, en Bélgica y en Alemania. Mientras algunas personalidades alsacianas, como Liebermann y Raess, dan a conocer al público alemán, a través de la revista de Maguncia *Der Katholik,* los escritos de los teócratas franceses, el barón de Eckstein, muy vinculado a los románticos alemanes, propaga el pensamiento alemán en Francia a través de los periódicos ultramonárquicos y posteriormente en la revista *Le Catholique,* que él mismo publica en París entre 1826 y 1830. A los beneficiarios de la Restauración les parece necesario que el catolicismo despliegue sobre la vida de los pueblos, como sobre la de los individuos, su inmensa red de relaciones y de obligaciones, sin la cual la autoridad no podría revestirse de ese carácter absoluto, sacerdotal, que le garantiza la obediencia y el amor de los súbditos.

El protestantismo, minado por el espíritu del libre examen y contra el cual se han encarnizado los teócratas, no proporciona evidentemente las mismas garantías que el catolicismo romano. Pero el movimiento del «despertar» lo orienta, no obstante, hacia formas de pensamiento ortodoxas, incluso pietistas, que se adecuan a las exigencias de un pensamiento conservador. Son conocidos los servicios que en este campo realizaron en Inglaterra las sectas metodistas. En los países germánicos se alcanzó un resultado notable gracias a las agrupaciones de piedad, a los hermanos de Moravia, que no dejaron de dirigir la lucha contra el espíritu de las luces, y que confundieron la Revolución francesa con la Bestia del Apocalipsis. En el Estado prusiano, los representantes más eminentes de la aristocracia se reagruparon, a partir de 1815, en torno a los hermanos Gerlach, en el *Maikäferei,* a un tiempo religioso y patriótico, primer embrión del partido conservador. Este mismo grupo será el que, inmediatamente después de las Revoluciones de 1830, publicará el *Berliner Politische Wochenblatt,* al frente del cual se encuentra un converso católico, el bávaro Jarcke, el mejor teórico del Estado cristiano: contra las fuerzas disolventes del libre pensamiento, se precisa absolutamente la conjunción de todos los creyentes.

Sin embargo, en Alemania será Hegel quien dará mayor impulso a la filosofía política. Su pensamiento, opuesto a los «creadores de constituciones» del periodo revolucionario, muestra que solo pueden existir libertades dentro del Estado, y que este último, fuente única de Derecho, se define exclusivamente por su soberanía, y por tanto no reconoce otra voluntad superior a la suya. Únicamente en el Estado, dice Hegel, puede el hombre acceder a la moralidad más alta. Efectivamente, el Estado educa al individuo, lo pliega a la disciplina colectiva que le libera de las contingencias de su naturaleza animal y de sus elucubraciones estériles: lejos de disminuirlo, le permite completar su personalidad, integrándose en un organismo moral superior que le hace progresar en el sentido de lo universal y de la «libertad concreta». El Estado es una comunidad permanente, unánime, que no procede de una Voluntad general formulada como consecuencia de un contrato que emana de los individuos, sino que preexiste a ellos y los sobrevive; es la realidad absoluta y primordial, y el individuo solo tiene «sustancia», libertad, en tanto que es miembro del Estado. La *Filosofía del Derecho,* de Hegel (1820), describe al Estado de tal forma que el monarca, que encarna lo universal, toma sus decisiones con el concurso de sus funcionarios, y la representación de los *Stände* únicamente tiene por función hacer comprender a los pueblos las decisiones tomadas a mayor nivel. ¿Constituye esto una apología del Estado prusiano de su tiempo? La dialéctica de Hegel, sin duda, le prohíbe detenerse en la idea del «buen Estado», que para él solo puede ser considerado como una cadena de imperialismos sucesivos. Pero es difícilmente cuestionable que al usar la fórmula: «todo lo real es racional», Hegel prestara su apoyo a quienes justificaban su vinculación con los sistemas existentes; pese a su admiración inicial por la Revolución francesa, y a sus vínculos masónicos[1], que le habían puesto en relación con los elementos más progresistas de su época, adoptó, a medida que envejecía, una filosofía cada vez más conservadora. Y al mismo tiempo, desdeñador de la ley internacional, justificaba la «política de potencia»: el Estado que posee un nivel superior de organización y de cultura tiene el derecho de vigilar a las naciones «inferiores», porque la nación victoriosa ha dado, en virtud de su propia victoria, pruebas de su superioridad. Análogas consecuencias pueden extraerse de la obra de los grandes historiadores alemanes de esta época: de Niebuhr, cuya *Historia de Roma* magnifica las virtudes del campesino romano; y, sobre todo, de Ranke, el padre del «historicismo», que presenta la historia de los pueblos, «inmediatos con Dios», como una lucha entre las grandes individualidades políticas y subraya para cada Estado la necesidad de estar animado por una cierta voluntad de poder, garantía de su independencia: es la tesis de la primacía de la política exterior, que formulará en sus vastos estudios de historia diplomática, considerando que la vida internacional condiciona la organización política y las propias instituciones del Estado.

El hombre que encarnó, en opinión de sus contemporáneos, la política de la Restauración, fue el canciller austriaco Metternich, quien durante largos años imprimió su sello a la política europea. Realmente la formación de Metternich correspondía a la de un racionalista, no a la de un romántico; solo participó débilmente del entusiasmo de sus contemporáneos por las ideas de legitimidad y del derecho divino, y aún menos de las teorías ultramontanas, que escandalizaban ligeramente a su espíritu josefinista. Metternich era un hombre del siglo XVIII. La idea fundamental de su «sistema» es la del equilibrio, que tomó de su colaborador Friedrich von Gentz, el teórico de la lucha contra la Francia revolucionaria e imperial. Ante todo, según Metternich, existe un equilibrio en el interior de

---

[1] Sobre este aspecto, véanse los estudios de J. D'Honat, *Hegel en son temps* (1968).

los Estados, en donde el orden social debe ser defendido contra las fuerzas de destrucción. Existe, además, un equilibrio entre los Estados, ya que estos últimos no deberían quedar abandonados a su inspiración particular, sino sometidos a una comunidad supranacional. Y si es cierto que «solo el orden confiere el equilibrio», nada resultaría más peligroso para la existencia de esos Estados que el desarrollo de los movimientos liberales y nacionales. Metternich se opone, por consiguiente, a cualquier transformación del estatuto político. Comparando la Revolución alternativamente a una hidra dispuesta a tragárselo todo, a un incendio, a una inundación y luego al cólera, hostil a la soberanía popular, a un régimen constitucional que no es sino la aplicación del principio «quítate de ahí para que me ponga yo», considera que la salud de la sociedad descansa sobre la conservación de las monarquías y sobre el respeto a una jerarquía aristocrática, «clase intermedia entre el trono y las capas inferiores del cuerpo social». Precisamente es esta fe en el equilibrio nacional e internacional la que le hace particularmente sensible a los intereses generales de Europa y determina su creencia en la necesidad de un concierto europeo, como algo superior a los intereses de cada Estado. La razón exige, pues, que las monarquías se unan para preservar a la sociedad de una subversión total. Como, a fin de cuentas, son los gobiernos los responsables de las revoluciones, estos no deben retroceder ante ninguna clase de medida preventiva. No solo es necesario que los soberanos estén de acuerdo entre sí ni que se reúnan con frecuencia en congresos para aprobar conjuntamente las medidas que deban adoptar, sino también que puedan intervenir, en caso de necesidad, en los países vecinos para restablecer el orden amenazado; deben constituirse en tribunales supremos políticos para actuar de policías internacionales contra la revolución. De la Santa Alianza –texto que el zar Alejandro I en un momento de misticismo ofreció a la firma de los soberanos de Europa, por el cual les invitaba, en tanto que «miembros de una misma nación cristiana», a gobernar en un espíritu de fraternidad y de caridad– Metternich intentó hacer la unión de las policías gubernamentales contra todos los innovadores. Al imprimir a la alianza europea su carácter antirrevolucionario y antiliberal, tenía el sentimiento muy claro de estar sirviendo, sobre todo, a los intereses de Austria, la potencia más vulnerable a las revueltas populares; pero, a la vez, actuaba como hombre consciente de la solidaridad de los destinos de Europa, de una Europa «que ha adquirido para mí el valor de una patria», escribía en 1824.

¿Lograron las clases dirigentes alcanzar sus objetivos? Contaban con el cansancio de los espíritus, pero también con la sumisión de las masas rurales y con la estrechez de la vida urbana e industrial. Pero precisamente será frente a la evolución de la vida económica donde se estrellará el espíritu de la Restauración. A las fuerzas del orden van a oponerse las fuerzas del movimiento. El desarrollo de la industria, que avanza desde Inglaterra hacia el continente, va a romper los marcos de la sociedad del *Ancien Régime* y lograr que la burguesía se constituya en el principal elemento de la nueva vida política. Ahora bien, esta burguesía, a la que la Revolución francesa aseguró su emancipación, está estrechamente ligada al liberalismo, en el cual ve la garantía de su influencia en el Estado. Los apoyos de la Restauración se verán forzados a doblegarse, con mejor o peor voluntad, ante las fuerzas morales surgidas de la Revolución industrial.

II. LA EVOLUCIÓN ECONÓMICA DE LOS GRANDES ESTADOS EUROPEOS

Por muy profunda que haya sido la transformación económica de Europa durante la primera mitad del siglo XIX, el continente continúa manteniéndose, en lo esencial, dentro del *Ancien Régime*. Sin duda, el trabajo científico experimenta durante esta época importantes progresos técnicos: desarrollo de la máquina de vapor, utilización de telares mecánicos, fabricación de hierro colado mediante el coque. Una revolución se está incubando en los transportes: la mejora de las carreteras, la aplicación del vapor a la navegación y a los ferrocarriles no tardarán mucho en ejercer una influencia decisiva sobre los Estados. De todos modos, entre 1815 y 1848, los factores de la economía tradicional continúan siendo preponderantes: superioridad de la agricultura sobre la producción industrial; ausencia de medios de transporte rápidos y baratos; inferioridad, en el seno de la industria, de la metalurgia en relación con los bienes de consumo corriente.

El retraso es más flagrante en cuanto atañe al crédito, aunque poco a poco se ha constituido una oligarquía financiera de la que no pueden prescindir los gobiernos. La tela de araña que las finanzas internacionales tejen en torno a los Estados es cada vez más tupida y estrecha. El carácter internacional de los bancos aparece claramente en el caso de los Baring y de los Hope, de Londres y Ámsterdam respectivamente, que colocaron los empréstitos necesarios para la liberación del territorio francés. El ejemplo más característico de la Alta Banca lo constituyen los Rothschild, surgidos de los medios judíos de Fráncfort y cuyos cinco hermanos –Amschel, Salomón, Nathan, James y Karl– dirigen respectivamente las casas de Fráncfort, Viena, Londres, París y Nápoles; originariamente su fortuna se formó a partir de los transportes de fondos entre Inglaterra y sus asociados en una época en que el traslado de sumas de dinero entre poblaciones muy distantes estaba lleno de riesgos. Es un hecho que, a partir de 1820, la mayor parte de los empréstitos estatales pasan por sus manos y que los soberanos no pueden desestimar sus servicios, por lo que Francisco I de Austria los eleva a la categoría de barones. Metternich y su secretario, Friedrich von Gentz, convinieron con ellos, con ocasión del Congreso de Aquisgrán, un matrimonio de intereses y negocios: «Los Rothschild –escribe Gentz– son judíos vulgares y desconocen los buenos modales, pero están dotados de un sentido admirable que les hace alcanzar siempre sus objetivos. Su formidable fortuna (son los más ricos de Europa) es obra por completo de su instinto, que el público acostumbra denominar suerte». Celosos, por otra parte, de mantener la paz que beneficia a sus negocios, se esfuerzan por evitar la guerra, por ejemplo en la cuestión belga en 1830 o en la crisis egipcia de 1840, y por mantener el acuerdo entre los príncipes. Aunque se preocupan por la suerte de sus correligionarios vejados, trabajan en definitiva en consolidar el orden instaurado. Sus beneficios los colocan en provechosos negocios: se apoderan de las minas de mercurio de Idrija y de Almadén; controlan el Lloyd austriaco; equipan los negocios ferroviarios de alguna importancia; utilizan, para restablecer su influencia política o económica, las dificultades financieras de los gobiernos, como ocurrió en el caso de Bélgica ante la penosa liquidación de la deuda holandesa. Al poseer fincas de recreo y suntuosos palacios, entran en la alta sociedad, y algunos de ellos llegan incluso a tener una cierta actividad parlamentaria, sin lograr vencer de todos modos el antisemitismo que acompaña a sus éxitos, como claramente lo refleja el panfleto del furierista Toussenel: *Les juifs, rois de l'époque (Los judíos, reyes de la época)*. A pesar de todo, esta aristocracia del dinero que constituye la Alta Banca todavía no se deja ganar por la idea, tan cara a los sansimonianos, de la difusión del crédito. Los bancos de crédito, con excepción de Inglaterra, aún no han visto la luz. Sin duda las «sociedades en comandita» ya se han puesto en marcha, pero habrá que esperar todavía a que llegue el momento favorable para su extensión, y la fórmula de la sociedad anónima corresponde a una fase de amplia expansión capitalista que solo algunos logran entrever. En general, y a pesar de las iniciativas de algunos precursores, el desarrollo del crédito continúa marcado por la prudencia, por la timidez a veces, fiel reflejo de la tenaz resistencia de las mentalidades y de las prácticas arcaicas. Y es que aún no se han apagado los ecos de la vieja controversia sobre la legitimidad del interés; y se podrá ver cómo algunos prelados se indignan, aun después de 1830, ante la indulgencia que muestran las instrucciones de la Curia a este respecto.

Por otra parte, la situación general del mercado del dinero no favorece en modo alguno una vasta expansión económica. El periodo que va desde 1817 hasta 1850 se sitúa bajo el signo del retroceso de los precios-oro. La producción de metales preciosos se estanca; y el movimiento de alza que había afectado a los precios desde el segundo cuarto del siglo XVIII se detiene poco después del restablecimiento de la paz general. Por tanto, el empresario trata por todos los medios a su alcance de comprimir los salarios, y no le resulta difícil, dada la abundancia de mano de obra; tampoco vacila a la hora de recurrir a la protección aduanera. La economía se ve sacudida por crisis que se reproducen aproximadamente cada diez años, entre las que se sitúan periodos de recuperación: las fechas principales son 1817-1818, 1826-1829, 1836-1839, 1846-1848. Normalmente su causa está en las malas cosechas que provocan alzas masivas de los precios agrícolas, alteran las condiciones de vida de los asalariados agrícolas, y conducen, sucesivamente, a la contracción del mercado campesino, a la caída de la producción industrial, primero de la textil, y seguidamente de la metalúrgica, al marasmo de los negocios, al paro, a la caída de los salarios y a los disturbios obreros. De todos modos, estos sobresaltos de la economía no dejan de tener una influencia directa sobre la agitación social o política, que representa su manifestación más visible.

A imagen de la economía, que no experimenta entre 1815 y 1848 una revolución completa, la demografía tampoco sufre transformaciones radicales. La población de Europa continúa creciendo muy rápidamente, y en medio siglo pasa de 188 a 266 millones, y si bien es cierto que el avance francés, muy notable todavía a principios de siglo, decrece debido a la inflexión de la natalidad, en cambio continúa siendo fuerte en Inglaterra y Alemania. La supresión de las restricciones maritales, así como el cultivo de la patata, son, al parecer, las causas principales de esta explosión demográfica. El incremento de la población se orienta hacia las ciudades, que exigen continuamente una mano de obra cada vez más numerosa. En 1800 solo existen 22 ciudades en Europa que pasan de los 100.000 habitantes; en 1850 ya son 47 (de las cuales 28 se encuentran en Inglaterra); Londres pasó de 960.000 a 2.300.000 habitantes;

París, de 550.000 a 1.000.000; Viena, de 125.000 a 400.000; Colonia dobló su población durante este medio siglo. Pero el desplazamiento de las poblaciones del campo a la ciudad es aún muy débil: en 1848, Francia sigue siendo, en sus tres cuartas partes, un país rural. La esperanza de vida en esta Europa de la primera mitad del siglo XIX continúa siendo muy corta y, por ello, el conjunto de la población es muy joven: en las grandes ciudades industriales, la longevidad media apenas si sobrepasa los veinte años; y basta una mala cosecha para que los más pobres mueran por miles. Las grandes epidemias –tifus, peste y sobre todo cólera– continúan ocasionando numerosas víctimas: proveniente de Rusia, y facilitada por las operaciones militares entre rusos y polacos en 1831, se propagó por Europa una gran epidemia de cólera entre 1831 y 1837 que hizo estragos por doquier; en Francia provocó la muerte de 100.000 personas; en París murieron 18.000 (entre otros Casimir-Perier, Cuvier, Sadi Carnot); la epidemia se cebó principalmente con los barrios más pobres. ¿Por qué traer, entonces, al mundo a tantos seres condenados a una muerte prematura o a una existencia miserable? Esta es la cuestión que planteó Malthus a finales del siglo XVII, al demostrar que el aumento de los medios de subsistencia se producía en progresión aritmética. Sus ideas, combatidas por algunos, alcanzaron un resonante éxito entre los economistas liberales, como Say y Dunoyer; y en Inglaterra se constituyó una Liga Malthusiana, donde los radicales Place y Carlyle preconizaron métodos contraceptivos.

La Revolución industrial aún no pudo borrar la antigua preeminencia rural. Por muy neto que fuera en Gran Bretaña el desarrollo capitalista, no alteró definitivamente el equilibrio insular entre la fortuna agraria *(landed interest)* y la fortuna mobiliaria *(moneyed interest)* en beneficio de esta última. En Francia, bajo la Restauración, la tierra continúa representando más de las tres quintas partes del patrimonio nacional, y esta proporción es aún mayor en otros Estados del continente. Aunque el hombre no viva directamente del trabajo de la tierra, la preocupación de saciar su hambre continúa siendo en él diaria, y el temor a la penuria solo desaparece en los contados años de excepcional abundancia. Además las ciudades, en general de importancia muy modesta, están rodeadas por un amplio medio campesino con el que intercambian los productos. Ciertamente la agricultura, ya perfeccionada durante el siglo XVIII, experimenta nuevos progresos en las regiones donde los grandes propietarios se interesan por la explotación de sus dominios, invirtiendo en ellos capitales no con vistas a la adquisición de nuevas tierras –la esperanza del pequeño propietario francés–, sino en la compra de máquinas, de abonos y de simientes. Sobre todo es en Gran Bretaña donde se da con mayor abundancia esta categoría de grandes agricultores a quienes la concentración de tierras permite aplicar los progresos de la agronomía. Se pueden constatar también algunos progresos, debidos tanto al drenaje del suelo como al tratamiento a base de cal de las tierras silícicas o al perfeccionamiento del arado, en algunas zonas privilegiadas, como Lombardía y Piamonte, entre los ricos campesinos de Alemania del Norte, en Francia, en Flandes, Normandía, Limaña y Poitou. Algunas regiones se especializan en cuanto a los cultivos: Baviera, en el lúpulo; los países mediterráneos, en la vid; se incrementa la ganadería para la producción de carne en la proximidad de las grandes ciudades. Pero la inmensa mayoría de los agricultores europeos permanecen fieles a los procedimientos tradicionales, con un barbecho extenso, la preeminencia de los cereales y la ganadería solo como un punto de apoyo, mientras el ganado, mal cuidado, continúa padeciendo las epizootias. Finalmente, los sistemas de propiedad no se han transformado profundamente: Francia continúa siendo un país de modestos propietarios rurales, entre los que se acentúa la parcelación de la tierra, así como aumenta el apego a la propiedad individual; del mar del Norte a los Apeninos, la propiedad señorial está en retroceso debido a los trastrocamientos impuestos por la época revolucionaria e imperial, sin que, pese a ello, haya mejorado sensiblemente la situación de los aparceros o de los jornaleros agrícolas; el latifundio continúa siendo la regla en el conjunto de los países mediterráneos.

Estas son las líneas generales. Pero es imposible describir una visión de conjunto de la economía europea entre 1815 y 1848, ya que difieren radicalmente las condiciones de desarrollo de cada Estado. Inglaterra ya se encuentra en la segunda fase de su Revolución industrial, cuyo despegue *(take off)* comenzó en el siglo XVIII, mientras en Francia este no se produce hasta la década de los cuarenta del siglo XIX, y en Alemania aún no se han creado las condiciones técnicas previas.

Gran Bretaña disfruta en 1815 de un avance considerable sobre el continente, aunque únicamente la técnica de la hilatura de algodón haya sido profundamente transformada por la Revolución industrial. La especialización geográfica está todavía en sus inicios; la pequeña industria está aún apegada al motor hidráulico; el telar manual se mantiene constante. El *domestic system,* artesanal y disperso, subsiste para el tejido y la pañería en Norwich, Leeds y Bradford; para la calcetería, en Leicester y Nottingham; para la sedería, en Spitalfields, y para la metalurgia ligera, en Birmingham y Sheffield. La evolución aún está lejos de haber concluido. Y, sin embargo, el valor global de la producción inglesa es superior al del continente.

Inglaterra es el único país europeo que posee ya una agricultura de tipo capitalista. En la segunda mitad del siglo XVIII, los *landlords,* beneficiándose de las teorías puestas de moda por los economistas, obtienen del Parlamento la autorización de apropiarse, cercándolos, de los terrenos baldíos, los pastizales poco fértiles que pertenecen a las comunidades de habitantes; la concentración de las fincas aristocráticas, administradas por ricos granjeros, tiene como consecuencia hacer prevalecer el tipo de gran explotación rural, enfocada como si fuera un negocio industrial, practicando el cultivo en alternancia cuadrienal o quinquenal, notable por el desarrollo de los abonos químicos, el drenaje y las praderas artificiales. Ciertamente, la clase media de los *freeholders,* de los *yeomen,* tiende a desaparecer, dejando a la *gentry* ante una plebe de pequeños aparceros y de obreros agrícolas, frecuentemente miserables, que intentaron, hacia la década de los treinta, rebelarse destruyendo las máquinas agrícolas. El desarrollo de la gran industria tiende, por otra parte, a hacer desaparecer al artesanado campesino. El propietario terrateniente intenta confiscar para él solo el ingreso nacional; contra el «landlordismo», defendido por tasas elevadas sobre la introducción de granos extranjeros, se dirigirá, impulsado por los medios de la industria y del comercio, el movimiento en favor del libre cambio.

Entre 1815 y 1850 toma cuerpo efectivamente en Inglaterra la gran industria capitalista. La máquina de vapor de J. Watt ha dejado de ser, a mediados de siglo, un instrumento de laboratorio: al sustituir a la máquina hidráulica, ha transformado primero la industria minera y metalúrgica, y posteriormente la industria textil. A su vez, el tejido a mano recibirá un golpe mortal tras la aplicación de la patente de Sharp, Roberts & Co. La pequeña empresa tiende a desaparecer, arruinada por el progreso del maquinismo y por las crisis económicas. Se asiste al hundimiento del artesanado, algunos de cuyos elementos se integran en la gran industria, y la mayoría se proletariza. El *factory system* acaba predominando en Gales y en los distritos del norte de Inglaterra. Pero es la economía de los transportes, sobre todo, la que se transforma más profundamente: hasta 1824 se habían construido ferrocarriles en los que la tracción se realizaba por medio de caballos; pero tras la construcción por Stephenson de la primera locomotora (1814), comienzan a circular trenes de vapor, a partir de 1823, por la línea de Stockton a Darlington; en 1830, de Liverpool a Mánchester; en 1837, de Londres a Birmingham. La técnica de la construcción ferroviaria fue perfeccionada por los Brunel, padre e hijo, de origen francés, quienes abrieron un túnel bajo el Támesis; fueron construidos puentes metálicos que unieron Anglesey con Gales, Chester con Holyhead. La construcción de las vías férreas la emprendió exclusivamente la iniciativa privada, mientras el Estado se limitaba a autorizar la construcción de las líneas, sin suscribir préstamos ni pagar la compra de tierras. A consecuencia de una crisis de especulación hasta entonces no conocida, a mediados de siglo diversas compañías construyeron y explotaron 11.000 kilómetros de vías férreas. Fueron los capitales ingleses los que dieron su impulso inicial a la construcción de los ferrocarriles en el continente: una compañía anglofrancesa emprendió la construcción del ferrocarril de París a El Havre, y fue la London and Southeastern Railway la empresa que financió la línea de Amiens a Boulogne-sur-Mer; de los ocho administradores con que contaba por entonces la francesa Compañía del Norte, dos de ellos eran ingleses, ambos Baring; el nombre de W. Mackenzie, una de las grandes figuras del capitalismo internacional, aparece en numerosos negocios ferroviarios continentales. Finalmente, para resistir a la competencia de los ferrocarriles, los canales, en manos de empresas privadas, se modernizaron y rectificaron sus trazados, mientras que las carreteras se transformaron gracias a un sistema de firme inventado por el escocés McAdam. La mejora de las comunicaciones, en todas partes, permitió la localización y la concentración de las industrias en los lugares que les eran más favorables.

Por su parte, el crédito aumenta y se agiliza. Ya en 1815, el Banco de Inglaterra dispone del mayor depósito de capitales de todo el mundo; la concentración capitalista se manifiesta con la fundación de grandes firmas, como Baring, vinculada a las mayores bancas de Ámsterdam y de Hamburgo. El prestigio del Banco de Inglaterra se incrementó cuando, en 1819, los Comunes votaron a favor del pago en metálico. Por lo demás, participó en numerosas especulaciones, aunque una ley votada por el Parlamento en 1844, que separaba el «departamento monetario» del «bancario», fijara un máximo para la emisión de billetes, en relación con las reservas de oro y plata y el capital del banco. Los bancos privados cedieron el terreno a las sociedades por acciones *(joint-stock banks),* cuyo papel fundamental consistía en recibir depósitos, abrir cuentas y reinvertir sus capitales disponibles a muy corto plazo. La crisis *(crash),* a la que acompañan quiebras en cadena, se suceden repetidas veces, en 1825, en 1836, en 1847; pero la producción se reactiva siempre y muy rápidamente al no tardar en dispararse el consumo y los pedidos.

El capitalismo inglés triunfó entre 1815 y 1851 sobre los factores desfavorables debidos a la caída de los precios del oro; basándose en el ritmo de la producción industrial, del volumen comercial e incluso en el de los salarios reales, el historiador se ve forzado a reconocer que se trata de una época de un desarrollo extraordinario; Inglaterra jamás conoció otra época similar. La producción de carbón se triplicó con creces, la del hierro se multiplicó por ocho. Inglaterra es el primer productor y el primer vendedor de carbón del mundo, y el apogeo de su poder parece confundirse, desde los comienzos de la era victoriana, con el máximo de la exportación hullera. Por supuesto, son los puertos redistribuidores de los productos coloniales y exportadores de productos manufacturados los principales beneficiarios de la prosperidad; por lo demás, se vieron favorecidos en su expansión por el progreso de la navegación a vapor: construcción de barcos de hierro, de cuatro o cinco mástiles; utilización de la navegación mixta, construcción de ruedas de hélices que sustituyen, gracias a los descubrimientos del sueco Ericsson, a la vieja rueda de palas; formación de grandes compañías navieras, como la Cunard, cuyo navío *Britannia* tardaba, en 1840, tan solo catorce días en realizar la travesía del Atlántico. Los negocios se ven considerablemente favorecidos por la utilización del telégrafo, por la reforma del sistema postal de Rowland Hill, que creó el sello postal de un *penny,* pagado por el expedidor. ¿Contribuyeron de un modo importante a esta evolución el establecimiento progresivo del libre cambio, en virtud de una escala que se hizo móvil, y seguidamente la abolición de los *Corn Laws*?[1]. Ciertamente, su papel auxiliar fue considerable; pero no se puede olvidar que los mercados continentales, a consecuencia de un proteccionismo persistente, no se abrieron en reciprocidad a los productos ingleses.

En las provincias belgas, sometidas hasta 1830 a los Países Bajos, independientes desde entonces, fue donde la influencia de los métodos y de las técnicas inglesas se hizo más sensible en el transcurso de las décadas que siguen a 1815. Sus recursos de hulla y de hierro y la calidad de una mano de obra muy experimentada desde hacía siglos en el hilado y en el tejido, constituían condiciones muy favorables. La política del rey Guillermo I también contribuyó poderosamente mediante los pedidos del gobierno a la industria y gracias a la concesión de subvenciones. La extracción de la hulla se desarrolló gracias a la utilización de la máquina de vapor; la industria textil, en Gante y en Bruselas, se transformó rápidamente gracias al utillaje mecánico; la industria metalúrgica adquirió un poderoso auge: en Namur, Charleroi y Lieja, Cockerill empleaba en 1839 más de 2.000 obreros, y resulta notable ver cómo grandes terratenientes –como los Oultrémont y los Arenberg– se interesaron por el desarrollo industrial. En todas partes se emplean técnicos ingleses. Interrumpido durante un breve periodo por la Revolución de 1830, este auge cobró rápidamente nuevos impulsos debido a la construcción acelerada de ferrocarriles destinados a procurar a Bélgica nuevos mercados: se trataba de unir Ostende con Renania, y Holanda con Francia, cruzándose ambas líneas en Malinas. El gobierno también decidió construir ferrocarriles. En el conjunto de la expansión económica belga hay que señalar el papel desempeñado por la Société Générale, fundada por Guillermo I –el primer gran banco de negocios constituido como sociedad anónima–, que, a partir de esta época, comienza a controlar la industria y la minería de carbón.

---

[1] Véase el cap. V, p. 129.

La evolución capitalista se produce en Francia con claro retraso con respecto a Inglaterra; los progresos son considerablemente más lentos y menores. La formación de un mercado interior fue mucho más premiosa que en Inglaterra, y los ingresos por habitante eran también más bajos. Francia continúa siendo un país esencialmente agrícola, donde, todavía en 1848, el 75 por 100 de la población se dedica a la agricultura. Aunque la gran propiedad domina, Francia es una democracia de pequeños agricultores, que viven mediocremente en una economía cerrada, víctimas de su «hambre de tierras». Pero, debido a la necesidad en que se encuentran los agricultores de reducir sus gastos de explotación, se asiste, sobre todo desde 1825, a una especie de «revolución de los cultivos», según los principios formulados por Mathieu de Dombasle e impartidos en la escuela de Grignon: mejora de las técnicas agrícolas, reducción del barbecho, utilización de abonos, especialización de cultivos, cuidado del ganado, roturaciones extensivas. Todas estas medidas propician un incremento general del rendimiento; pero aún existen demasiadas regiones refractarias al progreso agrícola, hasta el punto de que Francia aparece como un mosaico de zonas agrícolas que se encuentran en estadios completamente distintos de desarrollo económico. La extensión de la red de carreteras, nacional y comarcal, plan de conjunto establecido por la Administración de Caminos y Puentes en 1837, contribuyó ampliamente a estas transformaciones. Por otra parte, este progreso beneficia mucho más al propietario o al explotador de la gran propiedad que al jornalero, quien se ve afectado por la reducción de los derechos colectivos. En cuanto a la industria, esta se ve sometida a un régimen de protección arancelaria, e incluso de prohibición de las importaciones, que constituye la causa fundamental del retraso de la industria nacional, y a la que, a pesar de algunos tímidos intentos de algunos hombres de Estado, fue imposible renunciar. La fundición a base de carbón vegetal continúa predominando, contrariamente a lo que ocurre en Inglaterra, aunque a partir de 1840 puede observarse un cierto desarrollo de los altos hornos que utilizan coque. Sin embargo, el descenso del precio del oro obliga a las industrias a mecanizar y a racionalizar las fábricas para mantener sus beneficios: las máquinas se difunden, pero más rápido en el hilado que en el tejido, y más deprisa respecto al algodón que respecto a la lana. La concentración horizontal, desarrollada en el hilado de algodón de la región de Mulhouse, es todavía muy débil en el tejido y en la metalurgia, donde hay que citar como excepcionales las posesiones de los Wendel en Lorena y la Compañía de Minas del Loira; la concentración vertical está todavía en sus primeros balbuceos. En general, los negocios familiares se desarrollan en el marco familiar, agrupando a veces bajo el nombre de «sociedad de nombre colectivo» a algunos parientes próximos, y acudiendo más raramente a la fórmula de comandita. El sector textil sigue estando estrechamente sometido a los métodos del capitalismo comercial, bajo el control de fabricantes-negociantes. Por el contrario, se puede constatar la decadencia significativa de la industria doméstica y rural, que, sin embargo, no ha desaparecido totalmente. En resumen, aunque en la Francia de mediados del siglo XIX todavía dominan la pequeña tienda y el taller, y las grandes empresas constituyen la excepción, lentamente se va formando un capitalismo de «monopolio», favorecido por el gobierno. Los progresos de la industria están, por otra parte, escasamente ayudados por las vías de comunicación. La construcción de los ferrocarriles debe su auge a la activa propaganda de los sansimonianos, a politécnicos como Enfantin o banqueros como Pereire, que ven en ellos una especie de garantía de prosperidad económica y de fraternidad universal; pero, subestimados durante bastante tiempo por la oposición que planteaban los servicios de diligencias y determinados hombres de Estado y frenados por la dificultad de encontrar capitales, la empresa fue abandonada primero en manos de concesionarios privados, sin que el trazado de vías se hiciese de acuerdo con una visión de conjunto a pesar de los llamamientos del ingeniero Legrand. Solamente en 1842 se promulgó una ley que preveía la compra de terrenos por el Estado, mientras la superestructura y el material debían ser suministrados por las compañías. A partir de entonces, el dinero inglés comenzó a afluir en Francia, y se desarrolló en un clima completamente nuevo de mercantilismo la *Railway Mania,* especulación que, de todos modos, condujo a un notable despilfarro de energías y de dinero: en 1848 tan solo había construidos 1.900 kilómetros de vías férreas en Francia, lo que la colocaba muy por detrás de Inglaterra y de Prusia. Igualmente mediocre es el desarrollo de las instituciones bancarias y de crédito, aunque es cierto que el Banco de Francia multiplicó, bajo la influencia de su subgobernador Vernes, sus sucursales en provincias. Aún no se ha establecido el enlace entre los bancos y el pequeño ahorro; y el Estado desconfía de las sociedades por acciones. De forma general puede afirmarse que la administración favorece el malthusianismo industrial. Ciertamente no faltan inteligencias que se percatan de la enorme ventaja que implica un sistema de crédito asentado sobre bases más amplias; y J. Laffitte fundará con esa concepción la Caja general del comercio y de la industria, que practica el descuento y la comandita industrial; pero sus negocios, frecuentemente mal establecidos, se hundirán en la crisis económica que conmociona el país a finales de la década de los cuarenta. Así pues, la vida económica continúa estando en Francia marcada por el sello del pasado, embotada por el proteccionismo, el prestigio de las inversiones inmobiliarias, la ausencia de crédito: un país muy próximo al *Ancien Régime,* donde los progresos del capitalismo tentacular todavía no han logrado sacudir el pesado sueño de la nación. En este clima bastante sórdido de penuria monetaria, como lo demuestran las novelas de Balzac, evoluciona la economía francesa, amenazada continuamente de quiebra, obsesionada por los vencimientos y por el temor al usurero.

Algunos factores particulares contribuyeron a retrasar en 1815 y bastante tiempo después el desarrollo de la economía en los países alemanes. La economía agrícola, que sigue siendo esencial, está dominada en el Este por la *Gutsherrschaft,* en la que el señor vive aún esencialmente de la explotación de su finca, y al Oeste, por la *Grundherrschaft,* más cercana a la economía occidental, donde el gran propietario extrae sus rentas de derechos privilegiados sobre las tenencias y los campesinos. En el primero de esos dos regímenes agrarios, en cuyo seno triunfó lo que Lenin denominó «la vía prusiana del capitalismo», la reacción señorial limitó, en virtud de la legislación de 1816, las medidas de regulación previstas en 1811 a los «colonos con arado»; y en este caso todo parece que coincide para reforzar el poder de los *Junkers,* que se apoya al mismo tiempo en la autoridad tradicional y en una fortuna especulativa considerable. En el segundo de estos regímenes agrarios, más complejo, hacían estragos la superpoblación y la penuria de tierras, origen de una importante emigración. En cuanto a la economía industrial, que todavía no presenta más que un carácter local y artesanal, se asfixia ante todo por la multiplicidad de fronteras aduaneras. El problema de las aduanas, denunciado en 1819 por el economista

List, dominará durante tres décadas el desarrollo de la economía alemana. La unión aduanera *(Zollverein)* fue una obra notable, de mayor importancia fiscal que política, dirigida pacientemente y sin miras preconcebidas por la burocracia prusiana, la mayoría de las veces incluso contra los deseos de la opinión pública, que continuó siendo particularista. La ley de junio de 1816 abolía en Prusia las aduanas interiores, la de mayo de 1818 establecía una tarifa, por lo demás moderada, para el conjunto del territorio prusiano. Las protestas de los Estados alemanes, en la Dieta de 1819, no lograron vencer la obstinación del gobierno de Berlín; por el contrario, algunos pequeños Estados enclavados en Prusia se dejaron absorber por el nuevo sistema aduanero. De todos modos el éxito era aún escaso cuando, en 1825, von Motz, encargado de la cartera de Hacienda, emprendió una política arancelaria ofensiva: en 1828, Hesse-Darmstadt entraba en pie de igualdad en asociación con Prusia. Este resultado provocó inicialmente reacciones particularistas: Babiera y Wurtemberg se precipitaron en firmar entre sí una unión aduanera, mientras que el elector de Hesse-Kassel constituía una asociación intermedia. Von Motz emprendió contra estas ligas una lucha sin cuartel. Beneficiándose de la mediocridad de la asociación del Sur (ambos Estados poseían una economía similar), logró en 1829 firmar con ellos un tratado sobre la base de una disminución progresiva de los derechos en vigor; seguidamente la unión intermedia fue dislocada por la firma de una serie de tratados, el último de los cuales fue firmado en 1831 con Hesse-Kassel. En 1833 las negociaciones con vistas a la creación de un *Zollverein,* llevadas con habilidad por Maassen, el sucesor de von Motz, concluyeron por fin; el 1 de enero de 1834 se constituía la unión aduanera con los dos Estados de Hesse, Sajonia, Wurtemberg y Baviera; en 1836 comprendía, tras la adhesión de Fráncfort y de Baden, 25 Estados con una población de 26.000.000 de habitantes, y que solo excluía, por tanto, a Austria, las ciudades hanseáticas y los Estados del *Steuerverein,* agrupados en torno a Hannover. La unificación de fronteras y de la tarifa aduanera inmediatamente apareció como la condición necesaria para el rápido desarrollo de los países alemanes. Pero el medio de su realización fue la creación de una red de ferrocarriles. Sin embargo, también en este caso, como en otros, la construcción de ferrocarriles, de los que economista List, el ingeniero Harkort y el banquero Camphausen querían hacer una «empresa nacional», chocó durante mucho tiempo con la incomprensión de los gobiernos: a la iniciativa privada corresponde el tendido de las primeras líneas férreas. No obstante, después de 1840, Federico Guillermo IV de Prusia se apasionó por las cuestiones ferroviarias y prestó un apoyo eficaz a las sociedades constituidas al efecto. En 1850 estaban en explotación 6.000 kilómetros (Grupo Renano, Grupo Sajón y Grupo Meridional), y en 1847 se estableció en Hamburgo la Unión de las Administraciones de Ferrocarriles Alemanes. La construcción de la red de ferrocarriles y la ampliación del mercado son las principales causas del desarrollo de la industria, que se tradujo en la expansión del maquinismo, gracias al dinamismo de personalidades como Harkort y los hermanos Cockerill, la afluencia de capitales extranjeros, el establecimiento en Prusia, después de 1845, del régimen de libertad de empresa y el progreso notable de la investigación (J. von Liebig en el campo de la química) y de la enseñanza técnica. El progreso de la producción industrial, a partir de 1835, fue más rápido que en Francia y en ocasiones incluso que en Inglaterra. Borsig en Berlín y Maffei en Múnich construyeron las locomotoras necesarias para los ferrocarriles; Silesia, Sajonia y Westfalia, principalmente, se convirtieron en importantes focos industriales para la minería, la metalurgia y la industria textil. Sin embargo, su significación siguió siendo sobre todo provincial; la industria alemana todavía no constituía para Inglaterra –de la que busca procurarse máquinas y utillaje mediante el contrabando y el espionaje industrial– un rival serio; padecía indigencia de capitales y escasez de sociedades por acciones; la flota comercial alemana, bajo el pabellón de Bremen o de Hamburgo, estaba aún en su infancia. La naciente industria reclamó la elevación de las tarifas aduaneras, que ni el gobierno de Prusia ni los medios comerciales estuvieron dispuestos a conceder: la fortuna del *Zollverein* parecía efectivamente fundada en la idea del librecambio. Las conferencias de la unión tan solo condujeron en 1845 a una elevación parcial de los derechos arancelarios. Las fricciones de intereses estaban abocadas, a pesar de todo, a disolverse ante las ventajas generales que presenta la formación de un bloque económico extenso y del sentimiento de solidaridad, gracias al cual la idea de patria adquiriría un peso concreto para los alemanes. Ahora bien, de este conjunto se encuentran separados los Estados de los Habsburgo, cuya economía industrial, muy desarrollada en algunas regiones, como en la parte alemana de Austria y en Bohemia, y mucho menos en Hungría (separada, además, de Austria por una barrera aduanera), se encontraba, a pesar de todo, en retraso con respecto a los restantes países alemanes.

En Italia, donde la parcelación es menos extremada que en Alemania, no se produjeron reajustes semejantes al *Zollverein* que contribuyeran a crear un espacio económico común. En general las iniciativas estaban en manos del capital extranjero: inglés, suizo y alemán. La agricultura continúa siendo precaria, las buenas tierras son escasas, y el Sudeste se encuentra sometido a un régimen latifundista, agravado para los campesinos por las exacciones de los *gabellotti,* administradores de los grandes propietarios absentistas. Sin embargo, poco a poco se abre paso la iniciativa privada, debido a sociedades agrícolas, como, por ejemplo, los *Georgofili* de Toscana. En el aspecto industrial se puede observar cómo aparece una cierta concentración de manufacturas, dotadas de un material perfeccionado de hilatura y tejido de tipo inglés, creadas por poderosas dinastías de capitanes de industria, como los Sella, de Biella. En particular son florecientes las sederías de Lombardía, Piamonte y Toscana, mientras que la lana está sólidamente implantada en la vertiente de los Alpes. Pero el desarrollo del crédito continúa siendo extremadamente lento (la Caja de Ahorros de Lombardía constituye el único organismo realmente importante), y sobre todo el equipamiento ferroviario ha tenido que chocar con vivas resistencias políticas: el rey de Nápoles estima que el ferrocarril debe servir para «concentrar rápidamente las tropas y garantizar su dominación, y en ningún caso para comodidad de la población», mientras que Gregorio XVI teme que los ferrocarriles «transporten menos mercancías que ideas». En 1848 se construyen líneas de interés muy local, que unen Nápoles, Milán y Turín con sus respectivas cercanías. No obstante, contrariado por gobiernos retrógrados, el libre impulso de la industria y del comercio se verá favorecido por la irrupción en los negocios de una clase activa de productores que intentan construir un gran espacio económico sin barreras aduaneras y sin fronteras políticas. En su ensayo publicado en 1846 titulado *Sobre los ferrocarriles en Italia,* Cavour, importante propietario agrícola piamontés, muestra que el ferrocarril, al liberar los intercambios y al hacer circular las ideas, constituiría el elemento determinante para el *Risorgimento*. Esta elite se reunió periódicamente en congresos científicos nacionales, y en 1842 se constituyó la Asociación Agraria Subalpina, otro foco de renovación política.

A medida que se avanza hacia el Este de Europa, la economía conserva un carácter cada vez más netamente agrícola y feudal. Este es el caso de la inmensa Rusia, cuya estructura económica y social no guarda el menor punto de comparación con Europa central y occidental. Durante la primera mitad del siglo XIX, mientras la rápida industrialización de Europa solo deja contadas posibilidades de salida a los productos rusos, la producción agrícola está en vías de crecimiento. Pero el desarrollo de la economía agrícola no implicó una transformación paralela de la servidumbre, aunque esta última fuese considerada como nefasta desde un punto de vista técnico, y a pesar de que algunos nobles se preguntaran si, por medio del *obrok,* no sería más provechoso encaminarse hacia el empleo de trabajadores libres asalariados. En este aspecto solo se llevaron a cabo reformas fragmentarias: fijación en favor de los campesinos de las partes de tierra que les eran atribuidas; mejoras, gracias a las reformas del ministro Kisselev, de la suerte de los campesinos dependientes directamente del Estado, autorización a los propietarios de ceder parcelas, mediante el pago de una renta, a los campesinos «obligados»; pero no se tomó durante el reinado de Nicolás I ninguna medida favorable a la supresión de la servidumbre, pese al aumento de las revueltas locales de los campesinos. La utilización masiva de mano de obra servil era lo único que permitía paliar la debilidad de las técnicas y de los rendimientos. Por otra parte, a pesar de las exportaciones, el mercado era incapaz de absorber la totalidad de la producción: de aquí la superproducción, que, por otra parte, no impidió, durante algunos años, la existencia de hambres atroces. Todas estas causas condujeron a una disminución constante de los precios agrícolas. La depreciación de la moneda, que el ministro Cancrin creyó conjurar en 1839 al estabilizar el rublo, la ausencia casi absoluta de un sistema bancario y la falta de capitales y, finalmente, el difícil reclutamiento de obreros contribuyeron al retraso industrial de Rusia. Sin embargo, la baja de los precios agrícolas atrajo hacia la ciudad una mano de obra abundante; numerosos grandes propietarios de tierras establecieron fábricas en sus dominios, mientras el trabajo libre tendía a sustituir en la industria al trabajo servil, y una ley de 1840 autorizaba a los siervos que trabajaban en las fábricas a comprar su libertad mediante unos modestos pagos regulares. Pero –y en ello radica uno de los rasgos originales de la economía rusa– el desarrollo industrial no se realizó a expensas de la industria doméstica rural, por la dificultad de los transportes y la existencia de un mercado difuso: los obreros aislados *(kustarni)* son numerosos, sobre todo en el sector textil, que muestra una clara tendencia a ser dispersa en el campo; trabajan en general por cuenta de comerciantes que les proporcionan los telares y las materias primas. Inversamente a lo que ocurre en el resto de Europa, las fábricas rusas, durante la primera mitad del siglo XIX, son escasas, fenómeno que está en relación con el desarrollo relativamente lento del maquinismo. La industria nacional necesita, de todos modos, altas tarifas protectoras; la prohibición establecida en 1822 fue ligeramente atenuada; pero no impidió el desarrollo del comercio exterior, las exportaciones masivas de trigo hacia el extranjero, que procuraban una balanza comercial continuamente favorable. Por desgracia, el mercado interior estaba absolutamente desorganizado; el consumo de productos industriales era prácticamente insignificante; Rusia continuaba siendo una yuxtaposición de pequeñas unidades económicas aisladas. En la construcción de carreteras, el punto de vista militar prima sobre el económico; y antes de la Guerra de Crimea, la red ferroviaria, carente de capitales y de mano de obra, apenas si había iniciado su desarrollo.

III. LA BURGUESÍA Y LA IDEOLOGÍA LIBERAL

El periodo que abarca de 1815 a 1848 quedó marcado, en todos los países europeos, por el ascenso constante de la burguesía. Se generalizará un tipo humano que la literatura dirigida al gran público popularizó con los nombres de Joseph Prudhomme, de Jérôme Paturot, de César Birotteau, de Podsnap o de Baneering, que presume de honradez, de saber vivir, e incluso, aun temiendo al pueblo, de un cierto idealismo humanitario, y que, sin embargo, no ha cesado de ser denunciado como hipócritamente escrupuloso, desprovisto de todo sentido artístico, ridículo por su autosatisfacción. Tipo que es perfectamente reconocible en el retrato del fundador del *Journal des Débats,* Bertin el viejo, que J.-A.-D. Ingres sentó resueltamente en su sillón, con las manos firmemente apoyadas en las rodillas y con la mirada rebosando seguridad. Los grandes escritores que se han acercado a la burguesía durante la primera mitad del siglo XIX se vieron sorprendidos por el contraste, entre el afán de ganancia y la ambición de elevarse en la escala social que confieren a la burguesía un carácter conquistador, y, frente a ellos, una ridícula vanidad, un conformismo riguroso y estrecho, y una desconfianza frente a toda novedad que la mantienen en una especie de mediocridad de la que es incapaz de liberarse.

En todos los Estados europeos, la evolución se realizó en el mismo sentido: en todas partes, el dinero es el criterio que sitúa a todo individuo dentro o fuera de la burguesía. Ciertamente, no cabe ninguna clase de comparación entre lo que se llama la burguesía inglesa hacia 1830, clase que ya imprime a Inglaterra su peculiar fisonomía, y los raros individuos que en Rusia comienzan la explotación de las fábricas. En el primer caso, los hombres ya aplican a los problemas políticos, que dirigen desde 1832, los procedimientos que garantizaron su éxito en el marco de la economía: a quienes el individualismo y el utilitarismo, derivados de sus deseos de independencia y de su voluntad de poder, y del sentido realista y la experiencia de los negocios, refuerza los instintos utilitarios de su raza. Mientras que en Rusia se trata de un pequeño grupo de negociantes-industriales, surgidos del campesinado servil, ya que muchos fueron siervos ellos mismos, acababan dirigiendo la mano de obra de la manufactura, o incluso lograron a duras penas y al cabo de numerosos años de trabajo comprar su libertad y adueñarse de la fábrica donde penaron. Entre ambos extremos existen, por supuesto, según los niveles que haya alcanzado la economía, los tipos más diversos. En un país como Alemania, donde la economía está en pleno auge desde 1835, el paso de los *Stände* jerarquizados de la sociedad del *Ancien Régime* a las clases sociales basadas en el trabajo y la fortuna dista mucho de haber culminado en 1848; resulta muy difícil discernir, fuera de Renania –donde se desarrolló la influencia de la legislación francesa–, un Tercer Estado dispuesto a convertirse en ese «todo» del que hablaba el abate Sieyès en 1789; e incluso ocurre que esos empresarios, industriales y negociantes proceden casi todos de medios calvinistas. Friedrich Engels señaló que, a mediados de siglo, resultaba imposible comparar la impotencia y la miseria del *Bürger* alemán con la situación del gran burgués de los Estados occidentales. «Su debilidad numérica y sobre todo su escasa concentración impedirán a la burguesía alemana –escribe Engels– adquirir esa superioridad política que la burguesía inglesa posee desde 1688 y que la burguesía francesa adquirió en 1789.»

En Francia fue donde la ascensión de la burguesía revistió un carácter más espectacular. Aquí es donde se definió más claramente en oposición a la nobleza, a la que arrebató el poder mediante la Revolución de 1830, y al «pueblo», del que se siente separada por sus ocupaciones y su forma de vida. La Monarquía de Julio puede considerarse como el ejemplo más típico de un régimen en el que el dinero se convierte en el factor esencial de discriminación social. Por ello dirigiremos en primer lugar nuestra atención a la formación de esta burguesía francesa.

Bajo la Restauración (1815-1830), el ascenso de la burguesía está todavía lejos de producirse. En la sociedad de entonces, muy cercana a la del *Ancien Régime,* cada cual trata de elevarse a fuerza de trabajos y de protecciones: el artesano aspira a comprar el taller; el pequeño burgués, que lleva a sus hijas a conventos y a sus hijos a un colegio donde reciben una educación completamente clásica, ambiciona para ellos un buen matrimonio, un cargo de notario y de procurador, la toga de abogado y principalmente un cargo en la función pública. Porque el poder de la administración, heredada del Imperio, determina una verdadera avalancha hacia los puestos de funcionarios, debido a la autoridad, a la consideración y a la seguridad de que disfrutan: la carrera pública aparece como el gran medio de ascenso social. Pero, además, son muy numerosos los pequeñoburgueses que se elevan laboriosamente en el comercio; el número de licencias de comercio pasa de 847.000 en 1817 a 1.163.000 en 1830. El sueño de un tendero, guardia nacional, que paga su uniforme y su equipo militar, es ser incluido en el censo electoral, entrar en el «país legal», lo que le consagra como «notable», con cierto prestigio local. La burguesía invierte sus ahorros en comprar tierra, que explota o en arrendamiento o en aparcería, o también en comprar propiedades ya construidas. Aparece un nuevo tipo social, el propietario de casas de alquiler. Pero solo en contadas ocasiones coloca el dinero en sociedades o en empresas industriales, ante el temor al riesgo que entrañan estas inversiones.

París ejerce una verdadera fascinación sobre esta burguesía. A la atonía de la vida provincial, en la que la clase media, laboriosa y sedienta de ganancias, aparece como esclava de la opinión conformista y consumida por ardientes y mezquinas intrigas, se opone la capital, que no solamente atrae a la clase obrera, sino también a los elementos más ambiciosos de esa burguesía, como el héroe de Balzac, Rastignac, que exclama al pisar el suelo de París: «París, ¡por ti y por mí!». L. A. Thiers, un joven periodista ambicioso llegado de Aix-en-Provence, tendrá como «padrino» a Talleyrand, cuya sonrisa sarcástica admira como conocedor este arribista desenfrenado, gracias a cuyas recomendaciones podrá abrirse paso en salones y periódicos. Todas las provincias francesas han contribuido a ese rejuvenecimiento, cuyas consecuencias fueron especialmente afortunadas: no hay nada esclerótico en el medio burgués parisino, en el que el deseo de ascenso social es general. Forzar la entrada de los diferentes medios burgueses de la capital exigía, en efecto, mucho talento, capacidad y arrojo, y numerosos eran los fracasos y las eliminaciones. Pero es cierto que las aportaciones de la provincia francesa contribuyeron ampliamente a dar su fisonomía a la burguesía parisina: el 55 por 100 de los electores incluidos en el censo de París entre 1815 y 1830 eran inmigrados; la proporción sobrepasa el 60 por 100 para los negociantes y funcionarios; solo es ligeramente inferior en el caso de las profesiones liberales y de los rentistas.

La burguesía parisina de la época de la Monarquía de Julio dista mucho de presentar un aspecto homogéneo; está dividida en una infinidad de grupos, cuyos intereses, nivel de vida, fortuna y aspiraciones son profundamente diferentes, e incluso opuestos. En la cumbre se mantiene una elite restringida, la alta burguesía, que tiende a confundirse con la aristocracia terrateniente, una pequeña minoría en el grupo de los privilegiados de la fortuna; más abajo está la «buena burguesía», que concentra a una parte de los notables más apegados al suelo de la capital que los grandes burgueses, pero que se aproximan a ellos por sus fortunas y ocupaciones, y proceden fundamentalmente de las profesiones liberales y comerciales; la «burguesía media», formada sobre todo por tenderos; y finalmente la «burguesía popular», que solo se distingue, con dificultad, del pueblo propiamente dicho porque sus funciones no son manuales. Entre esos diversos grupos, los límites son ondulantes y los entrecruzamientos perpetuos; las clases burguesas se entresolapan, como se ha afirmado, «de la misma manera que las tejas de un tejado», y los lazos entre los diferentes escalones son múltiples. Todavía no existía en la capital «segregación» de barrios tan neta como en la mayor parte de las metrópolis modernas.

No obstante, la novedad de la década de los treinta fue el establecimiento de la supremacía de la alta burguesía, que tiende a constituirse como un medio cerrado, que ya no desea integrarse en un orden social periclitado y que ha sabido crear una nueva jerarquía: es una aristocracia de dinero, de función y de responsabilidad, y que tiende a convertirse en una aristocracia de nacimiento. Estos burgueses han logrado establecer su hegemonía sobre un triple poder: económico, político y social; ello significa que por medio del dinero han conquistado los lugares políticos que les permiten asegurarse una legislación favorable y la facultad de modelar la opinión pública como mejor les convenga. Constituyen los «grandes notables» de la Monarquía de Julio, los representantes de esas «dinastías burguesas» que durante largo tiempo van a acaparar el poder bajo el signo del orleanismo. Aparecen en la cima de su predominio como una clase con méritos propios, compuesta por individuos que tienen el sentido de la innovación y el gusto del poder, pero a los que no cabe reconocer ninguna elevación de espíritu, ninguna generosidad de carácter; que han puesto de manifiesto un ansia inconcebible en la prosecución de sus fines y se han mostrado incapaces de posponer sus objetivos personales ante el interés general, como lo demostró la política económica de la Monarquía de Julio.

Por consiguiente, la Revolución de 1830 sustituyó a la nobleza por la gran burguesía como principal clase dirigente en el país. Durante la década de los treinta, la Revolución industrial permite la aparición de una serie de hechos, en modo alguno nuevos, pero que poseen una amplitud desconocida hasta entonces: maquinismo, gran industria, concentración económica. Todos ellos prestarán su fisonomía al régimen socioeconómico que va a instalarse en Francia. Sin duda esta transformación apenas si comienza a esbozarse bajo el reinado de Luis Felipe; y habrá que franquear la mitad del siglo XIX para que el capitalismo sea verdaderamente dominante en la economía francesa. A pesar de todo, desde 1830-1850 se hace evidente que el primer efecto del desarrollo de la economía será el de enriquecer a la gran burguesía más que a las otras clases. Los grandes burgueses van a retener, entre las fuentes de ingresos, aquellas susceptibles de mejores resultados.

En desquite, la aristocracia terrateniente se convierte en Francia, después de 1830, en una «clase descendente». Contrariamente a lo que ocurre en Inglaterra, donde la aristocracia continúa desempeñando en la vida económica un papel considerable, muchos nobles se retiran a sus propiedades y se convierten poco a poco en «emigrados en el interior de su propio país y de su siglo». Esta abstención política, ciertamente, pudo en algunos casos verse acompañada por un reforzamiento de su influencia sobre los campesinos, en la medida en que les iniciaron en nuevas técnicas agrícolas y les hicieron participar en sus nuevas empresas; pero frente a un Forbin-Janson o a un marqués de Montmorency-Laval, cuántos herederos de importantes fortunas se desinteresaron de la explotación de sus tierras, dilapidando su herencia, bien en un palacete del *faubourg* Saint-Germain o simplemente en la ciudad próxima. Prosigue la parcelación de las grandes fincas, que ya en la época de la Restauración habían despertado una gran inquietud en el partido ultra y entre quienes, como Balzac, temían las consecuencias económicas y sociales de semejante evolución. De todos modos esta decadencia no concluyó en 1848: la nobleza todavía representaba, en el ocaso de la Monarquía de Julio, una fuerza importante en múltiples regiones francesas; por supuesto, en el Oeste, pero también en el Mediodía provenzal, en el sur del Macizo Central y en las regiones de grandes fincas de la cuenca parisina. Los consejeros generales legitimistas, al final de la Monarquía de Julio, sin alinearse con la dinastía, utilizaron las instituciones representativas para hacer de sus funciones un contrapeso a la presión administrativa[1].

De todos modos, no cabe la menor duda de que la gran burguesía es la clase «conquistadora», «ascendente». Pero bajo este término hay que considerar categorías diversas. En la cima se encuentra la gran burguesía de los negocios, que refuerza su potencia y su cohesión debido al desarrollo muy rápido de la industria y del comercio: los advenedizos de las finanzas y de la banca, como los Laffitte, los Goüin, los Hottinguer, los Malet, los grandes industriales como Delessert y Casimir-Perier, de origen delfinés, enriquecido al mismo tiempo por sus actividades industriales y bancarias y que, a pesar de realizar la carrera política que se conoce, acumuló las funciones de gobernador del Banco de Francia y presidente de la Société des Mines d'Anzin. En los salones de la Chaussée d'Antin se encuentran la mayor parte de los hombres políticos del régimen, y allí es donde se estrechan los lazos entre el mundo de los negocios y la Monarquía de Julio. En provincias, los negociantes y los armadores, enriquecidos por el desarrollo del comercio marítimo, reinan sobre la sociedad de Marsella, de Burdeos o de El Havre. En las regiones manufactureras, el auge de la gran industria suele ser el resultado del impulso del *self-made men,* como, por ejemplo, los que levantaron en aquella época las grandes empresas del Delfinado. Igualmente se alinean en esta misma alta burguesía las grandes dinastías industriales, los Wendel de Lorena; los Peugeot, relacionados con los Japy, en la comarca de Montbéliard; los grandes apellidos del patriciado de Mulhouse; los Mieg, los Dollfus, los Schlumberger.

No obstante, esta gran burguesía de negocios no constituye la totalidad de la clase dirigente. No serán los banqueros ni los hombres de negocios quienes constituirán el principal soporte de la monarquía «burguesa» de Luis Felipe. La tierra continúa siendo

---

[1] Como lo muestra A. J. Tudesq en *Les Conseillers généraux en France au temps de Guizot* (1967).

aún, a mediados del siglo XIX, la gran fuente de riquezas. Sus rentas entran a formar parte, en proporción considerable, de la fortuna de no pocos industriales o financieros, como lo demuestra el estudio de las listas electorales bajo la Monarquía de Julio. Además, normalmente estos ricos terratenientes añaden a la renta de sus tierras los ingresos de una profesión liberal o de una función pública: si en París se encuentran entre los notables abogados y profesores de universidad (como, por ejemplo, Guizot), en provincias son los magistrados quienes desempeñan el papel esencial, así como los notarios, principales consejeros y banqueros de la masa campesina.

Por el contrario, esta gran burguesía, que es la gran beneficiada de las transformaciones económicas, se empeña en disociar su destino del de la burguesía media o la pequeña burguesía, que habían acogido con júbilo la Revolución de 1830 y que constituían la mayor parte de los efectivos de la Guardia Nacional, apoyo esencial de la defensa del régimen, pero que jamás fueron admitidas en el seno de las clases dirigentes, y cuya acritud, alimentada por la negativa sistemática de reformar el censo electoral, acabó por volverse contra el régimen. Por otra parte, los casos de promoción social son cada vez más raros cuando nos acercamos a 1848. Los medios más ricos tienden a cerrarse a medida que las posiciones adquiridas se consolidan, y al final del reinado de Luis Felipe resulta difícil a un hombre de condición modesta escalar un puesto de primer rango en la sociedad. De todos modos, sería inexacto imaginarse a la alta burguesía como una clase «monopolizadora», cuyas gigantescas empresas habrían ocasionado la ruina del pequeño negocio y del pequeño taller. Antes de 1848, el movimiento de concentración se encuentra solo en sus comienzos. Lo que sorprende es más bien el individualismo rabioso de los burgueses de todas clases que se enfrentan dentro de un mismo grupo social, la existencia de camarillas que luchan a muerte entre sí. La conciencia colectiva de clase solo se ve sometida por la preocupación de mantener al «pueblo» al margen de sus querellas.

A la ascensión de la burguesía corresponde una cierta concepción del mundo, el liberalismo, que, a fin de cuentas, no es más que la expresión de sus intereses económicos y políticos. La burguesía, a la que el desarrollo de la industria permite incrementar todavía prudentemente, aunque de forma segura, sus ingresos, se declara satisfecha del juego normal de la oferta y de la demanda. Poco afectada por la miseria creciente de las masas, la burguesía se contenta con predicar la beneficencia, el ahorro, el celibato; por otra parte cree que el perfeccionamiento de las técnicas permitirá el desarrollo progresivo del bienestar general. En cuanto al régimen político, el mejor será el que en menor grado obstaculice su ascenso hacia la fortuna. El Estado aparece, en definitiva, como la salvaguarda de la libertad; su papel se limita a la protección de los intereses individuales; no tiene por qué intervenir en las relaciones económicas, y mucho menos aún en la organización de la sociedad; su misión es fundamentalmente negativa.

Y no porque los partidarios del *laisser faire, laisser passer* sean todos necesariamente «optimistas». Economistas como Malthus y Ricardo ya no creían, como habían creído Adam Smith y los fisiócratas, en un orden espontáneo debido a la bondad de la providencia y al juego de la libertad individual. Por el contrario, ven por doquier antagonismos inquietantes, traducidos en las leyes económicas; pero al ser las leyes ineluctables, solo queda deplorarlas e inclinarse ante ellas. Pesimista, Malthus constató que la población crece más rápidamente que los medios de subsistencia, y que la humanidad marcha hacia el hambre; pero a este estado de cosas no opuso otra solución, aparte del juego natural de las epidemias, de las hambres y de las guerras, que la restricción voluntaria de nacimientos y la castidad conyugal, enfrentándose terminantemente a toda clase de medidas de asistencia, a toda intervención del Estado en materia social. «El pueblo debe considerarse –escribe Malthus– como la causa principal de sus miserias.» Por su parte, Ricardo formuló la teoría de la renta diferencial de la tierra, demostrando que esta última, debido a la elevación de los gastos de explotación en las nuevas tierras roturadas, tenderá a incrementarse, mientras que los precios de los alimentos se elevarán en detrimento de la masa, cuyo salario quedará fijado en torno al mínimo vital. Pero esta desagradable situación, en su opinión, no podía ser modificada por la legislación estatal; solo existe un medio para luchar contra esa renta: dejar entrar libremente en Gran Bretaña los granos extranjeros, sobre todo aquellos que provienen de países nuevos que tienen unos costes de producción más bajos.

Más lógica parece la posición de los representantes de la escuela clásica, que se manifiestan como liberales y partidarios de la abstención del Estado en materia económica, porque estiman que todo es para los mejores en el mejor de los mundos. Admirador de Inglaterra, cuyo estudio inspiró a partir de 1803 su *Tratado de economía política,* industrial y profesor de economía política, por lo demás hombre de izquierda en sus simpatías políticas, J.-B. Say, que nunca dejó de hacer la apología del maquinismo y de exaltar el papel del empresario, situó en el centro de sus reflexiones económicas la ley de mercados: en su opinión no hay que temer que la actividad económica provoque nunca un estrangulamiento duradero de los mercados, ya que «los productos se cambian por productos». La moneda no es más que un intermediario, que se acepta solamente para desprenderse de inmediato de ella. Las mercancías crean su propio mercado; al producir un objeto, se crea también la posibilidad de comprar otro. Mientras más mercancías variadas se fabriquen, más fácil resultará luego darles salida. No pueden existir crisis generales de superproducción. Todo lo más, podrían producirse crisis de superproducción parciales, porque los servicios productivos en tal caso habrían estado mal dirigidos; pero los desequilibrios solo serán pasajeros, a condición de que los cambios continúen siendo libres, y que el mecanismo de los precios permita a los empresarios conocer lo que se desea, y por ello lo que deben fabricar. Aún más radical, el economista Bastiat, cuya actividad en favor del librecambio le situó en la oposición frente a los medios políticos de la Monarquía de Julio, creyó discernir en el mundo económico una armonía preestablecida, por lo que da a su principal obra un título característico, a saber, *Las armonías económicas:* «No es solamente la mecánica celeste, sino también la mecánica social, lo que revela la sabiduría de Dios y canta su gloria». Bastiat niega, lo mismo que Ch. Dunoyer, que la miseria se acreciente, aunque juzga inseparable la miseria de la civilización, como un mal necesario, porque «exhorta a las virtudes difíciles» del ahorro y de la continencia.

La exactitud de estos puntos de vista apenas fue discutida, bajo la Monarquía de Julio, por los teóricos de la economía política: el mayor de los Blanqui, Pellegrino Rossi, Wolowski. En Inglaterra, la burguesía, fuertemente influenciada por la filosofía utilitarista y la moral del bienestar para el mayor número posible de personas inculcada en el transcurso de la generación anterior por Jeremy Bentham, y a la que la reforma electoral de 1832 confirió un puesto entre las clases dirigentes, sigue ahora las directrices de McCulloch y de Nassau Senior, quienes estiman que hay fuerzas naturales irresistibles que condenan por anticipado al fracaso todo intervencionismo social, por lo que, si no tienen más remedio que admitir el principio de la asistencia a los pobres, desean que esta sea organizada de tal modo que repugne a los interesados.

En ese liberalismo económico viene a injertarse un liberalismo político que experimentó no pocas dificultades en librarse, al menos en Francia, de las fórmulas de oposición contra la Restauración, de su afición por las sociedades secretas, de su violencia antimonárquica y anticlerical, de las aportaciones de la leyenda napoleónica (tal como aparece, por ejemplo, en las obras de Pierre-Jean de Béranger y de Paul-Louis Courier), para convertirse en un liberalismo de doctrinarios, un liberalismo del *juste milieu,* conciliador del orden y de la libertad, el liberalismo de esas «dinastías burguesas» que se aliaron al poder bajo el Imperio, y después, a los diferentes regímenes que se sucedieron en Francia, y que mantendrán a través de todo el siglo XIX un lugar preponderante en la industria, en la banca y en las academias.

Benjamin Constant fue quien defendió con mayor brillo este liberalismo, apartándose tanto de los sostenedores del *Ancien Régime* como de los partidarios de la democracia. Iniciado por los ideólogos y por madame de Staël en la filosofía del siglo XVIII, se convirtió, primero contra Napoleón y más tarde contra los ultras en el periodo de la Restauración, en el teórico del *juste milieu.*

En ningún otro autor las preocupaciones de la burguesía son tan evidentes como en él. Su sistema se erigió contra «la autoridad que quería gobernar por el despotismo», pero también contra las «masas que piden el derecho de subordinar la minoría a la mayoría». La igualdad, afirmó, es «una opresión de cada uno por todos»; la democracia, por su parte, no implica la libertad, sino «la vulgarización del despotismo». El «gran beneficio de la Revolución [consistió] en lograr que las clases medias intervinieran en la administración de los asuntos políticos»: y esta conquista es la que importa realmente consolidar. A ello se aplica en sus *Principios de política* (1815).

La idea predominante es la desconfianza sistemática frente al Estado. Constant atribuye al Estado la voluntad de destruir la libertad, usurpando continuamente los derechos del individuo. Por eso es necesario ante todo definir «una parte de la existencia individual» que esté «al margen de la competencia social»: es decir, los «derechos naturales del hombre», a saber, la libertad individual, la libertad religiosa, la libertad de opinión, el disfrute de la propiedad. El hombre es un «templo» y ese templo encierra algo divino: la libertad, inviolable e inaccesible. Para ser feliz no necesita más que «disponer de una absoluta independencia», para todo aquello que tenga una relación con sus ocupaciones, sus empresas, su esfera de actividad, sus fantasías. Esta «reserva», tan necesaria del Estado, solo podrá ser obtenida en el seno de un régimen representativo. La soberanía reside, sin lugar a duda, en el pueblo, pero con la condición de que no la ejerza por sí mismo y de que se inhiba automáticamente en favor de sus delegados. Lo que efectivamente preocupa al ciudadano moderno no es tanto la participación efectiva en el gobierno como «la independencia individual», sacrificada por los antiguos. El sistema representativo debe, por ello, organizarse de tal modo que garantice una extensa esfera de libertades individuales. A este efecto, Constant hace una distinción entre cuatro poderes: el poder real, el poder ministerial, el poder representativo compartido por dos cámaras, una hereditaria y la otra electa, y el poder judicial. El objetivo de esta distribución es disminuir en la medida de lo posible la acción del ejecutivo, que debe «ser ajeno y estar por encima del malestar humano». Pero sobre todo, atento a defender al individuo en el ejercicio de sus derechos individuales, Constant ve en toda intervención del Estado un fracaso para el individuo. Gustosamente cita el ejemplo de Inglaterra, donde el orden público está tanto mejor garantizado cuanto que «está confiado a la razón y al interés de cada uno». Estas son las máximas que le hacen tomar posición, en materia económica, contra la ingerencia del Estado en el plano industrial, que le llevan a defender la separación del Estado y de la Iglesia, e igualmente, bajo la fórmula del federalismo, le inducen a apoyar una fuerte descentralización municipal. «Lo que solo interesa a una fracción, escribe, debe ser decidido por esa fracción.» La garantía suprema del liberalismo político continúa radicando, en su opinión, en el carácter censitario del derecho de voto: únicamente la propiedad confiere a los individuos el suficiente interés para participar efectivamente en el gobierno; solo la propiedad les asegura los ocios necesarios para «adquirir las luces y la certidumbre de juicio». Hasta tal punto cree en ello, que para él la libertad es un «privilegio» que debe ser cautamente distribuido.

De este modo, la filosofía del derecho natural, que con la pluma de los escritores del siglo XVIII se había convertido en un llamamiento a la emancipación del ciudadano se ha transmutado, bajo Constant, en la justificación de la dominación política de la burguesía. Esta desviación del liberalismo prosigue entre los «doctrinarios», esos burgueses del «centro» que, en el curso de la Restauración, desde *Le Globe* y luego desde la *Revue française,* tomaron partido por la defensa de la Carta frente a la derecha y a la izquierda. El filósofo Royer-Collard ve en ella el «punto fijo» que clausura la era revolucionaria, «la alianza indisoluble del poder legítimo de la que emana con las libertades nacionales que reconoce y consagra». En su opinión, la soberanía no reside ni en el rey ni en el pueblo, sino en la ley, que no debe ser fruto de la fuerza, sino de la razón, y que surge como consecuencia del acuerdo anónimo del rey y de la nación. Este acuerdo existirá si el equilibrio de los poderes es perfecto, es decir, si no predomina el legislativo ni el ejecutivo. Contra Benjamin Constant, Royer-Collard cree, no obstante, que el rey no solo debe reinar, sino también gobernar: desde este punto de vista, la constitución británica no es transportable a Francia. El parlamento no es el mandatario de la nación; únicamente representa «intereses» comunes, unos a todos los ciudadanos, y propios otros de un grupo particular. Por eso solo los ciudadanos que, por su fortuna y sus presuntas disposiciones, aparezcan como los más capacitados para expresar estos intereses serán llamados a ser electores. De aquí la atribución del electorado a algunas «capacidades políticas». El electorado no es, en efecto, un derecho inherente a la dignidad del hombre, sino un deber, una función que no puede ser realizada más que con un mínimo de luces y de experiencia.

A esta filosofía política Guizot aportará más tarde la contribución de sus estudios históricos. Efectivamente, ¿qué sentido tiene la historia de Francia si no es la progresiva ascensión de la burguesía hacia el poder? Después del fracaso de la nobleza, es la única que posee la fortuna y la instrucción suficientes para interesarse en la conservación del gobierno; por otra parte, se trata de una clase abierta a todos, que todavía se encuentra lo suficientemente cerca del pueblo como para recoger todas las elites que deseen elevarse.

Formada por ciudadanos que no están absorbidos ni por el exceso de trabajo ni por el ocio, dueña de la opinión, posee al mismo tiempo el sentido del progreso y de la autoridad. La libertad, es decir, la participación necesaria en el gobierno, deberá limitarse a las clases medias; únicamente ellas constituirán el «país legal». Así pues, bajo la pluma de estos doctrinarios, el orleanismo se define como una monarquía parlamentaria y censitaria para el uso de los nuevos «notables» surgidos de la Revolución industrial, abierta, no obstante, a la inteligencia y a los talentos; es decir, un gobierno de «elites», lo más parecido posible al que garantiza el prestigio de las clases dirigentes inglesas.

La confianza absoluta que Guizot depositaba en su sistema acarreará el hundimiento de la monarquía burguesa en 1848. Su error consistió en pensar que las consecuencias sociales de la Revolución se habían agotado y que solo quedaba por extraer las consecuencias políticas; no supo encontrar una salida a las exigencias igualitarias que, desde 1789, eran poderosas en el seno del pueblo francés. Esto lo comprendió muy bien otra figura que, no obstante, también era un liberal, Alexis de Tocqueville, y lo hizo manifiesto en *La democracia en América* (1835). Vivamente sorprendido por el espectáculo del Nuevo Mundo, comprueba que la democracia no es ni un «sueño brillante» ni «un trastrocamiento, sinónimo de anarquía, de expoliación y de asesinatos», como se la imaginan sus partidarios y adversarios. Y lo que constituye su fuerza es el sentimiento de igualdad, más intenso en las masas que el sentimiento de libertad. Ahora bien, es incuestionable que la democracia contiene en germen males temibles: la anarquía, que hace que los gobiernos sean inestables, o la servidumbre, que proviene de un incremento del poder central. Con la igualación de las condiciones, el individuo –nota Tocqueville– se hace cada vez más pequeño, la sociedad cada vez más grande; el individuo dirige sus miradas hacia ese ser inmenso, el Estado, que se eleva aislado por encima del rebajamiento general. Un despotismo odioso extiende sobre la sociedad «su red de pequeñas reglas complicadas, minuciosas y uniformes». En resumidas cuentas, «la unidad, la ambigüedad, la omnipotencia del poder social, forman el rasgo más sobresaliente que caracteriza a todos los sistemas políticos nacidos en nuestros días». Evolución fatal, agravada aún más por el desarrollo de la industria y el consiguiente control del Estado sobre la vida económica. De este modo se incrementa desmesuradamente el número de los funcionarios, el gusto de la función pública, el campo de inquisición gubernamental: solo queda el individuo aislado frente al Estado omnipotente. Tocqueville hace notar, por otra parte, que, debido a las pasiones igualitarias, se desarrolla el egoísmo materialista entre la masa de ciudadanos, convencidos de que el Estado providencial y tutelar vigilará por las necesidades de todos. Los ve satisfechos de la servidumbre que se han dado, cada vez más incapaces de ejercer convenientemente «el grande y único privilegio», detentar la soberanía. Pero, por muy aflictivo que pueda resultar el espectáculo, está convencido de que existen remedios para esos males, con la condición de procurar no buscarlos en las fórmulas del pasado, sino «de hacer surgir la libertad del seno de la sociedad democrática en la que Dios nos ha deparado vivir». Tocqueville dirige sus miradas a América para buscar un elemento de rectificación: lo encuentra en el desarrollo de las libertades locales, brutalmente asfixiadas en Francia por el *Ancien Régime,* y tras él por la Revolución, y que es importante revitalizar: porque «en la *commune* es donde radica la fuerza de los pueblos libres». La rectificación también estriba en el desarrollo de la idea de asociación, que debe limitar la injerencia del Estado y a la vez suplir a los cuerpos intermediarios del pasado. Nadie mejor que Tocqueville ha exaltado el sentimiento de solidaridad que debe hacer sensibles a los individuos al siguiente pensamiento: «el deber de los hombres consiste en ser útiles a sus semejantes».

Orientado hacia el futuro, Tocqueville es consciente de que el liberalismo no puede limitarse al individualismo burgués en el que se solazaban Constant y Royer-Collard.

Pero nada sería más inexacto, sin embargo, que reducir la totalidad del pensamiento de las nuevas clases dirigentes al liberalismo. Sin atacar los principios que dirigen el desarrollo de la sociedad industrial contemporánea, son numerosas las inteligencias que, asombradas por los abusos que se han deslizado en el seno de aquella, por las crisis que sacuden el mecanismo económico, por las injusticias que le son achacables, llegan a la conclusión de que en el futuro será totalmente imposible excluir una intervención creciente del Estado en las relaciones económicas y sociales.

En este tema, Sismondi desempeñó el papel de precursor. Autor de una obra liberal (*Tratado sobre la riqueza comercial,* 1803), le impresionaron tanto las observaciones realizadas en Inglaterra –depauperación, crisis– que, renegando de su primera obra, respondió a Ricardo con sus *Principios de economía política y tributación* (1817). En modo alguno se puede considerar a Sismondi como un revolucionario. Historiador de las repúblicas italianas, aristócrata por su origen y por su apego al pasado y sus tendencias patriarcales, sus preferencias se inclinan hacia una sociedad de pequeños propietarios campesinos, cultivadores de la tierra según métodos intensivos, y con la ayuda de un gobierno atento al orden y a la eficacia. La parte esencial de su cultura se la debe a Coppet, donde fue huésped asiduo de Staël. Ahora bien, Sismondi afirma con fuerza que el punto de vista en el que se han situado los economistas liberales es totalmente falso. En el plano técnico se yergue contra los entuertos del maquinismo; evocando al aprendiz de brujo, solicita del Estado que modere el ritmo de las invenciones. En el plano económico denuncia las crisis industriales, que atribuye, antes que cualquier otro economista, tanto a los abusos de la competencia como al subconsumo obrero. El mal esencial, en su opinión, radica en el plano social, en la división de la sociedad en dos clases antagónicas, una de las cuales es «explotadora» de la otra. Si las soluciones que adelanta continúan estando marcadas por un espíritu reaccionario –ya se trate del «parcelismo» campesino o del «garantismo» industrial–, tuvo el mérito de definir la propiedad como un «derecho social», así como de preconizar una amplia intervención del Estado.

A conclusiones bastante parecidas llegará el economista alemán Friedrich List, cuyo papel, por otra parte, fue considerable tanto en la organización aduanera de Alemania como en la construcción de ferrocarriles. Fuertemente influenciado por la lectura del *Estado comercial cerrado,* de Fichte, y por el romanticismo político, pero aún más por su experiencia en los negocios, así como por la literatura económica de Estados Unidos, en particular por Raymond y Carey, este economista suavo, cuya carrera está ligada a la ascensión del liberalismo alemán, estima en su *Sistema nacional de economía política* (1841) que el error esencial de la economía clásica radica en subestimar la idea de nación. Ahora bien, las naciones son unidades naturales de las que es imposible hacer abstracción. Aludiendo a Inglaterra, List escribía: «Una regla de prudencia vulgar consiste, cuando se ha alcanzado la cima de la grandeza, en retirar la escala que se ha utilizado para quitarles a los otros el medio de subir tras uno»; para los ingleses «el principio cosmopolita y el principio nacional no son más que una y la misma cosa». Pero, en el periodo de las nacionalidades, es importante que un pueblo sepa que, para alcanzar la verdadera independencia, es preciso que explote la totalidad de sus recursos y no solamente «la cantidad de riquezas y de valores canjeables». El ideal al que deben tender todos los países es convertirse en una «nación normal», de economía compleja. Ahora bien, esta nación necesita derechos de aduana educativos, temporales y limitados, para alcanzar el estadio en el que todas las fuerzas productivas se hayan desarrollado armoniosamente. El desarrollo de la industria obtenido por esos medios resolverá en particular, según List, el problema de la superpoblación rural, que provoca actualmente una nefasta y creciente emigración hacia Estados Unidos.

En la misma época, en Inglaterra, como reacción contra la economía ortodoxa y la filosofía utilitarista, surge –signo del despertar de los profundos instintos del pueblo– una literatura de «remordimiento social». La ruptura de los antiguos lazos sociales, el trastrocamiento del orden político y económico, la distensión en las costumbres y en las tradiciones, todo concurre para sustituir las antiguas creencias por una visión fría, humillante y prosaica de las relaciones sociales. Con el triunfo de las clases medias, bajo el cielo oscurecido por los humos de las fábricas, en medio de la ostentación brutal de un lujo carente de gusto y la búsqueda envilecedora del beneficio, parecen haber desaparecido los rasgos abigarrados y encantadores de la vida inglesa tradicional. La sensibilidad va a encontrar en el núcleo concreto del mal económico, denunciado no ha mucho por Dickens con un sentido emocionante de la justicia social y más recientemente por Charlotte Brontë y Elizabeth Gaskell, su centro necesario y su punto de apoyo. Antes de 1848, Carlyle, alimentado por la tradición puritana, y tras haber sufrido la influencia del sansimonismo y haber descrito las vicisitudes del cartismo (1839), había tomado posiciones en contra de la civilización industrial moderna, acusando a las clases dirigentes de la avidez usurpadora de la burguesía y el diletantismo de la aristocracia. ¿Acaso no es preferible sustituir los contactos económicos por acuerdos humanos? Por ello pretendió reconstruir la sociedad restaurando el principio de autoridad en provecho de los jefes de industria conscientes de su misión social. La vida económica debe modificarse en su mismo principio; la obligación que crea el servicio cumplido entre el patrón y el obrero no será solamente reconocida por el pago de un salario; una solidaridad más profunda y más efectiva, aceptada por los jefes de industria, los ligará a los ejércitos que dirigen. Sobre el modelo del ejército renacerán entre los individuos relaciones de hombre a hombre; la competencia ya no congregará, para dispersarlos inmediatamente, a los átomos humanos; y la vida recubrirá con su red florida la rigidez brutal de las leyes económicas. Es la misma hostilidad contra el individualismo liberal que anima las novelas sociales del joven Disraeli, que en *Coningsby y Sybil* sienta las bases de un *torysmo* rejuvenecido, las primeras manifestaciones hacia 1848 del socialismo cristiano de F. D. Maurice y de C. Kingsley, y finalmente las obras de Ruskin, que, como Carlyle, asqueado por una civilización industrial y mercantil, horrorizado por la fealdad de su tiempo, quiere restablecer entre sus contemporáneos el sentido de la belleza y, tomando como modelo la Edad Media, preconizará una sociedad jerarquizada y patriarcal, de tipo artesanal, ya que si la Edad Media supo crear la belleza fue porque sus artesanos experimentaban la alegría de crear; la máquina y la división del trabajo han matado esta alegría y han conducido a una servidumbre peor que la del pasado. La economía política no fue totalmente insensible a estos anatemas: John Stuart Mill, considerado, no obstante, como el maestro de la escuela liberal, se creyó obligado en 1848, en sus *Principios de economía política,* a revisar algunos juicios. A partir de ahora, Mill preconiza la intervención del Estado para crear cooperativas de producción, recuperar el beneficio de la renta de la tierra y atenuar la desigualdad limitando el derecho de herencia.

Auguste Comte, discípulo a la vez del conde de Saint-Simon y de Joseph de Maistre, representa la misma esencia del pensamiento burgués y liberal. A partir de 1822 publicó su *Plan de trabajos científicos necesarios para reorganizar la sociedad,* aunque su sistema de política positiva tan solo lograría influir sobre la generación siguiente. En Comte la política está vinculada a su doctrina general sobre la ciencia: antes de lograr alcanzar el estado positivo, la política ha tenido que pasar por el estado teológico y luego por el estado metafísico; al primero corresponde la doctrina del derecho divino y al segundo la doctrina del Contrato social. Pero se trata de tiempos ya pasados: la política positiva, basada en la observación, se apoya sobre una proposición muy simple: que el estado social es, en todos los momentos de desarrollo de la especie humana, la consecuencia necesaria de su organización; por ello, es una puerilidad pretender que la investigación científica pueda por sí sola determinar el estatuto político.

A partir de estas premisas, Comte demuestra que, a consecuencia de la Revolución francesa, se ha apoderado de los espíritus una anarquía profunda y cada vez mas extendida. Las máximas y los principios revolucionarios eran, efectivamente, excelentes para destruir; han resultado cegadores para reconstruir. Su error fundamental estriba en la afirmación de la libertad de pensamiento, tan absurda en política como en astronomía o en física. En opinión de Comte, se trata de «la enfermedad occidental», que consiste en «no reconocer más autoridad espiritual que la razón individual». Enfermedad achacable en primer lugar al protestantismo, pero cuya más temible manifestación es la filosofía revolucionaria. Es necesario que los hombres renuncien, de una vez y para siempre, «a su derecho absoluto al examen individual de temas superiores a su verdadero alcance y cuya naturaleza exige una comunión real y estable». La política deberá ser, como las demás ciencias positivas, ocupación de los que disponen de conocimientos sobre ella.

Para poner remedio a la situación actual es necesario sustituir el principio crítico, la fantasía arbitraria, por algo que ordene las inteligencias, que las «reagrupe», y desarrollar un cuerpo de proposiciones que se imponga a todos. Todo podrá salvarse, desde el punto de vista de Comte, si se logra reemplazar una «fe desmontable» por los «órganos inverificables» sobre los cuales vive en la actualidad la humanidad. Llegado a este punto, Comte recurre, para suministrar una respuesta, a su filosofía de la historia. En su opinión, la Edad Media representa un periodo particularmente notable de la historia de la humanidad. ¿Por qué? Porque supo distinguir entre el poder espiritual y el poder temporal; supo crear en el centro del mundo una autoridad moral universal, el Papado, que somete todos los pensamientos a una admirable disciplina y que, mediante la excomunión, dispone de un arma poderosa al arrojar al delincuente fuera incluso de la humanidad. El advenimiento de un poder exclusivamente moral que elabora los principios y aconseja sin mandar debe ser considerado, desde el punto de vista de Comte, como el mayor progreso realizado en la organización de las sociedades. La gloria imperecedera del catolicismo medieval es haber instituido «un gobierno de las almas» que, gracias a la organización de la clase sacerdotal, ha conquistado a la humanidad entera y fuera del cual no hay salvación posible. De este modo se edificó una «eminente obra maestra de la sabiduría humana».

¿Es posible reconducir a la humanidad a la organización católica medieval? Comte lo niega formalmente. La moral católica le parece incompatible con el progreso; ascética y retrógrada, no resulta adecuada a la época presente. Del catolicismo, en cambio, hay que conservar su filosofía social. La «religión de la humanidad» que Comte va a esforzarse en definir no será sino un catolicismo desafectado o, como se ha señalado muy justamente, «el catolicismo menos el cristianismo». Será concebida de forma que satisfaga la exigencia suprema de reagrupar y armonizar las conciencias entre sí. Esta religión del Gran Ser nos enseñará en particular que el individuo, que en sí es una «abstracción», no adquiere significación más que por su participación en la humanidad. Los hombres no deben ser considerados como seres separados, como individualidades pertrechadas de derechos, sino como órganos de la única realidad que es la humanidad. Esta última es el fruto de una «inmensa cooperación», de una solidaridad actual y de una continuidad histórica. Esta humanidad no está compuesta solo por los vivos en un momento dado, sino también por los muertos, dotados de una vida subjetiva en la memoria de los vivos, y por los que van a nacer. Todos ellos componen la humanidad en su totalidad. «La humanidad –escribe Comte en una fórmula sobrecogedora– está compuesta por más muertos que vivos.» De aquí nace una moral y un culto nuevos. ¿Cuál será la condición de la salvación, si no es a través de la búsqueda de la inmortalidad subjetiva, del esfuerzo de incorporarse a la humanidad mediante una vida altruista? ¿Cuáles serán las formas exteriores de la vida religiosa, si no es la conmemoración en público de los grandes hombres que han sido benefactores de la humanidad y, en privado, la adoración del sexo afectivo, de la mujer, que por medio de las virtudes de la entrega y del amor realiza «el mejor tipo ejemplar de la humanidad»? Filosofía que le lleva a Comte a prohibir el divorcio y exigir la viudez para siempre.

En cuanto al régimen político positivista, inherente a esta reorganización religiosa de la humanidad, descansará, como en la Edad Media, en la separación de lo temporal y de lo espiritual y en la subordinación del primer orden a este último. Organizar el Estado es, según Comte, instaurar primero la autoridad moral, que se impondrá a todos, tanto a los jefes como a las personas más humildes de la ciudad. El poder moral, concentrado en las manos del «Pontífice occidental», elaborará una doctrina que todas las inteligencias deberán aceptar; y las autoridades temporales ejercerán una dictadura suficiente para obtener la aplicación de los principios positivistas. Comte rechazó no solo el principio metafísico de la soberanía del pueblo, sino incluso toda clase de sistemas representativos: «El parlamentarismo, escribió, es un régimen de intrigas y de corrupción, en el cual la tiranía está por doquier instalada sin que exista responsabilidad en parte alguna»; el gobierno a la inglesa «disfraza con oropeles metafísicos la idea teocrática de la realeza». Contrariamente a los liberales, el fundador de la filosofía positivista se negó a considerar el gobierno como un «enemigo natural acampado en medio del sistema social» y frente al que la sociedad debería mantenerse «en un estado permanente de desconfianza y a la defensiva»: para él no es un mal necesario, una simple institución de policía, sino el verdadero organizador de la vida social.

Partiendo de este tipo de organización, Comte creyó poder resolver el problema social que, como a Saint-Simon, nunca dejó de obsesionarle. También en este caso se opuso al abstencionismo de los liberales, «solemne dimisión», «confesión de impotencia social». La burguesía, escribió, «crea actualmente calabozos para quienes piden pan». No obstante, Comte en modo alguno está dispuesto a inclinarse ante el «comunismo»: negándose a atacar, en nombre de la continuidad histórica de la familia, los principios de la propiedad y de la herencia, se imagina al propietario como un «funcionario contable con respecto a la sociedad», y la posesión, como «la indispensable función social, destinada a formar y a administrar los capitales mediante los cuales cada generación prepara los trabajos de la siguiente». Lo que equivale a afirmar que, en el Estado positivista, la propiedad se convertirá no en un privilegio, sino en una fuente de deberes. Y a afirmar, igualmente, que el poder espiritual tendrá que imponer una educación moral común a toda la nación. La solución del problema social, desde el punto de vista de Comte, es de orden político.

IV. SOCIALISMO Y MOVIMIENTO OBRERO

La sociedad económica de la primera mitad del siglo XIX se muestra atormentada por una pavorosa contradicción. Globalmente se enriquece; tanto el valor de la producción agrícola como, sobre todo, el de la producción industrial se elevan. Y, sin embargo, la mayoría de la población se empobrece: los salarios bajan y en determinados momentos se hunden literalmente. Además, se trata de una realidad internacional: toda Europa experimenta las mismas dificultades, las mismas crisis, el mismo descenso de precios, las mismas reacciones patronales, reacciones no deseadas, como tampoco la coyuntura económica que las suscita, y que muchos deploran, pero que las leyes económicas obligan a tener en cuenta (hay que producir cada vez más barato, y tanto peor para el más débil). Ciertamente, el antagonismo entre pobres y ricos no es ninguna novedad, sino que ha sido el tema de infinidad de proclamas y exhortaciones a través de los siglos. Pero, por primera vez, se va a plantear la cuestión en el terreno industrial; por primera vez se va a plantear el problema de la máquina y del hombre, de las riquezas materiales en rápida expansión y de unos ingresos obreros en acelerado decrecimiento. Una cohorte de economistas y de reformadores va a tomar conciencia de este estado de cosas y convertirlo en centro de su reflexión: ¿acaso se trata de una fatalidad o es preferible cambiar por completo la estructura de la economía?

Si hasta 1830 apenas se había hablado de la miseria obrera, a partir de dicha fecha numerosas encuestas –como las de Villermé, Morogues y Villeneuve-Bargemont en Francia, o las de Buret de Chadwick y de Engels en Inglaterra– van a dar a conocer a un vasto público lo que estaba sucediendo en las grandes ciudades industriales. Las conclusiones de las citadas investigaciones pueden ser diferentes, según la ideología política de sus autores: algunas pueden llegar a definir la necesidad de una estrecha cooperación entre el capital y el trabajo, otras insistirán más sobre la educación moral y religiosa de la clase obrera invocando los principios de la caridad cristiana, en otros casos, finalmente, prevalecerá la noción de la lucha de clases. Pero unánimemente reconocen que la miseria crece paralelamente a la concentración capitalista, que se trata de un empobrecimiento de un carácter completamente nuevo, sin relación alguna con el de los periodos precedentes, y todos condenan un liberalismo sin límites y llaman la atención sobre la necesidad de una legislación social.

El campo todavía permite el trabajo de múltiples pequeños artesanos de los que no podría prescindir; continúan fabricándose multitud de objetos que exigen tiempo, cuidados y práctica, y, por regla general, predominan los bajos salarios, que el hombre de campo considera como una ayuda apreciable y frecuentemente indispensable. De todos modos, se puede comprobar cómo la condición de los obreros textiles, diseminados por los pueblos, casi siempre es más penosa que la de los demás artesanos, que, agrupados preferentemente en las ciudades, continúan perpetuando las mejores tradiciones del trabajo artesano –ebanistería, bronce, cerámica, cristalería de lujo, tipografía–, formando una auténtica elite obrera. No hay nadie más miserable que los tejedores que trabajan a domicilio en Gran Bretaña, en Flandes o en Silesia. Pero allí donde ya se manifiesta una concentración de la mano de obra –en las minas, en las pañerías o en las empresas metalúrgicas– el obrero tiene que contentarse solo con su salario, tiene que padecer tanto la competencia de la máquina como de una mano de obra abundante. El economista liberal Auguste Blanqui observa en 1848 que «la industria se organiza en fábricas inmensas que se parecen a cuarteles o a conventos, donde los obreros se amontonan por centenares y a veces por millares, en severos talleres, donde su trabajo, sometido al imperativo de las máquinas, se ve expuesto como ellas a todas las vicisitudes que se derivan de las variaciones de la oferta y de la demanda».

Aunque varían en gran medida las condiciones de existencia de un lugar a otro, es cierto que, en general, y a pesar de la opinión de algunos historiadores «optimistas»[1], esas condiciones no expe-

---

[1] La cuestión del nivel de vida en Inglaterra ha sido objeto de numerosas discusiones en diversas revistas; véase J. E. Williams «The British Standard of Living», *Economical historical Review* (1966).

rimentan mejora alguna durante la primera mitad del siglo. La baja general de los precios provoca por todas partes la misma reacción de la clase patronal; forzado por la misma coyuntura económica, el productor se esfuerza en la medida de lo posible en comprimir sus costes de producción, y el salario le resulta, entre los diversos factores sobre los que puede actuar, el más fácilmente reducible. El gasto anual de la familia obrera francesa aumenta hasta 1825, luego se estanca o incluso desciende; el índice del coste de la vida se eleva más rápidamente que el del salario real. En las minas, tomando como base 100 el salario de 1892, obtendríamos 36 en 1805, 42 en 1830 y 49 en 1850, y sin embargo se trata de uno de los sectores favorecidos; en el sector textil el hundimiento no es discutible: 80 en 1800, 65 en 1820, 40 en 1827 y 45 en 1850. Abundan los testimonios que demuestran la regresión de este último sector: los *canuts* (tejedores de la región de Lyon), que tejían la seda por cuenta de negociantes que les entregaban la materia prima y que fijaban el precio de compra de su producción, vieron descender su salario a la mitad durante la fase de depresión que abarcó de 1825 a 1830. En Inglaterra los tejedores a domicilio no recibían en 1840 más de 7 a 8 chelines por semana, en lugar de los 30 que cobraban hacia 1820; continuaron alimentándose a base de gachas, pero elaboradas solo con la mitad de harina de centeno y de mantequilla; la carne y la cerveza desaparecieron de su mesa. En el caso de Alemania, el índice de salarios reales, que era de 86 en el periodo de 1820 a 1829, desciende a 82 en el periodo de 1830 a 1839 y a 74 en el periodo comprendido entre 1840 y 1849, con descensos mucho más brutales durante los años de crisis (65 en 1846 y 57 en 1847).

Para el obrero de Nantes, según hace notar el doctor Guépin en 1835, «vivir es sencillamente no morir». Todas las descripciones insisten en el carácter lamentable con que se realiza el trabajo: temperaturas elevadas o muy bajas, escasez de luz, estrechez o excesiva humedad de los locales, influencia tóxica de los productos tratados, promiscuidad de sexos y de edades. En el barrio de la Croix-Rousse de Lyon, A. Blanqui comprueba que los obreros «ganan 300 francos al año trabajando catorce horas diarias en los telares, suspendidos además mediante correas con objeto de poder servirse a la vez de pies y manos, a fin de poder realizar el movimiento continuo y simultáneo necesario para tejer el pasamano». En la hilandería de Annecy, una súplica de 1848 informa sobre «infames vigilantes que tratan a los obreros y a las obreras con una crueldad obscena, por lo que muchos de ellos han sucumbido a consecuencia de sus golpes». Pero ¿qué vivienda encuentran a la salida del taller? Muy raros son los patronos que se preocupan por construir casas decentes para alojar al personal. En los sótanos de Lille o de Liverpool, en los cuchitriles de Whitechapel, de Reims o de Rouen, en las chabolas de Lyon, con sus patios nauseabundos, es donde se refugian las familias obreras; duermen en jergones, a veces sin sábanas ni mantas, hacinados, en las «literas indescriptibles» de París, de las que habla el albañil de Creuse, Martin Nadaud, o las que describe A. Blanqui en Rouen al investigar sobre el modo de vida de los tejedores flamencos, o Flora Tristan en *Paseos en Londres* (1840), o Mrs. Gaskell en su novela *Mary Barton* (1848). Con el hambre de 1846, los obreros ingleses desenterraban los caballos o se disputaban los perros y los gatos para comérselos. Diversos viajeros observaron que la obrera tenía en Inglaterra la cara abotargada por la ginebra y los cabellos mugrientos; A. Blanqui encuentra en Rouen niños «inválidos precoces, encanijados hasta el punto de suscitar graves equivocaciones sobre la edad», y en Lille, «alargados, jorobados, contrahechos, la mayor parte de ellos casi desnudos». Escrofulosis, raquitismo y tuberculosis provocan estragos en la población obrera, a la vez que el consumo de alcohol aumenta en proporción a la mala alimentación, y la prostitución de las hijas se considera como una fuente de ingresos casi normal. De cada tres niños que nacen en París uno de ellos es ilegítimo, y en Mulhouse uno de cada cinco; antes de alcanzar los cinco años muere uno de cada tres nacidos en Lille; la mayoría de los obreros ven perecer a sus hijos con la mayor indiferencia, a veces incluso con alegría. En Londres viven 16.000 madres que han estrangulado a sus hijos al nacer. Mendigos y vagabundos continúan pululando como en el pasado: el departamento francés del Eure-et-Loir cuenta él solo, en 1833, con 17.000 indigentes y más de 8.000 mendigos; en 1847 es preciso socorrer a más de 1.100 personas, de las 7.000 que viven en la pequeña ciudad de Nogent-le-Rotrou. En *Pasado y presente,* Carlyle evoca una Inglaterra que rebosa de riquezas, pero en la que existen 2.000.000 de personas que viven en las *Workhouses* y 1.400.000 indigentes. En Colonia, en vísperas de la Revolución de 1848, por lo menos uno de cada cuatro habitantes recibe socorro público.

Precisamente estos elementos desarraigados son quienes confieren a las ciudades de entonces su carácter anormal y prodigiosamente inquietante, tanto más cuanto que aún no existe en ellas una separación absoluta entre barrios populares y barrios residenciales. En Berlín, ciudad que contaba en los años cuarenta con unos 400.000 habitantes, donde al menos 20.000 burgueses ejercían una profesión reconocida, existían 10.000 prostitutas, 6.000 personas socorridas, 4.000 mendigos, 10.000 criminales encarcelados y, por lo menos, otros tantos vagabundos. En la opinión burguesa y campesina, dominada por el miedo social, rápidamente fueron consideradas las clases trabajadoras como «clases peligrosas»: estos proletarios que en muchos casos nacen sin tener familia, que viven no se sabe de qué modo, que envejecen y mueren precozmente y sin el auxilio de la religión, pasan por ser seres distintos. Si se rebelan, la opinión inmediatamente los tildará de «nuevos bárbaros». La violencia está muy lejos de ser un elemento extraño a las sociedades urbanas de aquel tiempo, en las que se experimenta una especie de atracción morbosa por los grandes crímenes «entenebrecidos de horror y como aureolados por una gloria sombría». París especialmente da la impresión de ser una ciudad sumergida en la miseria y la criminalidad; un alto funcionario de la Prefectura de Policía puede afirmar, en 1840, que en esta ciudad, que cuenta alrededor de 1.000.000 de habitantes, existen unos 60.000 que han declarado la guerra a la sociedad y que constituyen para ella un serio peligro. Esa afluencia de emigrantes, por una parte, y la deterioración de las condiciones de vida de los trabajadores, por otra, explican el sentimiento de los contemporáneos que comprueban cómo en París ha surgido una «ciudad nueva», diferente de la ciudad tradicional, que vive al margen de ella no solo desde el punto de vista económico, sino incluso desde el punto de vista biológico; y no deja de ser curioso el hecho de que los trabajadores, en su gran mayoría, no tengan de ellos mismos una opinión muy diferente, como lo revelan sus canciones y sus melodramas. La enfermedad física y la perversión moral contribuyen a crear «esta fisonomía cadavérica, infernal» que sorprenden a cuantos se aproximan a «la hez del pueblo». Las memorias de Vidocq (un condenado a trabajos forzados que acabó convirtiéndose en uno de los jefes de la policía secreta), la obra de Balzac y de Victor Hugo y *Los misterios de París,* de Eugène Sue, dan fe del peligro que constituían los bajos fondos de la sociedad. Contra la insalubridad y las epidemias físicas y morales que de ahí resultan, las reformas en la urbanización son todavía muy insuficientes; y a este respecto los esfuerzos del prefecto Rambuteau se limitaron, por falta de créditos, al trazado de unas pocas arterias.

La libertad económica, desacreditada por la utilización que hacían de ella sus principales propagandistas, se convierte en el centro de innumerables críticas que, por otra parte, alcanzan a todo el régimen social basado en la libertad individual. Por oposición se desarrollan corrientes de ideas que exigen una organización racional de la sociedad. De todos modos, ese movimiento del pensamiento, que todavía está muy lejos de convertirse en un movimiento de masas, agrupa a inteligencias que confían en el poder soberano de la voluntad humana para modificar la sociedad y que, debido a ello, se presentan frecuentemente como los herederos espirituales del siglo XVIII. Imbuidos de las ideas de justicia y de derecho, preconizan una transformación progresiva de las instituciones económicas. Voluntarismo, espiritualismo y reformismo constituyen los rasgos comunes de todos esos socialistas idealistas, lo que les hace ganarse el calificativo de «utópicos» que les adjudican sus adversarios. Además, estos autores no coinciden completamente en la forma ideal de organización de la sociedad, en particular en torno al papel del Estado en la vida económica, lo que conduce a algunos hacia el productivismo, a otros hacia el asociacionismo y aun a otros hacia un planteamiento anarquista. Solo en Alemania aparecen, con Marx y Engels, antes incluso de 1848, los primeros esbozos de un socialismo científico.

La ideología socialista nació después de 1815 en Francia, país en el que a la debilidad del movimiento obrero se opone una notable profusión de doctrinas de liberación social. Sin duda se puede atribuir el desarrollo considerable de Francia en este terreno al hecho de que pudo extraer de la Revolución de 1789 un cierto número de enseñanzas, y a que se establecieron vínculos muy estrechos a partir de 1830 entre el socialismo y el romanticismo. Entre ambos movimientos existen numerosos temas comunes, aunque solo fueran la afirmación del carácter corruptor de la sociedad, la rehabilitación de las pasiones o la reivindicación de los derechos de la mujer. Resulta totalmente impensable separar a Sainte-Beuve,

George Sand y Victor Hugo de los contactos que mantuvieron con los sansimonianos, con Lamennais y sobre todo con P. Leroux, cuya influencia fue triple: como crítico literario, como filósofo y como demócrata.

No resulta fácil incluir al sistema sansimoniano entre los sistemas socialistas: en realidad se trata de una tecnocracia autoritaria y estatal, pero que debido a su crítica de la anarquía industrial ha proporcionado innumerables argumentos a quienes estiman que la sociedad no puede escapar a una organización rigurosa. El conde de Saint-Simon, oficial durante la Guerra de Independencia americana, mecenas fastuoso bajo el Directorio, arruinado y obligado a trabajar como copista en el Monte de Piedad, conservó a través de toda su vida llena de aventuras la idea fija de codificar el conjunto de las ciencias exactas en una vasta enciclopedia que sería el prefacio de una ciencia social «positiva». A partir de 1814 comienza a publicar con A. Thierry *Sobre la reorganización de la sociedad europea;* concibe una federación europea con un parlamento compuesto por sabios e intelectuales que redactará un código de moral general basado en la libertad de conciencia, con instituciones y una enseñanza pública común a los diversos pueblos. Bajo la Restauración, se orienta preferentemente hacia cuestiones de orden económico, insistiendo más en la producción que en el consumo. En los cuatro volúmenes *Sobre la industria* y en las numerosas revistas que publica por entonces, como, por ejemplo, *Le producteur* (1819-1820), hace especial hincapié en la evolución que conduce a la humanidad hacia la era industrial. No obstante, de su lectura de los teócratas, como Maistre y Bonald, extrae las tesis sobre la organización y la jerarquía, y la idea de que existió una época orgánica, la Edad Media cristiana y señorial, seguida de una época crítica, el siglo XVIII revolucionario: debe, por ello, comenzar una nueva época orgánica basada en el trabajo. Al partido «internacional» (nobles, clérigos, propietarios, ociosos) opone el partido «nacional» o industrial (agricultores, artesanos, manufactureros, sabios); y en 1819 redacta su famosa parábola en la que sopesa el daño que supondría para el Estado la muerte de sus sabios, de sus artistas y de sus industriales, y por otra parte la desaparición de los príncipes de sangre, ministros y obispos. Al gobierno de los hombres debe suceder, en su opinión, la administración de las cosas, realizada por medio de un sistema de tres cámaras tecnocráticas (cámaras de invención, de examen y de ejecución): a los «poderes» deben suceder las «capacidades». Más importante, de todos modos, que la forma de gobierno, desde su punto de vista, es la organización de la economía: «La filosofía del siglo XVIII –afirmó– fue revolucionaria, la del siglo XIX debe ser organizadora». No obstante, a partir de 1821 su pensamiento está obsesionado por la cuestión de la solidaridad, y al final de su vida reconoce la importancia de un «nuevo cristianismo» dedicado a reformar la religión introduciendo una nueva moral que autorice el desarrollo de las «pasiones» humanas y la búsqueda del bienestar. Su religión, sin milagros, sin creencia en lo sobrenatural, tendrá, sin embargo, a imagen del catolicismo, su moral, su culto y su dogma, y en ella se encontrará incluida la exigencia suprema de la vida social: «la mejora, lo más rápidamente posible, de los infortunios de la clase más pobre».

Las ideas sansimonianas, que destacaron la «explotación del hombre por el hombre», y, frente a ella, la necesidad de poner fin a la competencia mediante la organización del crédito y del trabajo industrial, la eliminación de los parásitos ociosos, la supresión del derecho de herencia y la santificación del trabajo y del talento, y suministraron la fórmula «a cada cual según sus capacidades, a cada capacidad según sus obras», contribuyeron a señalar el camino hacia el socialismo. Inmediatamente después de la muerte de Saint-Simon, sus principales discípulos, Eugène y Olinde Rodrigues, Enfantin –antiguo politécnico– y Bazard, quien había militado en las filas del carbonarismo, se preocuparon por aplicar su pensamiento al problema que planteaba la existencia del proletariado obrero. En su *Exposición de la Doctrina* (1829) mostraron que el mal social, provocado por la dispersión de los esfuerzos, el predominio de concupiscencias egoístas y el abuso de la competencia, solo podría extirparse el día en que la explotación fuese regulada de acuerdo con un plan general. La *Exposición* constituye una crítica de la propiedad privada de los capitales productivos, que consagra, según la opinión de los autores, la explotación del hombre por el hombre. Aunque explicado desde 1825 en periódicos como *L'Organisateur,* este sistema no fue verdaderamente conocido hasta después de la Revolución de 1830, gracias a *Le Globe,* periódico que Pierre Leroux puso al servicio de los discípulos de Saint-Simon. En cuanto a las conferencias, estas se dirigían a un público de elite, compuesto en particular por alumnos del Politécnico y de la Escuela de Minas, a economistas y a extranjeros como el músico Liszt y el poeta Heinrich Heine, a ricos judíos, mientras que las mujeres, muy numerosas, se sentían atraídas por el carácter místico del sistema. Reunidos en la calle de Monsigny en una familia que rápidamente adquirió el aire de una secta religiosa, reconociendo como «papas» a Enfantin y a Bazard, los sansimonianos se dividieron en torno a la cuestión del matrimonio. A consecuencia de ello, Enfantin creó en 1832, en Ménilmontant, una comunidad del amor, especie de convento socialista, que provocó el sarcasmo del público, que se burlaba de sus ritos, así como del hábito que llevaban, abotonado a la espalda, destinado a recordarles a los hombres la gran ley de la solidaridad humana. El gobierno comenzó a inquietarse por la experiencia y no tardó en dispersarlos. Cuando salió de la cárcel de Sainte-Pélagie, Enfantin partió a Egipto con algunos discípulos y anunció el matrimonio «Oriente-Occidente», estudiando allí la apertura del canal de Suez, proyecto que sedujo al joven cónsul de Francia en El Cairo, Ferdinand de Lesseps. Muy pronto un sansimonismo de negocios iba a suceder a la secta nebulosa de 1830, sin que a pesar de ello los antiguos huéspedes de Ménilmontant abdicaran de sus creencias en el progreso y en la humanidad. Desde 1832, Michel Chevalier había esbozado en *Le Globe* un vasto programa de grandes obras; podemos encontrar al banquero Pereire, al ingeniero Talbot y al propio Enfantin en las primeras grandes empresas de ferrocarriles. Todos estiman que no hay por qué «preocuparse por la distribución de las riquezas, sino solo por acrecentarla». Equipar al país con medios de transporte y de crédito se convierte en el principal objetivo del sansimonismo práctico.

Demostrando, como su maestro, la importancia del papel del Estado tecnocrático en la vida económica y social del país, sugiriendo la organización de un poder «amado, fuerte y venerado», que sepa abarcar al orden social por completo, los sansimonianos se mostraban muy adelantados en relación con su época. El pensamiento de los primeros teóricos del socialismo, en cambio, continuaría siendo fiel al individualismo, que a veces llevaban hasta las más extremadas paradojas; sentían frente al Estado la misma desconfianza que los doctrinarios del liberalismo.

Modesto empleado de comercio, soñador pobre y oscuro, que nunca dejó de esperar que algún rico mecenas subvencionara su gran empresa, Charles Fourier recurrió solamente a la idea de asociación, cuyo descubrimiento le parecía tan importante como el de la gravitación universal de Newton, para construir un mundo paradisíaco y bucólico, al que, lejos de las fábricas y de las locomotoras sansimonianas, al amparo de la especulación y de la usura, invitó a retirarse a la humanidad. Nadie ha criticado más ásperamente, en particular en *El nuevo mundo industrial* (1820), la incoherencia del régimen económico actual. Confiando en la bondad natural del hombre, deseoso de dejar libre curso a las pasiones y a los instintos, viendo en la asociación el hecho humano por excelencia, preconizó la fundación de falansterios, donde las «series apasionadas», reunidas en «falanges» de 1.620 personas, realizaran con alegría un trabajo atractivo, y que sería remunerado en función del capital invertido, del trabajo y del talento. La sociedad fourierista conservará, pues, un carácter agrícola y artesanal. Pero si el «orden societario» interesa tan fuertemente a Fourier, es porque la organización de las células económicas regeneradas le parece que facilita la supresión del Estado. En su sistema no hay el menor lugar para el poder político: la falange solo reconoce a individuos vinculados entre sí por el fenómeno de la atracción; y al frente de ella no existe el menor mecanismo de gobierno, sino simplemente una administración económica, constituida por el areópago de los jefes de las series, que no cuentan, por otra parte, más que con una autoridad de opinión, sin limitar los intereses del grupo, y por ello lo suficientemente fuerte, en opinión de Fourier, como para sustituir al poder gubernamental. Resuelve el problema de la autoridad de la forma más sencilla: suprimiéndola. Resulta evidente que semejante utopía solo podía conducir a desastres, como el intento de crear un falansterio en Condé-sur-Vesgres en 1833. No obstante, la escuela fourierista fue hábilmente dirigida, tras la muerte de Fourier (1837), por su discípulo Victor Considérant, que desde 1832 había propagado sus ideas en su periódico *Le Phalanstère,* abandonando sus sueños visionarios para retener solamente, en *La Democracia pacífica,* la idea de las cooperativas de consumo. Gracias a él, el sistema de Fourier tuvo varios adeptos en Francia, donde Godin fundó el falansterio obrero de Guisa, e incluso en América y en Rusia. Considérant es sin duda uno de los más perspicaces escritores socialistas que precedieron a la Revolución de 1848. En sus *Principios del socialismo,* tanto por su teoría de la concentración como por su descripción de las crisis económicas, anunció la visión revolucionaria de Marx.

Aún más individualista que Fourier es Proudhon. Originario del Franco Condado, de extracción campesina, hijo de artesanos pobres, obrero tipógrafo en Lyon, contable en París, Proudhon es un completo autodidacta. Su estilo, a veces lírico, otras nebuloso, está saturado del verbo rabelesiano cuyas expresiones chocantes ayudan a fijar las ideas a través de la conmoción que provocan. Igualitario a la manera de Rousseau, se dio a conocer a partir de 1840 con un folleto: *¿Qué es la propiedad?,* pregunta a la que responde como ya lo había hecho Brissot en 1780, afirmando que «la propiedad es un robo». Proudhon traduce fielmente las aspiraciones igualitarias del pequeño artesanado, muy apegado a su independencia, y muy hostil a todas las autoridades, al Estado, a la Iglesia y a las grandes fábricas. Aunque su doctrina no fuera definida sino más tarde, ya aparece como el teórico del mutualismo, y establece la economía sobre el trueque y el intercambio. Espera a que llegue el momento en que «el taller sustituya al Estado» y se establezca la anarquía. Sueña con una federación de comunas autónomas, formadas por asociaciones de pequeños propietarios dueños de sus campos, de sus utensilios, de sus familias, y en cambio condena la emancipación femenina predicada por Saint-Simon y por Fourier. Desde 1846, y con motivo de la publicación de *La filosofía de la miseria,* se opuso violentamente a Marx, a quien había conocido por entonces en París. Es cierto que el espiritualismo de Proudhon, cuyas diatribas contra la Iglesia no lograban enmascarar su sentimiento religioso, no podía ser conquistado, a pesar de su pretendido hegelianismo, por el materialismo dialéctico que estaba elaborando el autor del *Manifiesto comunista;* pero también es cierto que Proudhon expresaba, en el siglo de la gran industria, la actitud anacrónica de la clase artesanal.

A la campaña en favor de la asociación, que pusieron de moda sansimonianos y fourieristas, vinieron a sumarse diversos socialistas de tendencia religiosa. Así el antiguo carbonario, protofundador de *Le Globe,* más tarde sansimoniano, Pierre Leroux, quien nunca logró desvincular su socialismo de especulaciones panteístas y esotéricas, pero llegó a crear un conjunto de discípulos entusiastas y entabló contacto con los medios literarios, con Sainte-Beuve, con George Sand, con Eugène Sue. O también el doctor Buchez, católico, quien se esforzó, en su *Historia parlamentaria de la Revolución francesa,* en reconciliar a esta con la enseñanza de la Iglesia, y sintió la necesidad de preconizar en su periódico *L'Européen* la constitución, a través de las cooperativas de producción, de un capital inalienable e indivisible, administrado por los propios obreros; su gran mérito consiste en haber sabido crear, con *L'Atelier,* un periódico obrero redactado por los propios obreros. Finalmente, Constantin Pecqueur, quien llegó a conclusiones análogas, y es sobre todo notable por la descripción que nos ha dejado de la concentración industrial de su tiempo, la formación de las grandes sociedades monopolistas que tienden a sustituir a la propiedad individual, con lo cual anuncia una teoría materialista de la historia; pero que, también en su caso, cuenta con el sacrificio voluntario de los capitalistas para reconducirnos aquí abajo a un sistema más conforme con la moral divina, a *La República de Dios,* que fue el título que puso a su obra principal.

Al parecer, estos autores no han comprendido la parte que debía corresponder al Estado en la emancipación de la sociedad; no vieron que solo su intervención podía resolver determinados problemas que planteaba la formación del proletariado. No deja de ser notable que la reacción contra ese antiestatismo de los primeros teóricos del socialismo haya venido de un cierto número de burgueses que, conmovidos por los males de la competencia, se pusieron a reflexionar sobre las condiciones morales y físicas del trabajo obrero. Alentado por la lectura de Sismondi, que en este campo es un notable precursor, Villeneuve-Bargemont, prefecto del Norte, publicó en 1834 su *Economía política cristiana,* donde se pronuncia por una organización «oficial y pública» de la caridad: los gobiernos son los «ministros visibles de la Divina Providencia»; son «el centro común de las luces, de los esfuerzos y del poder, cuyos rayos pueden extenderse hasta los confines más remotos del reino»; y concluye: «El principio de la intervención de los gobiernos nos parece que lo exigen tanto la religión como la política». Idénticas conclusiones encontramos en la obra de A.-E. Buret, *Sobre la miseria de las clases trabajadoras en Francia y en Inglaterra* (1842), arsenal de argumentos para los adversarios del capitalismo y donde encontramos preconizado «el gobierno de la industria», verdadera razón de ser del Estado. En vísperas de la Revolución de 1848, cada vez está más admitido en los medios socialistas que el Estado es una «máquina de progreso», una potencia «realmente directriz», que aporta a los hombres las condiciones de su perfeccionamiento. Al socialismo asociacionista sucede el socialismo autoritario de Louis Blanc, quien en su *Organización del trabajo* (1840) reconoce que es al Estado a quien corresponde la realización de la libertad. «No tomar el poder como instrumento, equivale a encontrárselo como obstáculo.» La emancipación del proletariado no podrá realizarse mediante una serie de esfuerzos parciales y de intentos aislados, sino gracias a «la omnipotencia del Estado». Supremo regulador de la producción, banquero de los pobres, dedicará los préstamos necesarios para la creación de los talleres nacionales, especies de cooperativas obreras de producción que, agrupando a los obreros de un mismo oficio, excluirán la competencia y acabarán, tras un periodo de transición, por demostrar su superioridad sobre las empresas capitalistas. Louis Blanc alaba a la escuela sansimoniana por haber «rehabilitado el principio de autoridad»; culpa a la Carta de haber «despojado al Estado de sus prerrogativas más naturales, más altas y más necesarias». No obstante, el socialismo de Louis Blanc continúa apegado a la noción de libertad individual, a la filosofía de los derechos del hombre: lo que él admiró de una forma tan apasionada en los antepasados de 1793, cuya historia escribió, fue su esfuerzo por llevar a la práctica la «verdadera libertad», completando la revolución individualista con la revolución social. Y precisamente en nombre de esa «verdadera libertad» reclama en el momento presente un gobierno autoritario: en el origen del Estado socialista se encuentra la voluntad democrática de la nación; el ejercicio del poder debe corresponder a una asamblea única, elegida por un breve periodo y que controle al ejecutivo. A Louis Blanc no le cabe la menor duda de que la voluntad de la nación, al expresarse soberanamente, fundará por su propia voluntad el régimen «fraternal» del futuro.

Otro ejemplo de socialismo autoritario nos los proporciona el *Viaje a Icaria* (1841), de Étienne Cabet. En su opinión, cada ciudadano es un funcionario que ha elegido su cargo entre diversas ramas de actividad, todas igualmente remuneradas: el trabajo es, por tanto, una «función pública». El Estado comunista, que no reconoce la propiedad individual, no dejará a los individuos ninguna libertad. Dadme el poder absoluto, parece como si dijera el Estado, y a cambio os garantizaré todos los goces materiales. Por eso en Icaria toda crítica sería considerada como un delito; tampoco existe libertad alguna para las creencias. La sociedad doblega todas las voluntades, y todas las acciones según su regla, según su orden y disciplina. Cabet, que cree en la bondad natural del hombre y en las virtudes de la educación, se imagina que los ciudadanos se doblegarán fácilmente a ese régimen espartano. Confiere a su «icarismo», en vísperas de la Revolución de 1848, el carácter místico de una Iglesia; y confió en el entusiasmo de sus discípulos, y no en la violencia, para hacer triunfar sus ideas, cuya realización intentaría llevar a cabo en 1848 en la experiencia de Texas.

Por su carácter utópico, el comunismo icariano no debe confundirse con el comunismo de Babeuf, tal como fue transmitido por Buonarotti. Este publicó en Bruselas, en 1828, su *Conspiración por la Igualdad,* obra de la que es difícil saber si las tesis allí expuestas son la expresión exacta del pensamiento de Babeuf, pero que en cualquier caso ejerció un considerable influjo en los medios obreros después de 1830, tanto en Francia como fuera de ella. Buonarotti, que desempeñó un papel de primera importancia en el movimiento carbonario europeo, orientó a la francmasonería hacia la clase obrera y la República, y ello tuvo como corolario orientar a la clase obrera y a los jóvenes hacia la francmasonería. Ciertamente, quienes comprendieron el verdadero alcance de ese «socialismo científico» francés, hombres como el publicista Lahautière, el historiador de la Revolución francesa Laponneraye, el materialista Dezamy, no fueron más que una ínfima falange. No obstante, esas ideas se infiltraron durante la Monarquía de Julio en las sociedades secretas, a partir de 1836, e inspiraron la acción de Blanqui. Para este, cuya preocupación constante fue denunciar el antagonismo entre ricos y pobres, entre el lujo y la miseria, las cooperativas de producción o de consumo son una «trampa funesta» tendida al proletariado; lo único que cuenta es la conquista del poder y su utilización inflexible por los revolucionarios; por ello cree en el poder creador de la revuelta y de la insurrección.

De todos modos, no son precisamente estos escritores quienes ejercieron una mayor influencia, en vísperas de la Revolución de 1848, en los medios obreros. El autor más leído en dichos medios era sin duda Lamennais; *El libro del pueblo* (1837), escrito inmediatamente después de su ruptura con la Iglesia, predica en un estilo apocalíptico la democracia social sobre una base evangélica. No es partidario ni del socialismo ni del comunismo, a los que acusa de rebajar al hombre al nivel de las bestias. La solución de la cuestión social radica en la vuelta a la fraternidad y en la democratización de la propiedad. En su libro, *Sobre la moderna esclavitud* (1839), demostró que la esclavitud se perpetúa actualmente y que se ha convertido en la condición de la totalidad de la nación, si se exceptúan a unos 200.000 privilegiados. Pero todo ello no lleva a la predicación de la violencia. Lamennais cuenta solamente con la fuerza del derecho para que el pueblo haga triunfar su justa causa: ante todo, es en los espíritus donde debe operarse la regeneración social. En cualquier caso, la liberación política es la primera condición de la liberación definitiva, ya que es el poder el que hace las leyes: la democracia conduce por sí sola al socialismo.

Inglaterra, cuyo movimiento obrero ha sido tan importante entre 1830 y 1840, esta muy lejos de poder contar con una escuela socialista comparable con la francesa. El más influyente de sus doctrinarios, Robert Owen, que fue sucesivamente industrial, filántropo y organizador sindicalista, nunca cesó de demostrar, con un espíritu análogo al de Fourier, la necesidad de la asociación. Convencido de que la naturaleza humana no es ni fija ni inmutable, sino que depende estrechamente del medio en el que ha sido educada, Owen se esforzó en modificar ese medio, en su fábrica de hilados de New Lanark, suprimiendo el beneficio egoísta y sustituyendo el dinero por bonos de trabajo; intentó llevar a la práctica su ideal creando pequeñas comunidades agrarias autosuficientes, y, como la mayoría de los socialistas franceses, rechazó la violencia, así como la lucha de clases. En el convencimiento de que la sociedad puede reformarse a partir de una comunidad ejemplar, intentó hacer triunfar sus ideas con ocasión de su ensayo de ciudad ideal en New Harmony, en Estados Unidos, que fracasó por falta de capital inicial, de confianza y de disciplina, y seguidamente, una vez vuelto a Inglaterra, creó un «equitativo banco de cambio», basado en el socialismo mutualista y cooperativo. Su obra sindical en el seno del movimiento obrero no tuvo tampoco mucho éxito. Sin embargo, murió con el convencimiento de que se había adelantado a su época, y que, en sus sueños de mesianismo social, llegaría un día en que sería comprendido. Sin lugar a dudas, existe un mayor realismo en W. Thompson y, sobre todo, en T. Hodgskin, ricardiano igualitario, cuyo anticapitalismo se deduce de una filosofía anarquizante. Su filosofía social, que les sitúa a mitad de camino entre Ricardo y Marx, insiste sobre todo en la idea de que, al ser el trabajo la única medida del valor, el obrero tiene un derecho absoluto al producto de su trabajo. Encuentran el remedio en las cooperativas de producción, que desean conservar en régimen de libre competencia con objeto de elevar el nivel de la productividad. Estos teóricos eran capaces ciertamente de realizar una crítica eficaz de la sociedad en la que vivían, pero su aislamiento en relación con el movimiento de masas les llevaba a buscar una solución en términos de razón pura; desprovistos de sentido histórico, veían al socialismo como una idea que podía ser comprendida y aplicada en cualquier momento, desde el mismo instante en que podía ser expresada con la suficiente claridad y fuerza como para hacer admitir a todos que el capitalismo era en su esencia misma irracional e injusto. Por eso los escritos de los «ricardianos igualitarios», aunque sirvieron para la formación del pensamiento de Marx, no tuvieron la menor influencia inmediata. El verdadero pensamiento social lo crearon los ingleses a través de la propia acción obrera.

Tanto el socialismo como el comunismo fueron objeto de un conocimiento exclusivamente teórico en Alemania. Más aún que en Francia e Inglaterra. A través de la ideología, los vicios de la estructura económica y social acabaron por afectar la orientación de los acontecimientos. En vísperas de la Revolución de 1848, los escritos socialistas influyeron sobre una fracción creciente de la elite intelectual alemana, que critica el *laissez faire* de la burguesía francesa y que anuncia la inminencia de la crisis; pero todavía no se puede captar su acción sobre las masas.

Existen dos vías esenciales de penetración de las ideas socialistas en Alemania: la influencia de los escritos utópicos de los franceses y de los ingleses y, por otra parte, la interpretación, en un sentido social, del hegelianismo de izquierda y, en particular, de la filosofía de Feuerbach.

La mayor parte de las grandes obras del socialismo occidental ya habían sido escritas cuando el socialismo comenzó a despertar cierta curiosidad en Alemania, en círculos muy restringidos, pero que, en general, disfrutan de una cultura más extensa de la que podían beneficiarse un Owen o un Fourier. Se puede atribuir solo una débil importancia, por lo demás limitada, a su ciudad natal, Tréveris, así como a algunos círculos renanos, al joven Ludwig

Gall, que, tras haber intentado crear un falansterio en Estados Unidos, propagó por Alemania sus escritos de inspiración fourierista: «Los privilegios del dinero y las clases trabajadoras –escribió en 1835– se oponen completamente entre sí por defender intereses contrarios; la situación de los primeros se mejora en la medida en que la de los otros empeora o se vuelve más precaria y más miserable». La obra que en mayor medida contribuyó a la difusión exacta del socialismo occidental fue la de un agente del gobierno prusiano en París, Lorenz von Stein, *El socialismo y el comunismo en la Francia contemporánea* (1842). En ella demostraba que el resorte de la historia estriba en la lucha que disputaban la burguesía y el proletariado: la forma moderna de la producción de riquezas, la industria, implica, por el efecto de la competencia, que constituye su principio básico, una disminución de los salarios y un incremento de la miseria, que impiden que el proletariado logre acceder a la propiedad privada. También llegaba a la conclusión de que las reformas necesarias no debían únicamente tender a la implantación de una constitución, sino culminar en una nueva distribución de bienes entre los miembros de la sociedad. Si el Estado no tomaba la iniciativa, la revolución sería realizada por la clase que estaba más vivamente interesada en ello: el proletariado. Personalmente, Stein no era socialista; y su libro contenía un llamamiento que iba dirigido tanto a las clases dirigentes como a la comprensión de los gobiernos; como buen conservador, veía en la monarquía la única institución capaz de elevarse por encima de los antagonismos de clases y de promover una política reformadora. De todos modos su libro se convierte en el breviario de los socialistas alemanes.

Fue asimismo Francia la que contribuyó a la formación de Wilhelm Weitling, originario de Magdeburgo, sastre de oficio, pero que vivió durante mucho tiempo en París en el seno de la colonia alemana: miembro de la Liga de los Justos, que agrupaba a los miembros comunistas del artesanado alemán de París, en su primer libro, *La humanidad tal como es y tal como debiera ser* (1838), presentaba a la clase obrera como el instrumento de la liberación de la humanidad, y al comunismo, como su mundo apropiado. Trasladado a Suiza en 1841, fundó allí diversas asociaciones y publicó las *Garantías de la armonía y de la libertad* (1842), así como diversos, folletos y revistas que sus afiliados propagaban por Alemania. Su gran mérito, en el seno del movimiento revolucionario, consiste en haberlo vinculado a la conciencia que el proletariado tenía de su miseria: ese proletariado era, desde su punto de vista, la clase del futuro, destinada a traer al mundo una mayor justicia. Su socialismo, sin embargo, continuaba siendo más humanitario que científico. Weitling era el representante de una clase social en vías de desaparición y no concebía la posibilidad de una revolución engendrada por el desarrollo mismo de la gran industria. Finalmente, convencido de que el Evangelio justificaba el comunismo, continuó apegado, como testimonia *El Evangelio del pobre pescador* (1843), a un cierto mesianismo místico: Jesús era presentado como el profeta del amor y de la libertad, como el primer revolucionario; su lucha contra los fariseos y los ricos confería a los Evangelios su plena significación. Debido a ello la influencia de Weitling opera sobre numerosas agrupaciones de compañeros alemanes en relación con Suiza; pero tras su detención en 1843 por las autoridades helvéticas, mientras A. Becker, su fiel discípulo, proseguía una agitación comunista, otros, como W. Marr, se orientaron hacia el humanismo de Feuerbach. En 1848 la influencia de Weitling estaba ya en pleno declive.

En esta época, el «socialismo verdadero», predicado por toda una escuela de pensadores surgidos en mayor o menor grado del neohegelianismo[2], había adquirido mayor crédito entre los intelectuales alemanes de izquierda.

En realidad, mientras la izquierda hegeliana se comprometía en aventuradas especulaciones y Bruno Bauer atacaba cada vez más violentamente al comunismo, otra parte de los neohegelianos, siguiendo un camino opuesto, pensaban que la crítica de Hegel podía conducir a una filosofía de la acción y buscaban para esta acción un objetivo no político, sino social. Es necesario citar aquí el nombre de Ludwig Feuerbach, cuyo libro, *La esencia del cristianismo* (1841), constituyó una verdadera revelación para la generación posthegeliana. Según Feuerbach, el hombre, al crear a su imagen un Dios que no tiene existencia propia, exterioriza y aliena en él las más altas cualidades de la especie humana, y al hacerlo se empobrece, convirtiéndose en un ser egoísta, aislado de la vida colectiva; la liberación solo le puede venir de la disipación de la ilusión religiosa y de la reintegración en su ser de las cualidades alienadas en

---

[2] Véase el cap. VI, p. 136.

Dios. De este modo, de la crítica de la religión se desprendía una filosofía social que tendía a combatir el individualismo egoísta de la sociedad y a presentar el amor colectivo de la humanidad como un imperativo sociológico. Para permitir al hombre vivir una vida conforme a su «verdadera naturaleza», se hacía preciso, a través de la abolición de la religión, factor de aislamiento, reintegrarlo en la comunidad humana: en esto consistía la exigencia del «humanismo». No obstante, si esta doctrina tenía el mérito de plantear de una forma completamente nueva el problema de la alienación, hay que preguntarse si no hacía de esta alienación un hecho metafísico, independientemente del contexto económico y social: sobre este aspecto se centraría la crítica del «socialismo verdadero».

Desde 1841, un joven judío renano, Moses Hess, que también había frecuentado los medios del *Freien* berlinés, señalaba en su *Triarquía europea* la impotencia del liberalismo para resolver el problema social. Demostraba que eran tres los países que habían trabajado sucesivamente en la emancipación de la humanidad: Alemania, dándole la libertad de espíritu; Francia, la libertad política; e Inglaterra, la libertad económica, y afirmaba que el término de esta evolución debía ser la abolición de la propiedad privada. Aplicaba así la dialéctica neohegeliana a la demostración de la necesidad del comunismo. Pronto la filosofía de Feuerbach le ayudaría a comprender que la alienación religiosa no era sino la expresión efectiva de la alienación de la esencia humana que se produce en el régimen capitalista. ¿Acaso los más débiles no se ven forzados de alienar su trabajo para crear riquezas que no les pertenecen y que adoptan la forma de dinero, ese dios de la sociedad presente, que les es extraño y les sojuzga a la vez? Para suprimir esta alienación, Hess preconiza una especie de comunismo, único sistema que permitiría al hombre llevar una vida conforme a su verdadera naturaleza, restableciendo las relaciones colectivas sobre la base del altruismo y del amor. Desarrolladas en numerosas revistas neohegelianas, esas visiones, a las que se vinieron a añadir las indicaciones del proudhonismo de K. Grün en *El movimiento social en Francia y en Bélgica* (1845), dieron lugar al nacimiento del «socialismo verdadero», que pretendía restituir a la naturaleza del hombre su verdadera significación altruista. En realidad, en la mayoría de los casos, el «socialismo verdadero» fue una concepción puramente ideológica, que condenaba como estéril toda actividad política, dirigiendo sus ataques contra el liberalismo, acusado de camuflar las visiones egoístas de la burguesía: actitud retrógrada en el plano práctico y, por otra parte, excesivamente abstracta para interesar a las masas obreras. Sin embargo, no se puede olvidar que determinadas revistas del «socialismo verdadero», como la *Gesellschaftsspiegel* de Elberfeld, aportaron una amplia serie de informaciones de valor inestimable sobre la cuestión social durante los años cuarenta, y que J. Weydemeyer debía mostrar en el *Westfälische Dampfboot* que la reforma constitucional podía resultar igualmente útil para la clase obrera, y que mediante la acción política, esta podía obtener ciertas mejoras inmediatas, como, por ejemplo, el derecho de asociación: esto equivalía a utilizar ya un lenguaje marxista.

El joven Karl Marx tendría que pasar, antes de 1848, por la crítica del conjunto de los movimientos de su tiempo para llegar a la formulación del materialismo histórico. De aquí su crítica del hegelianismo de izquierda que conoció durante el periodo de sus estudios universitarios en Berlín, demasiado propenso, en su opinión, a considerar la acción de las ideas sobre el mundo moral; de Feuerbach, quien veía a la humanidad al margen de su evolución histórica, y de Hess, cuyo comunismo, que divagaba sobre la esencia humana, era utópico y abstracto. En Colonia, Marx realizó en 1842 su aprendizaje de polemista redactando la *Rheinische Zeitung*[3]; en París publicó con Ruge los *Anales francoalemanes* (1844), en los que demostraba la necesidad de la alianza entre la filosofía socialista y el proletariado obrero. Por entonces abandonó la idea hegeliana, según la cual el Estado es la esfera constructiva de la sociedad: el Estado está determinado por la sociedad; la prosecución de la emancipación política remite por tanto a un trastrocamiento previo de las relaciones económicas entre los hombres, cuya importancia quedó subrayada ya en los *Manuscritos de 1844*. En su *Sagrada Familia,* dirigida contra Bruno Bauer y compañeros y en sus *Tesis sobre Feuerbach* (1845), intentó demostrar que la revolución social y política solo puede ser realizada por el proletariado; y en idéntica ocasión rechazó el reformismo y el socialismo de Estado, lo mismo que el comunismo apolítico de los blanquistas, que se contentaban con golpes de mano contra el aparato estatal. No obstante, el acontecimiento esencial en la vida de Marx fue su

---

[3] Véase el cap. VI, p. 140.

amistad con el joven Friedrich Engels, también renano como él, pero hijo de un negociante rico, quien le mostró por medio de su libro, *La situación de los trabajadores en Inglaterra* (1845), redactado durante un viaje de negocios, que el comunismo sería engendrado por la propia evolución de la sociedad capitalista. A partir de entonces, Marx establece la primacía de la historia, no ya de la idea, sino de la realidad, es decir, de las contradicciones económicas y de los antagonismos de clases. Expulsado de París debido a su colaboración en el periódico *Vorwärts,* se instala en Bruselas, donde, tras haber ordenado sus ideas escribiendo *La ideología alemana,* rompe con Weitling y seguidamente con Proudhon, a quien trata de confundir con su *Miseria de la filosofía,* contribuye a definir la ideología de la Liga de los Comunistas[4] y redacta, a petición de esta, el *Manifiesto comunista.* En él desarrolla, partiendo de las tesis del materialismo histórico –a saber, que la producción económica y la estructura social que resulta de aquella constituyen, en cada época, la base de la historia política e intelectual de dicha época–, la teoría de la lucha de clases, de la concentración del capital y de la «catástrofe» final necesaria; en el *Manifiesto* demostraba que si la burguesía había desempeñado en el pasado un papel revolucionario, su misión histórica había terminado, por lo que en el mundo presente la única clase revolucionaria era el proletariado: «La única condición esencial de existencia y de supremacía para la clase burguesa –escribía– es la acumulación de la riqueza en manos de los particulares, la formación y el acrecentamiento del capital; la condición de existencia del capital es la existencia del trabajo asalariado. La clase asalariada descansa en la competencia de los obreros entre ellos. El progreso de la industria [...] sustituye el aislamiento de los obreros que resulta de su competencia, por su unión revolucionaria mediante su asociación. Así pues, el desarrollo de la gran industria socava, bajo los pies de la burguesía, el terreno sobre el cual ha establecido su sistema de producción y de apropiación. La burguesía crea sus propios sepultureros. Su caída y la victoria del proletariado serán igualmente inevitables». Por eso Marx invitaba a los proletarios de todos los países a unirse con vistas a una revolución cuya llegada anunciaba como inminente. En el pensamiento de Marx, el *Manifiesto,* sin constituir una obra doctrinal

---

[4] Véase en el presente cap. IV, p. 84.

definitiva, debía presentar la orientación general del proceso histórico y establecer las bases de una estrategia política de la clase obrera. De todos modos no hay que hacerse demasiadas ilusiones sobre el alcance de esta obra: el pensamiento de Marx, que en gran parte consistía en una visión anticipadora del porvenir, era desconocido en Alemania cuando estalló la Revolución de 1848. Tan solo había sido difundido en algunos círculos muy restringidos, en los que predominaban abogados, médicos y algunos oficiales excluidos del ejército que pertenecían a la Liga de los Comunistas, sobre todo en Renania y en Westfalia. No fue el pensamiento de Marx el que debía configurar la original fisonomía del socialismo en 1848.

Una vez definidos los factores ideológicos, ¿cómo se presenta el movimiento obrero europeo entre 1815 y 1848?

Por su amplitud y su eficacia, el movimiento obrero inglés aventaja indiscutiblemente a los movimientos del continente. Pero, pese a la intensa agitación que sostuvo, no logró establecer el menor vínculo entre la idea sindical y la idea revolucionaria.

Al final de las Guerras napoleónicas se había desarrollado en Gran Bretaña el movimiento ludista, derivado de los salarios de hambre y las condiciones intolerables de trabajo: como los trabajadores alquilaban por entonces las máquinas a los patrones y las utilizaban en sus domicilios, la única forma de detener el trabajo consista en inutilizarlas. Hasta 1817, el ludismo, bajo formas por lo demás muy diversas, continuó siendo la fuerza primitiva de la lucha social, hasta el punto de que ni el envío de un ejército a Nottinghamshire –12.000 hombres, más de los que Wellington mandó en España– ni la amenaza de pena de muerte para quien destruyera las máquinas (ley contra la cual Byron protestó en la Cámara de los Lores) pudieron poner fin al movimiento. Por otra parte, a pesar de las *Combination Acts* de 1797, todavía existían en 1815 organizaciones profesionales que escapaban al mediocre control de la policía inglesa. Con ocasión de la crisis de 1817-1819, los obreros fueron arrastrados a la acción, gracias sobre todo a personalidades como Cobbett y Hunt, tras la burguesía radical; pero no se puede hablar todavía de un movimiento obrero autónomo. Este no nacerá sino después de la ley de 1824, votada por influencia de los *torys* reformistas, que estableció el derecho de coalición. Entonces comienza un periodo de auge del tradeunionismo, afirmándose la solidaridad tanto sobre el plano nacional como en el interprofesional. Durante el periodo que va de 1829 a 1832, y contagiados por el ejemplo francés, los disturbios son constantes y se constituye un sindicalismo revolucionario. John Doherty, patrón social, organiza en 1829 la Unión General de Hiladores y Tejedores de Gran Bretaña, y en 1830, la Asociación Nacional para la Protección del Trabajo, que abarca a todos los oficios y tiene como finalidad auxiliar a los huelguistas; esta desapareció al año siguiente, pero en 1832 resurgió la Unión de la Construcción. En 1833, Robert Owen, industrial, filántropo y teórico de la cooperación, crea la Gran Unión Consolidada de Oficios. Pero frente a los movimientos obreros, la patronal responde con el cierre patronal. Los poderes condenan, en 1834, a siete años de reclusión a seis jornaleros de Dorchester, acusados de actividad ilegal. Y a pesar de la intensa emoción suscitada por esta condena, la Gran Unión, demasiado ambiciosa, se desmorona. La oleada del sindicalismo revolucionario solo condujo a ensayos meteóricos, abandonados muy pronto.

Este fracaso condujo de nuevo a los militantes a la acción política. El cartismo solo fue posible gracias a la unión con el partido radical, que suministró los cuadros del movimiento. Los sindicatos, en tanto que tales, se mantuvieron en general al margen, estimando que la lucha política no era de su incumbencia. No obstante, el cartismo, sin afirmarse a pesar de todo como «socialista», fue esencialmente una agitación de masas, una revuelta elemental contra la miseria que alcanzó su punto culminante en los periodos de crisis en 1838, 1842 y 1848, y cuya amplitud se debió a la intervención de los obreros, en particular de los tejedores a domicilio, arruinados por la competencia industrial. Esas masas recordaban con nostalgia un pasado más próspero, durante el cual los tejedores manuales formaban parte de la aristocracia obrera, y continuaban esperando una vuelta de la historia que permitiera al trabajador individual recobrar la prosperidad perdida. La agitación cartista había sido provocada en sus orígenes por el voto, en 1834, de una nueva «ley de pobres», que, inspirada por Edwin Chadwick, discípulo de Bentham, obligaba a los parados, bajo la dirección de la Unión de Parroquias, a trabajar en las *workhouses,* haciendo de la ayuda al indigente la excepción en lugar de la norma. En 1836, la *Working Men's Association* enunció los seis puntos de la Carta del Pueblo (sufragio universal, escrutinio secreto, parlamentos anuales, etc.) redactados por el obrero ebanista W. Lovett; algunos benthamistas radicales se asociaron a esta reivindicación pacífica. Pero los partidarios de la «fuerza moral», influyentes en Londres, fueron rápidamente superados por quienes, muy numerosos en los distritos industriales del noroeste de Inglaterra, preconizaban, tras el irlandés O'Connor, la organización de la huelga general, cuya idea había sido lanzada por Benbow. Junto a ellos, Bronterre O'Brien, el notable redactor del *Poor Man's Guardian* y del *Northern Star*, introdujo las concepciones sociales que habían sostenido durante la Revolución francesa un Robespierre o un Babeuf. Pero la convención cartista de 1839, dudando entre ambas tendencias, acabó por desacreditarse. En cambio, el gobierno disolvió en noviembre la insurrección de Newport, dirigida por John Frost y encarceló a los jefes responsables: el movimiento parecía haber sido vencido. Sin embargo, la miseria que reinó durante el invierno de 1841-1842 provocó una reanudación de la agitación dirigida por la *National Charter Association* y la redacción de una nueva petición dirigida a los Comunes, sin que, a pesar de todos los esfuerzos de O'Connor –militante de una energía y de una fuerza de carácter sin par, pero que al mismo tiempo carecía de una visión política o estratégica profunda del movimiento–, surgiera, de las huelgas y de los mítines, la revolución esperada. Como consecuencia de este nuevo fracaso, los elementos moderados se orientaron preferentemente hacia la agitación librecambista de Cobden y de Bright, mientras O'Connor, tras la eliminación de Joseph Sturge y de los elementos «políticos», se pronunció en su *Land scheme* por un reparto de las grandes propiedades y por su parcelación en lotes. Cuando, después de la Revolución de febrero de 1848, O'Connor, que había sido elegido para el Parlamento, quiso entregar en los Comunes una petición masivamente respaldada en favor de la Carta, tuvo que hacer frente a la represión policíaca organizada. La jornada del 10 de abril resultó caótica.

La historia del cartismo, que, por lo demás, tuvo aspectos locales muy diversos, se presenta como la historia de un fracaso absoluto. Pese a ello, fue el primer ejemplo en el mundo de un movimiento político nacional de la clase obrera, en cuyo seno se desarrollaron todas las tácticas y los métodos de luchas que contribuyeron a enriquecer la experiencia del movimiento obrero internacional. Los cartistas de la última generación, como Ernest Jones y George Julian Harney, asimilarían fácilmente el pensamiento de Marx y Engels, quienes, a su vez, habían aprendido mucho del cartismo.

Las *trade unions* desaprobaron el carácter revolucionario del movimiento. Abandonando la política, la elite obrera reemprendió su acción profesional, intentando reconstruir las «centrales» sindicales: asociación de mineros (1841), de oficios unidos (1845) o incluso orientándose hacia el cooperativismo, como los «pioneros equitativos» de Rochdale (1844). El nuevo sindicalismo, más individualista que socialista, fue el resultado de la actividad de una nueva generación de militantes, con Allen y Newton, de espíritu realista. El periodo romántico de la agitación obrera había concluido.

Los movimientos obreros continentales no pueden compararse con el que por entonces se despliega en Inglaterra.

En Francia fue el fruto de una ínfima minoría. Hasta 1830, la única forma de organización, al lado de algunas sociedades de socorros mutuos, había sido el *compagnonnage,* asociación obrera de carácter semigremial, que tenía sus propios ritos masónicos secretos, su *Tour de France,* pero que a consecuencia de irremediables divisiones interiores entre «deberes» rivales (hijos del Père Soubisse, de Maître Jacques, de Salomón), no aportaban en realidad ningún auxilio a los obreros; el intento de Agricol Perdiguier, en su *Libro del «compagnonnage»,* para despertar una conciencia de clase, condujo a un fracaso. No obstante, a partir de 1830, la clase obrera, que tiene la impresión de haber garantizado la victoria de la revolución, toma conciencia de su existencia. Por entonces vemos aparecer los primeros periódicos obreros y constituirse, bajo la tapadera de Sociedades de Auxilios Mutuos, verdaderas sociedades de resistencia. El motín de los *canuts* de Lyon, donde se había manifestado, hacia 1830, bajo la inspiración de Pierre Charnier, un movimiento «mutualista» original, demostró por primera vez la potencia revolucionaria de la clase obrera francesa (noviembre de 1831). «La sedición de Lyon –como expresaba el *Journal des Débats*– ha revelado la existencia de un gran secreto, el de la lucha entre la clase que posee y la que no posee nada. Los bárbaros que amenazan la sociedad no se encuentran en el Cáucaso o en las estepas de Tartaria; están en las barriadas de nuestras ciudades fabriles. Ya no se trata ni de la República, ni de la Monarquía, sino de la salvación de la sociedad.» El fracaso y la represión del movimiento de Lyon no interrumpió el movimiento de organización, favorecido por la penetración de las doctrinas socialistas. Poco a poco, los principales gremios de París y de Lyon formaron sociedades de unión fraternal; las huelgas, desde 1833, se concertaban entre las distintas ciudades.

De todos modos, la integración de los obreros en las organizaciones republicanas provocó, tras los sucesos de 1834[5], una disminución del movimiento obrero. Este se desarrolla en el seno de saciedades secretas (Société des Familles, Société des Saisons). Solo en 1839-1840 la crisis económica provocó, tras una serie de huelgas corporativas, un nuevo despertar de la agitación. Entonces es cuando se afirma la reivindicación de la jornada de diez horas; y con la Cámara Sindical de Tipógrafos de París aparece una sociedad de resistencia verdaderamente eficaz. Cada vez se suceden con mayor frecuencia los llamamientos a la conciencia de clase: *La Ruche populaire, L'Atelier,* de Corbon, muy leído por los tipógrafos, defienden los intereses de los huelguistas, preconizan la cooperación y se interesan por el movimiento cartista. Con Buchez, *L'Atelier* se complacía en repetir que la revolución era hija de la Iglesia y que las ideas democráticas no eran sino la transposición moderna de las ideas cristianas; pensaba que había que «recristianizar» la revolución y conseguir que «la Iglesia se convierta en revolucionaria dentro de los límites en que pueda serlo»; por tanto, el periódico se preocupaba menos de la organización de la lucha que de la afirmación de la idea de la dignidad cristiana; la cuestión social era desde su punto de vista una cuestión esencialmente moral. Una mujer, Flora Tristan, fue quien sugirió en su Unión Obrera (1843), la utilidad de una organización nacional e internacional de los trabajadores; convencida de que la emancipación de los trabajadores debía ser obra de ellos mismos, Flora Tristan intentó, en el curso de un largo *Tour de France,* difundir su evangelio.

Por muy impresionantes que sean algunos movimientos de huelga, como el que condujo a la matanza de Rive-de-Gier en 1844, sería falso pensar que existió en Francia, antes de 1848, un sentimiento coherente de solidaridad obrera. Por lo demás, la heterogeneidad del movimiento obrero francés se oponía a ello. En realidad, no es el obrero de fábrica, por lo general inculto, quien reflexiona sobre las condiciones de trabajo y quien organiza las

---

[5] Véase el cap. V, p. 112.

huelgas más vigorosas, sino el artesano, el sastre, el zapatero, el carpintero o el tipógrafo. Y esta «clase popular», que comienza a tomar conciencia de su unidad y de su fuerza, aún no existe salvo en las grandes ciudades, en París y en Lyon, y muy débilmente en otros lugares. Lo que ocurre es que el movimiento obrero es, sobre todo, la herencia revolucionaria de los suburbios, de la tradición jacobina y babouvista.

El movimiento obrero no alcanzó la misma amplitud en Alemania durante el *Vormärz*, aunque la espectacular revuelta de los tejedores de Silesia haya suscitado la atención, en 1844, de todo el mundo civilizado. Los tejedores, trabajadores a domicilio, obligados a vender el producto de su trabajo a negociantes que venden inmediatamente sus mercancías, estaban obligados a realizar onerosos pagos periódicos censitarios, sin hablar de los impuestos del Estado. La situación de los tejedores se agravó en el transcurso de los años cuarenta debido al cierre del mercado americano y a la creación de una industria textil en Polonia, que provocaron numerosos despidos y demostraron los riesgos de la insuficiencia técnica de la producción. La insurrección, que se originó en la propiedad de la familia Zwanziger, en Peterswaldau, nada tuvo de premeditada: era solo el resultado de la tremenda miseria. Sin embargo, motivó una sangrienta represión militar, que al menos, aparte de los innumerables testimonios literarios suscitados por el suceso, como la célebre petición de Bettina von Brentano al rey Federico Guillermo IV, sirvió a Wilhelm Wolff para realizar, en su libro *La miseria y la sublevación de Silesia* (1845), un estudio detallado y profundo del problema obrero, cuya repercusión sobre el movimiento socialista sería muy honda. Los años de la crisis económica estuvieron marcados en Alemania por un elevado número de motines populares, estallidos de desesperación provocados por el hambre y el paro, y agravados por el odio universalmente sentido contra los militares. La amplitud de los efectivos obreros, las condiciones de trabajo, la vida errante, la abundancia de trabajadores itinerantes o de peones desarraigados, explican la existencia de una agitación latente, en particular en las obras de los ferrocarriles, donde antes de 1848 estallaron repetidas huelgas. Mucho más importante para el movimiento obrero fue la creación de múltiples círculos de estudio obreros *(Bildungsvereine),* a veces por iniciativa de jóvenes intelectuales o de burgueses comprensivos, rápidamente desbordados por sus oyentes, y otras por una decisión espontánea de los trabajadores. Los tipógrafos animan algunos de estos círculos: frecuentemente limitados a reivindicaciones profesionales, no por ello dejan de enfrentarse a las cuestiones generales y a las discusiones políticas. De esos *Bildungsvereine,* que están en relaciones epistolares con las organizaciones de obreros alemanes del extranjero, y alguno de los cuales, como el de Hamburgo, contaba en 1847 hasta con 450 miembros, salieron numerosas personalidades que desempeñaron un papel considerable en la dirección del movimiento obrero en 1848: St. Born, del *Bildungsvereine* de Berlín; G. Lesser, más adelante miembro de la Primera Internacional, del de Hamburgo.

Es imposible silenciar, en este cuadro del despertar del movimiento obrero, el papel considerable de los emigrados y la formación de una conciencia de la solidaridad internacional.

La primera manifestación de la Internacional Obrera fue la creación, en 1836, de una agrupación que tomó el nombre de Liga de los Justos *(Bund der Gerechten).* Para ser más exactos, existía en París desde hacía varios años una Liga de Proscritos *(Bund der Geächteten)* que agrupaba a un determinado número de intelectuales y obreros alemanes que trabajaban sobre todo en el barrio de Saint-Antoine, publicaba el periódico *Das Geächtete* y mantenía estrechas relaciones con los trabajadores alemanes que vivían en Suiza. En el seno de esta Liga, y con fines políticos más netamente definidos, se constituyó la Liga de los Justos, cuyos estatutos establecían como objetivo, en su artículo 2.º, la liberación de la patria alemana del sojuzgamiento en que vivía e invitaban a las clases trabajadoras de todos los países a tomar conciencia de la situación en que se encontraban. La Liga se consideraba vinculada a la Société des Saisons, que por entonces dirigían Blanqui y Barbes y que tenía al final de los años treinta unos objetivos revolucionarios muy precisos; bajo la influencia de Buonarotti preconizaba la idea de la toma del poder mediante un golpe de mano que condujera a la dictadura del proletariado. Pero, tras la insurrección de mayo de 1839, que significó un fracaso total, un elevado número de miembros de la Liga de los Justos, comprometidos en el empeño, tuvo que refugiarse en Inglaterra. Entre estos emigrados se encontraba Karl Schapper, obrero tipógrafo y audaz revolucionario que había actuado al lado de Büchner, en Hesse, y de Mazzini, en Saboya, y era uno de los fundadores de la Liga. A él se debió la fundación en Londres de una Asociación Alemana de Educación Obrera (Deutscher Arbeiterbildungsverein), que tomó rápidamente un carácter internacional y que adoptó como divisa: «Todos los hombres son hermanos». En torno a ella se reconstituyó la Liga de los Justos. No obstante, esta última se vio afectada por la lucha entre dos tendencias ideológicas: la de Weitling, que tras haber desempeñado un gran papel en Suiza había emigrado a Inglaterra en 1844, marcada por un sello sentimental y utópico que desagradaba a Schapper, y la de Engels y Marx, este último miembro de un Comité de correspondencia de Bruselas que había entrado en relación con Schapper en 1845. Joseph Moll, uno de los miembros de la Liga, fue quien invitó a Marx para dar unas conferencias en Londres, en noviembre de 1847, a los miembros de la Liga de los Justos, que tan solo hacía unos meses había cambiado su nombre por el de Liga de los Comunistas. Tras haberse dirigido a un auditorio en el que figuraban alemanes, belgas, franceses e ingleses, Marx fue encargado de redactar el famoso *Manifiesto,* donde basaba el comunismo en el materialismo histórico y en la idea de la lucha de clases. La Liga constituía por entonces un embrión de organización internacional, ya que poseía en el continente numerosas células, y sobre todo, gracias a los vínculos que creaba la emigración, contaba con adeptos entre los círculos de estudios de obreros alemanes.

El mismo espíritu de solidaridad internacional animaba a los *Fraternal Democrats,* agrupación que se había constituido en Londres en el seno del movimiento cartista inglés y que reclutaba sus militantes en los medios de la emigración política que vivían en la capital inglesa. El inspirador de este movimiento había sido George Julian Harney, redactor del *Northern Star,* que supo dar a los *Fraternal Democrats* una organización bastante centralizada, con un sistema de secciones nacionales y un consejo central, que posteriormente sería adoptada por la Primera Internacional. Karl Schapper, por los alemanes, y J. Michelot, por los franceses, se adhirieron a esta organización, que mantuvo relaciones constantes con la Asociación Democrática de Bruselas, creada por un cierto número de «radicales» belgas, alemanes y franceses, en representación de la cual Marx acudió a Londres para conversar con ocasión de la conmemoración, en noviembre de 1847, de la insurrección polaca de 1830.

Así fue como se estrecharon en el mundo de los emigrados los lazos que la reacción posterior a la Revolución de 1848 rompió finalmente, pero que reafirmaría la Primera Internacional en el transcurso de los años sesenta. Las mentes más capacitadas de Europa eran cada vez más conscientes de la solidaridad que unía en todo el continente a los oprimidos y desheredados. «Un golpe contra la libertad a orillas del Tajo –proclamaba Harney en una manifestación de los *Fraternal Democrats* en favor de la revolución portuguesa– es lo mismo que un golpe contra la libertad a orillas del Támesis; una victoria del republicanismo en Francia significaría el fin de la tiranía en el mundo; el triunfo de la Carta democrática inglesa entrañaría la libertad para millones de individuos en Europa.» Para ser exactos, la idea de la Internacional Obrera no se desprendía todavía de la ideología democrática y nacionalista que, bajo el signo de la *Joven Europa,* de Mazzini, creía poder realizar la alianza de los pueblos contra las tiranías. No obstante, el creciente influjo de Marx en los centros más activos de la emigración europea tendía a señalar a la clase obrera europea el camino que debía conducirla a su emancipación.

V. LA EVOLUCIÓN POLÍTICA DE LOS GRANDES ESTADOS LIBERALES

Francia e Inglaterra son los dos únicos grandes países que, tras 1815, llevan a cabo la experiencia de un régimen monárquico constitucional en cuyo seno se desarrollan progresivamente instituciones de carácter parlamentario. Las fuerzas políticas en presencia son, en ambos casos, sensiblemente las mismas: en los dos países existe una aristocracia que constituye, hacia 1815, la clase dominante, pero frente a la que se levanta una gran burguesía enriquecida por el comercio y la industria, y que, a partir de 1830, sustituye a aquella aristocracia en tanto que clase dominante. En ambos países el sistema electoral, en uno de los casos en virtud de un régimen censitario, y en el otro a consecuencia de viejas tradiciones históricas, deja fuera del país legal a las clases menos adineradas, no solamente al proletariado y al campesinado, sino también a la pequeña burguesía, que aspiran a hacer evolucionar al régimen hacia una democracia. El liberalismo burgués se encuentra, pues, enfrentado a una doble oposición, de derecha y de izquierda, que frecuentemente le obstaculiza el ejercicio del poder. Y, a pesar de esas coincidencias, la historia que transcurre entre 1815 y 1848 se desarrolla en ambos países de una forma muy diferente: mientras en Francia la monarquía tiene que soportar la prueba de dos revoluciones, el régimen se adapta en Inglaterra a las circunstancias; y a pesar de la mayor amplitud y profundidad de las transformaciones económicas y sociales, la exacta aplicación del sistema parlamentario le confiere una estabilidad compatible con las reformas que orientan al país hacia la democracia sin bruscas sacudidas.

La monarquía constitucional en Francia

La Carta constitucional de 1814 había creado un régimen de compromiso con la sociedad salida de la Revolución y del Imperio, conservando en bloque lo esencial de las instituciones nacionales e individuales, desde el Código civil y el Concordato hasta la venta de los bienes nacionales, pasando por la Universidad y el sistema administrativo napoleónico. Por tanto, la Restauración no había sido ni jurídica ni social, sino solamente dinástica.

La Carta «otorgada» por el rey establecía en Francia un régimen de inspiración británica. En realidad existían tres poderes: el rey, que detenta el ejecutivo, la iniciativa y la sanción de las leyes, convoca anualmente las cámaras y puede disolver la Cámara elegida; los pares hereditarios nombrados por el rey en número ilimitado; los diputados de los departamentos, mayores de cuarenta años y que pagan más de mil francos de impuestos directos, elegidos por electores mayores de treinta años y que pagan por lo menos trescientos francos de impuestos directos (en conjunto, unos 90.000 electores, que componen el «país legal»). Se introdujeron las fórmulas inglesas en la vida del Parlamento: voto anual del presupuesto, «lista civil» votada al rey por las cámaras, discurso del trono al iniciarse las sesiones, memoria de la Cámara como respuesta a ese discurso. Las sesiones parlamentarias, secretas en el Senado y públicas en el Palais Bourbon, frecuentemente se caracterizaron por sus debates apasionados, y la tribuna de la Cámara contribuyó a la educación política de la nación. Las lagunas de la Carta, por otra parte, dejan en suspenso importantes cuestiones, que dominan después de 1815 la vida política: ¿existe una responsabilidad de los ministros ante el Parlamento, distinta de la «penal», por hechos de traición o de concusión?, ¿según qué ley electoral deben ser elegidos los diputados?, ¿cuál es el régimen de la prensa? En función de las respuestas dadas a estas cuestiones van formándose progresivamente los partidos políticos.

Ahora bien, la implantación del régimen se hizo en una atmósfera de guerra civil. El gobierno –presidido por Talleyrand y cuyo miembro más activo es Pasquier, ministro de Justicia– recomienda, no obstante, a los prefectos una política de apaciguamiento; pero se enfrenta a la exasperación de las pasiones. Aunque el rey en la declaración de Cambrai prometió una amnistía, sin embargo se organizaron proscripciones: a diecinueve generales se les formó consejo de guerra. Inmediatamente después de la derrota de Waterloo comenzaron las represalias contra los bonapartistas en el valle del Ródano y en Marsella; tras el establecimiento de la Restauración, estalló una verdadera «epidemia» de venganzas: en Aviñón, donde sucumbió

Brune; en Nimes, donde las masas asaltaron a los protestantes; en Toulouse, donde los «Verdets» asesinaron al general Ramel. El gobierno se mostró, si no inerte, sí impotente: Fouché, ministro de Policía, fue destituido. En medio de este «Terror blanco» se celebraron las elecciones para diputados, en las que se utilizaron los colegios electorales del Imperio, incrementados por notables monárquicos. De esas elecciones salió una *Chambre introuvable*[1], vibrante de odio contra la Revolución; y el duque de Richelieu, que sucedió a Talleyrand en septiembre de 1815, constituyó un gobierno orientado todavía más a la derecha. Consiguió que fuera aprobada una serie de leyes de excepción, suspendiendo la libertad individual, castigando los gritos sediciosos, organizando los tribunales prebostales, semimilitares y semiciviles, que fallaban sin que fuera posible interponer recurso. Fue el «Terror legal». La víctima principal del mismo fue el mariscal Ney, condenado a muerte por los pares. En cuanto a la administración, fomentó una represión a gran escala. Gracias a la acción de las sociedades secretas, como la Asociación bretona, la Asociación monárquica del Mediodía o los Francos regenerados, toda Francia se doblegó bajo el Terror. Las reacciones, muy débiles, fueron como la conspiración antiborbónica de Didier en Grenoble.

No obstante, esta situación acabó por inquietar a los círculos allegados a Luis XVIII, así como a algunos embajadores extranjeros; por ejemplo, a Pozzo di Borgo, quien representaba a Rusia en París. Muy pronto la Cámara entró en oposición con el gobierno. El conflicto partió de la cuestión electoral. Por una curiosa paradoja, la Cámara deseaba completar la ley electoral, ampliando el censo a los cincuenta francos, con el fin de asegurarse una clientela electoral. Frente al gobierno, que apoyaba la prerrogativa real, los elegidos se hicieron partidarios del sistema parlamentario, destinado a dotar a la Cámara del control de la administración. Esto equivalía a disgustar a Luis XVIII, muy susceptible sobre la cuestión de sus prerrogativas. Decazes, ministro de Policía, obtuvo del rey que pronunciara la disolución de la *Chambre introuvable,* y el país legal aprobó esta medida enviando al Parlamento, en octubre de 1816, una mayoría favorable a los ministros.

---

[1] *Chambre introuvable:* literalmente, la «cámara imposible de encontrar»; alusión al carácter excepcionalmente favorable al nuevo régimen de la Cámara surgida de aquellas elecciones [N. del T.].

A raíz de estas elecciones es cuando se constituye una verdadera vida pública. Tres partidos harán irrupción progresivamente, sin que por lo demás lleguen a constituir organizaciones de carácter reconocido, como ocurre en Inglaterra. La diferenciación se realizaría la mayoría de las veces más bajo la presión de los acontecimientos que en función de ideas preconcebidas, más a través de reflejos de oposición que sobre programas positivos.

El primero en adquirir su fisonomía fue el partido ultramonárquico, como lo denominaban sus adversarios, ya que sus partidarios se declaraban «monárquicos puros», pretendiendo de este modo oponer su fidelidad sin flaquezas a los sospechosos desvelos de los hombres de la Revolución y del Imperio, tardíamente convertidos en partidarios de la monarquía, a la que, por otra parte, trataban de adaptar a las nuevas ideas. Considerando que los Cien Días habían demostrado el carácter perjudicial de la política de compromiso, el partido ultra pretendía no volver al *Ancien Régime,* como frecuentemente se ha afirmado, sino crear un nuevo orden monárquico y religioso, basado en las ideas que habían madurado en la emigración y que el renacimiento del catolicismo y el romanticismo habían contribuido a propagar en Francia. «Francia –escribía Chateaubriand– desea todas las libertades, todas las instituciones traídas por el transcurso del tiempo, los cambios de costumbres y el progreso de la ilustración, pero unidas a todo lo que no ha perecido de la antigua monarquía, a los principios eternos de justicia y moral [...] Francia desea los intereses políticos y materiales creados por el tiempo y consagrados por la Carta, pero no quiere ni los principios ni los hombres que han motivado nuestras desgracias.» No obstante sostener esta posición relativamente moderada que subraya en *La monarquía según la Carta* (1816), así como en *Le Conservateur,* sobre la imposibilidad de una vuelta completa al pasado, se ve superado por la prensa ultra, que dando una amplia audiencia a las ideas del vizconde de Bonald, preconiza en *La Gazette de France, La Quotidienne* y después en *Le Drapeau blanc, La Correspondance politique et administrative,* de Fiévée, una estrecha alianza entre el trono y el altar. La principal baza de este partido, su esperanza y su jefe, era el propio hermano del rey, el conde de Artois, que agrupaba en torno a su persona a los hombres de *Pavillon de Marsan,* al barón Vitrolles, Jules de Polignac, el conde de Bruges: un verdadero «gobierno oculto», que disponía de medios de acción considerables. Al ser nombrado el conde de Artois capitán general de los guardias nacionales de todo el reino con derecho a nombrar a los oficiales, había sido posible excluir de esa milicia a todos los que eran contrarios a sus ideas y organizar un ejército interior al servicio de su propio partido. Finalmente, la Sociedad secreta de los Caballeros de la Fe, creada para combatir al Imperio y cuyas actividades se habían visto casi suspendidas bajo la primera Restauración, había reiniciado su actividad para combatir al gobierno Tayllerand-Fouché y sus veleidades orleanistas. Otra sociedad secreta monárquica, la de los Francos regenerados, era por entonces una rama disidente de la masonería, a la que durante cierto tiempo hizo la competencia, pero tuvo una existencia efímera. Los Caballeros de la Fe fueron quienes lograron en el Palais-Bourbon una notable cohesión de los diputados ultramonárquicos. «Se les veía levantarse, sentarse, hablar y enmudecer como si se tratara de una sola persona», decía Molé. La táctica era decidida previamente en comité secreto, tras lo cual las órdenes eran transmitidas a los no iniciados en reuniones que se celebraban en el domicilio del diputado Piet, un personaje cuya insignificancia le ponía al abrigo de toda envidia. El verdadero jefe parlamentario del grupo era el conde de Villèle, antiguo alcalde de Toulouse, que se había revelado en la *Chambre introuvable* como un infatigable polemista, un táctico muy astuto y que además poseía relevantes cualidades administrativas y financieras; sus colaboradores, el abogado Corbière, diputado por Rennes, y, en la Cámara de los Pares, Mathieu de Montmorency, Polignac y también Chateaubriand. Muchos de estos líderes eran además miembros del Consejo Superior de los Caballeros de la Fe. Las bases del partido ultra se encontraban diseminadas en los obispados, los seminarios y los presbiterios, así como en los señoríos campesinos del sur y del oeste de Francia; sus electores eran los terratenientes más importantes, pero también los más fuertes comerciantes de algunos puertos, como el de Marsella, que fueron quienes más gravemente sufrieron los efectos del bloqueo; y, gracias a la acción del clero, su influencia se extendía ampliamente sobre el campesinado y entre algunas corporaciones artesanales.

El partido «constitucional» nació como reacción contra las exageraciones del partido ultra, como a su vez este último había nacido como reacción a la política de compromiso de la primera Restauración; las elecciones de 1816 le dieron consistencia al agrupar tras el gabinete a todos los que repudiaban los métodos y los principios que habían inspirado al Terror blanco. Un programa tan negativo daba pie evidentemente a numerosas matizaciones, por lo que este partido jamás tuvo la cohesión táctica y la unidad doctrinal de sus adversarios. Su derecha estaba representada en el gabinete por el duque de Richelieu y Lainé, que estaban mucho menos alejados de los ultras por su ideología que por sus métodos, y la izquierda, por un pequeño grupo de intelectuales, los «doctrinarios», a saber: Jordan, Guizot, Barante, el conde de Serre, el joven duque de Broglie, Charles de Rémusat y todos aquellos que reconocían la influencia del filósofo Royer-Collard. En realidad, eran instrumentos manipulados por el ministro de Policía, y seguidamente del Interior, Elie Decazes, hijo de un notario de Libourne, alto funcionario imperial, convertido después en partidario de los Borbones, hábil maniobrero, sin doctrina ni principios, pero que informando al rey de los secretos y de los cotilleos del «gabinete negro» supo hacerse indispensable, y que, por otra parte, conocía a fondo la agitación de la opinión pública. El partido constitucional contaba entre su clientela con una fracción importante de la aristocracia y de la gran burguesía liberal, tenía como principal órgano de expresión a *Le Moniteur,* aunque los medios intelectuales preferían leer *Le Journal Général de France,* inspirado por Royer-Collard, y *Les Archives philosophiques, politiques et littéraires.*

Destinado a distanciarse progresivamente, el partido de los Independientes se diferenció de los Constitucionales durante el verano de 1817. Bajo esta etiqueta se esconden todos los enemigos del régimen que, a pesar de todo, no han explicitado sus verdaderas inclinaciones: republicanos, bonapartistas y orleanistas. Después de las elecciones de 1817, se les ve constituir un grupo «antigabinete» con Casimir-Perier, Dupont de l'Eure y el banquero Laffitte, a los que se añadieron Lafayette, Manuel y finalmente Benjamin Constant. Estas diversas personalidades constituían un «comité director», opuesto al *Pavillon de Marsan* y al Consejo Superior de los Caballeros de la Fe, que mantenía contactos orgánicos con afiliados y comités electorales en todas las provincias; su programa era muy próximo al de la masonería, de la que eran miembros dignatarios la mayor parte de los independientes; su planteamiento era más anticlerical que antimonárquico. Los bonapartistas, que entran en el partido y adquieren una influencia creciente, añadirán la idea de desquite contra los Tratados de 1815 y el nacionalismo militar, así como una cierta tendencia a recurrir a métodos violentos, bastante extraños al espíritu liberal. El cerebro del partido era Benjamin Constant, su abanderado Lafayette y su recaudador de fondos Laffitte. Debido a que la prensa de los independientes era continuamente víctima de la censura, tenía que sobrevivir haciéndose proteiforme: un mismo equipo de redactores publicaba sucesivamente una serie de órganos con nombres distintos, que tan pronto eran editados como suprimidos; así, solo durante 1818 verían la luz 56 periódicos independientes. Los más conocidos, por haber durado más tiempo, fueron *Le Constitutionnel*, *Le Journal du Commerce* y, finalmente, la revista *La Minerve*, que, gracias a Benjamin Constant, fue la más perfecta expresión del periodismo francés bajo la Restauración. Desde entonces la prensa de oposición aventajará netamente a la prensa gubernamental.

En realidad, dos periodos dominan la historia política de la Restauración: un ensayo de gobierno constitucional, que se extiende de 1816 a 1820, y un periodo ultra, más acentuado bajo Carlos X que bajo Luis XVIII, y que desemboca en la Revolución de 1830.

Tras constituir su gabinete a raíz de las elecciones, el duque de Richelieu intentó, reacomodando el régimen, ganarse a las «clases medias». Consiguió que se aprobara la ley electoral de febrero de 1817 –llamada ley Lainé–, que organizaba las elecciones en la capital del departamento y por medio de un escrutinio de lista, sistema que favorecía a los liberales; resolvió la cuestión financiera creando una capa de amortización para reembolsar la deuda del Estado; permitió al mariscal Gouvion Saint-Cyr, ministro de la Guerra, restaurar el ejército por la ley del 12 de marzo de 1818, que fijaba el reclutamiento por alistamientos voluntarios y por sorteo (con posibilidad de sustitución) y las reglas de ascenso en el escalafón, con objeto de excluir los ascensos arbitrarios. No obstante, los progresos de los liberales en las elecciones de septiembre de 1817 y de octubre de 1818 acabaron por inquietarle: obtuvo la dimisión del gabinete con objeto de permitir que entrara la derecha; pero las exigencias de los ultras hicieron inviable esta solución y el gabinete Dessoles-Decazes, formado en diciembre de 1818, se orientó, por el contrario, cada vez más a la izquierda. Después de haber nombrado a Guizot director general de la Administración departamental y comunal, el gabinete destituyó a los prefectos ultras y posteriormente depuró a los grandes cuerpos de Estado. Deseoso de politizar un poco más la vida pública, votó la ley de Serre –nombre del ministro de Justicia–, que suprimió la censura y la autorización previa, de modo que los delitos de prensa pasaron a ser competencia de la jurisdicción común, y, como única obligación, preveía la fianza del fundador del periódico: de ahí, y por un breve periodo, el auge notable de la prensa liberal. Decazes pensaba en una reforma completa de la administración y de la legislación criminal, así como en la organización constitucional de la responsabilidad ministerial. Pero el éxito de la izquierda durante las elecciones de 1819 (elección del regicida abate Grégoire en Grenoble) le obligó a orientar el gobierno más a la derecha, incluso a revisar la ley electoral. El asesinato del duque de Berry por un obrero republicano, Louvel (febrero de 1820), perpetrado con la esperanza de extinguir la dinasta, obligó a Decazes a dimitir y abrió un largo periodo de reacción ultra.

El duque de Richelieu, que sucedió a Decazes, suspendió la libertad individual y la libertad de prensa, modificando asimismo la ley electoral, de manera que estableció un doble escrutinio, por distrito y por departamento, este último reservado a los electores que pagaban impuestos más elevados (junio de 1820). Tan pronto como fue aplicada esta ley, el país eligió una Cámara con mayoría ultra. Richelieu, que pretendía gobernar con la derecha, pero sin el programa de la derecha, inmediatamente se vio envuelto en graves dificultades y superado por las exigencias ultras, representados en el gobierno por Corbière y Villèle. En diciembre de 1821 tuvo que dimitir, al perder el apoyo de Luis XVIII.

La oposición, despojada de sus armas legales, se orientó entonces hacia la acción revolucionaria. Los parlamentarios liberales, la juventud universitaria republicana, agrupada en la Logia de los Amigos de la Verdad, los militares bonapartistas que recibían solo la mitad de la paga (aunque es cierto que no todos los militares que se encontraban en esta situación se opusieron sistemáticamente al régimen), comenzaron a preparar una insurrección bajo la bandera tricolor para el 20 de agosto de 1820; pero esta fue descubierta antes de que estallara. Al año siguiente se agruparon en la Charbonnerie, sociedad secreta constituida a imitación de la Carbonaria italiana, cuya unidad de base la constituía la «venta», particular o comunal, compuesta por diez miembros, de forma que los miembros de las diferentes ventas no se conocían entre sí y tan solo mantenían contactos a través de sus delegados (medida indispensable para evitar las infiltraciones de la policía). Cada miembro se comprometía a cumplir cuatro requisitos: guardar el secreto, abonar una cotización mensual, tener en todo momento armas preparadas y obedecer las decisiones de la *Haute Vente*. Poderosa en París, en torno a Mulhouse, en Lyon y en el oeste, en conexión con los «Caballeros de la Libertad», el carbonarismo era favorable al derrocamiento de los Borbones y a la convocatoria de una Asamblea Constituyente. Si Lafayette, Manuel y Dupont de l'Eure dirigen la «venta» suprema, que a su vez preside una organización muy jerarquizada, son los jóvenes estudiantes y los oficiales quienes constituyen el elemento verdaderamente activo. La expectativa de un movimiento revolucionario generalizado en toda Europa provocó en 1821 y 1822 toda una serie de insurrecciones en Belfort, Saumur, La Rochelle y Colmar. El acontecimiento más popular fue el proceso incoado contra cuatro sargentos de La Rochelle, y cuya ejecución ocasionó mayor perjuicio a la Restauración que la misma ejecución del mariscal Ney. La represión, así como las disensiones internas, provocaron a finales de 1822 la disolución del movimiento carbonario. Para ser exactos hay que señalar que jamás contó con más de 40.000 militantes y que nunca logró implantarse en los medios populares.

El miedo suscitado por esos movimientos favoreció el éxito de la reacción, de la que fue prisionero el gabinete de Villèle-Corbière. Administrador de talento, Villèle prosiguió la reorganización financiera comenzada por Corvetto y Louis, organizó la contabilidad del Estado, decidió el voto del presupuesto por secciones y ministerios y logró que, en todo momento, se ejerciera realmente el control parlamentario sobre los gastos públicos. En el plano político, donde se encontraba mucho menos cómodo –«jamás enfocaba los asuntos por su lado elevado», afirmaba Pasquier–, Villèle fue el ejecutor de las voluntades del partido ultra, intentando inútilmente moderar sus excesos. La ley de prensa de 1822 estableció de nuevo la autorización previa, creó la figura del delito de opinión y sustituyó la jurisdicción ordinaria por tribunales correccionales: de aquí el rápido declive de la prensa de izquierda. Tras la disolución de la Cámara, las nuevas elecciones, ultramonárquicas (la *Chambre retrouvée*), y la ascensión al trono de Carlos X, menos inteligente y menos prudente que su hermano, ya nada pudo oponerse a la realización del programa político y religioso de la derecha. En el plano religioso, la universidad, dirigida por su gran maestro Monseñor Frayssinous, quedó sometida a la influencia del clero; el gobierno ignoró los seminarios menores, convertidos de hecho en colegios secundarios; la alianza de la Iglesia y el Estado quedó reafirmada, no solo por la ceremonia de la consagración del rey –que suscitó estrofas entusiásticas de románticos como Lamartine y Hugo, pero que también fue ridiculizada por el cantante liberal y volteriano Béranger–, sino también por la votación de dos leyes, una que autorizaba al gobierno a reconstituir la ordenanza sobre las congregaciones femeninas, y la otra castigando con trabajos forzados o con la pena capital la profanación de objetos sagrados: es la ley del «sacrilegio», que concentró la hostilidad liberal contra el partido clerical y contribuyó al desarrollo del anticlericalismo, que constituirá en su momento una de las causas de la caída de los Borbones. En el plano político, la llamada ley de «los mil millones de los emigrados», que, en el pensamiento de Villèle, debía clausurar la era revolucionaria, permitió indemnizar a los emigrados, cuyas propiedades habían sido vendidas como bienes nacionales, mediante una reconversión sobre las rentas que gravó esencialmente a la burguesía (abril de 1826); la ley de prensa, presentada por el ministro de Justicia, Peyronnet, llamada de «justicia y de amor» y destinada a amordazar a la prensa de oposición, tuvo que ser retirada por el gabinete para evitar un voto de censura (abril de 1827).

El gabinete de Villèle se vio debilitado por la defección de la extrema derecha (los *Pointus*), sostenida por Chateaubriand, que había sido destituido del cargo de ministro de Asuntos Exteriores, y por *Le Journal des Débats,* dirigido por los hermanos Bertin. En cuanto a la oposición liberal, que a veces se esconde tras un disfraz de galicanismo, se ve reforzada en 1826 por el *Memorial de consultas,* del conde de Montlosier, gentilhombre de Auvernia, que denuncia a la Congregación, a los jesuitas, al ultramontanismo y al espíritu invasor de los clérigos, logrando crear una cierta confusión, que se mantuvo durante mucho tiempo entre el grupo, muy activo pero reducido, de los Caballeros de la Fe, y una vasta asociación secreta que, bajo el nombre de Congregación, tenía como objetivo la destrucción de la Carta para instituir una teocracia, disponer de todos los cargos y dominar la corte, los ministerios, el parlamento y las administraciones más importantes. Numerosos magistrados, e incluso algunos miembros de la Cámara de los Pares, instaron al gobierno para que aplicara la ley contra los jesuitas. A la izquierda, la nueva generación liberal, que ha perdido sus aires de clandestinidad, lee ahora *Le Globe,* que le suministra una doctrina filosófica. Tras las manifestaciones de la Guardia Nacional, que fue disuelta (abril de 1827) –lo que acarreó un estado de tensión aguda con fracciones importantes de la burguesía parisiense–, Villèle, objeto de ataques conjugados, instituyó una oficina de censura en el Ministerio del Interior y decretó la disolución de la Cámara (noviembre de 1827). Pero el gobierno tuvo que hacer frente a una oposición fuertemente organizada: la Société des Amis de la Presse, de Chateaubriand, y la Société Aide-toi, le Ciel t'aidera, de Guizot, que restableció los lazos entre Paris y las provincias mediante una campaña de folletos e hizo verificar las listas electorales. En muchas circunscripciones las oposiciones de derecha y de izquierda presentaron listas comunes. Las elecciones supusieron una derrota para Villèle, cuyo gabinete se consideraba gastado desde hacía tiempo, y tuvo que dimitir en enero de 1828.

¿Era capaz de gobernar Martignac, quien ocupaba la cartera del Interior en el nuevo gabinete? La situación era tanto más difícil cuanto que, con un gabinete híbrido, no disponía ni de la confianza del rey ni tampoco de una mayoría claramente definida en la Cámara. Él personalmente deseaba una política de conciliación, permitió que se reanudaran las clases de Guizot y de Cousin, así como también aceptó una revisión de la ley de prensa. Tomó posiciones contra el partido clerical, prohibiendo mediante una ordenanza la enseñanza a los jesuitas, no sin suscitar con ello vivas protestas entre el episcopado. Seguidamente, estimó que era posible garantizar la elección de los consejos municipales y generales mediante una reforma administrativa, sin renunciar a la autoridad central sobre las colectividades. En realidad, el «Villèle vergonzante» no satisfizo a nadie. Tras una derrota parlamentaria, el rey le pidió que presentara la dimisión (agosto de 1829).

El príncipe Jules de Polignac, amigo personal del rey, que sucedió a Martignac, tenía como programa establecer un régimen constitucional y aristocrático bastante parecido al que funcionaba en Inglaterra. Pero al nombrar a Bourmont para la cartera de

Guerra y a La Bourdonnais para la del Interior (Coblentz, Waterloo, 1815) provocó inmediatamente por todo el país, en el que era profundamente impopular, un poderoso movimiento de oposición. Reapareció el partido republicano con *La Tribune,* de Armand Marrast; otros, en cambio, se inclinaban por una solución orleanista, que propugnaba *Le National,* redactado bajo la inspiración de Talleyrand, por Thiers, Mignet y Armand Carrel, quienes se esforzaron en propagar la idea de que el régimen constitucional deseado por la nación era incompatible con el mantenimiento en el trono de la rama principal de los Borbones; en resumen, que había que imitar lo que habían hecho los ingleses en 1688. A las razones de descontento político vino a añadirse la inquietud social creada por la intensificación de la crisis económica. En ciertos medios comenzó a propagarse la idea de negarse a pagar los impuestos. Ante ello, el gabinete, dividido, se mostró impotente; la situación se hizo aún más amenazadora el 2 de marzo de 1830, ya que el discurso del trono pronunciado ese día dejó entrever la posibilidad de una nueva disolución. La Cámara, que respondió con una moción de desconfianza firmada por 221 diputados, planteando la responsabilidad del gabinete, fue prorrogada y seguidamente disuelta (16 de mayo). A pesar de la toma de Argel, contemporánea a estos acontecimientos, y aunque medió la intervención personal del rey, presentando el voto de oposición como un delito, las elecciones de julio, admirablemente preparadas por la Société Aide-toi, le Ciel t'aidera, supusieron un triunfo liberal. Los miembros de la oposición se elevaron a 274. De todos modos, la situación no era todavía desesperada para la monarquía: los diputados de la oposición estaban dispuestos a no herir el amor propio del rey; por otra parte, tanto los burgueses acomodados como los opulentos en modo alguno estaban dispuestos a abrir las espitas de un movimiento popular. Algunos de ellos llegaron incluso a insinuarse a Polignac para que los admitiera en el nuevo gabinete.

Pero el rey, en su simplicidad feudal, tan solo pensaba en luchar, convencido como estaba de que su derecho acabaría por ser finalmente reconocido. Invocando el artículo 14 de la Carta, que le autorizaba a hacer los reglamentos y ordenanzas necesarios para la ejecución de las leyes y de la seguridad del Estado, el gobierno firmó el 24 de julio cuatro ordenanzas que, por otra parte, habían sido elaboradas con anterioridad a la publicación del resultado de las elecciones. Estas preveían la suspensión de la libertad de prensa, la disolución de la Cámara, la revisión de la ley electoral, limitándola exclusivamente a los impuestos mobiliarios y rústicos, y la fecha de unas nuevas elecciones. La resistencia se organizó no entre los parlamentarios, sino entre los periodistas, que eran los primeros en verse afectados por las decisiones reales; en particular, en la redacción del *National,* donde Thiers redactó una protesta (26 de julio). La agitación popular, favorecida por el cierre de los talleres, fue inmediatamente aprovechada y dirigida por los republicanos (G. Cavaignac, Bastide, Marrast, Arago, Trélut). El día 27, Marmont, comandante de las tropas, era todavía dueño de la situación; pero el día 28, al intentar emprender la ofensiva contra las barricadas que mientras tanto habían sido levantadas, perdió los barrios del este y tuvo que replegarse sobre las Tullerías; el día 29, tras tomar los insurrectos el Louvre, ordenó la retirada. Pero durante este intervalo los diputados, espantados por la amplitud del movimiento popular, rápidamente decidieron intervenir: el día 29, a propuesta de Guizot, nombraban a Lafayette comandante de la guardia municipal y constituían una comisión municipal compuesta de cinco miembros. Aún no creían en la posibilidad de un cambio de régimen y únicamente se preocupaban de encauzar el motín. El día 30, ante el desarrollo y la amplitud que adquiría la agitación republicana, y ante la imposibilidad de impedir la formación tardía en Saint-Cloud de un nuevo gabinete presidido por Mortemart, fue cuando se alinearon, a propuesta de Thiers, sostenida por Laffitte, en favor de la candidatura al trono del duque de Orleans, viendo en ello la única posibilidad de evitar la proclamación de la república. Después de haber llegado a un acuerdo con los pares, ofrecieron a Luis Felipe el puesto de lugarteniente general del reino. El 31 este recibe, junto a Lafayette, que le presenta desde el balcón del Hôtel de Ville, la investidura popular, prometiendo rodear al trono de «instituciones republicanas». El motín se calmó; mientras Carlos X abandonaba Saint-Cloud, dirigiéndose a Rambouillet, y abdicaba el día 2 de agosto en favor de su nieto el duque de Burdeos. En realidad, los parlamentarios liberales habían escamoteado a los republicanos su revolución. La revolución, para hacer honor a la verdad, no tenía por qué ser forzosamente fatal: durante las jornadas de julio, los diputados adoptaron la solución orleanista en la medida en que esta limitaba las consecuencias de un levantamiento que se había desencadenado y desarrollado al margen de ellos.

La Revolución parisina de 1830 representa algo más que un cambio de dinastía. La conmoción provocada en la opinión por el espectáculo del levantamiento popular favoreció el auge, inmediatamente después de las «tres gloriosas jornadas», de ideas y doctrinas que tan solo estaban en embrión en vísperas de la revolución; el hecho revolucionario, considerado en sí mismo, tiene de ese modo importantes consecuencias que lastrarán pesadamente los destinos del régimen. En primera línea de esas ideas, nacidas bajo el sol de julio, está la revelación del pueblo, de la fuerza política que representa, de la necesidad manifiesta de contar con él en adelante. Rémusat, cuyas *Memorias* son la fiel expresión del pensamiento de los notables liberales de aquella época y que hasta el último momento creyó que la insurrección sería aplastada, reconoce: «No conocíamos a la población de París, no sabíamos de qué era capaz». Durante los meses inmediatamente posteriores, los obreros se codean con los burgueses en los *clubs* que pululan por doquier; la guardia nacional llega hasta presentar armas ante los cortejos populares. Debido a todo ello, las jornadas de julio desempeñaron un papel importante en la toma de conciencia por parte de la clase obrera de su propia fuerza, descubriendo asimismo al resto de los franceses la existencia de un problema social, lo que se refleja en el interés que despierta a partir de 1830 la doctrina sansimoniana. Pero, con todo, la Revolución de 1830 es más que eso: mientras en el plano de la política internacional revela la amplitud de la oposición nacional a los Tratados de 1815, la fuerza del patriotismo francés, la convicción de que Francia tiene una misión histórica en Europa; por otra parte, la revolución suscita en todo el pensamiento del país una verdadera transformación que conduce a los románticos, que hasta entonces habían mostrado sus simpatías por las formas políticas del *Ancien Régime,* a revisar su actitud y a sostener la causa de la libertad de los pueblos y el derecho a la rebelión política y social. A partir de entonces Victor Hugo dedicará la mayor parte de su obra a la defensa de los más humildes, de las víctimas de la sociedad: *Los miserables.* También la rebelión de las mujeres y de los desclasados de toda especie, que reflejará George Sand tanto en sus novelas como en su vida privada, constituye otra ilustración más de esa extraordinaria «explosión moral» que siguió a las «tres gloriosas jornadas» de julio.

A raíz de ella se plantea la siguiente cuestión: ¿tendrá en cuenta Luis Felipe las aspiraciones de esta «joven Francia» que ha llevado a cabo y quiere continuar la revolución? ¿Podrá hacerlo, considerando que debe contar con los intereses y las ideas de quienes sentaron en el trono al duque de Orleans?

Para ser exactos, los cambios fueron muy limitados y la ruptura se hizo notar mucho menos que la continuidad de la vida política: la Carta revisada, jurada por Luis Felipe el 9 de agosto, apenas si había modificado superficialmente el régimen. Al dejar de ser otorgada, se convirtió en un contrato entre el príncipe y la nación. El artículo 14 quedó suprimido; la religión católica perdió su cualidad de religión de Estado; la censura quedó abolida. La elección del presidente de la Cámara por los diputados, el derecho de iniciativa, el de enmienda y el de interpelación obtenido, si no *de jure,* al menos *de facto,* y el voto del presupuesto por capítulos, eran medidas que acentuaron el carácter parlamentario del régimen. La ley del 21 de marzo de 1831 autorizó a los ayuntamientos a elegir a los concejales, aunque el poder conservaba el derecho a nombrar los alcaldes y sus adjuntos, lo que contribuyó notablemente al desarrollo de la vida local. La ley del 22 de marzo de 1831 permitió a la guardia nacional, que continuará siendo durante varios años el principal soporte del régimen, nombrar a sus oficiales. Pero la ley del 19 de abril apenas si modificó el censo (al pasar de 300 a 200 francos), manteniendo la existencia de un país legal que no era la nación. Debido a ello la vida política continuó siendo de una exigüidad notable: los diputados eran elegidos por colegios de distritos que, en algunos casos, como en París, cuentan con 3.000 personas, pero, en cambio, tan solo con 150 en el departamento de Hautes-Alpes, lo que conduce a una sobrerrepresentación de los departamentos más ricos; el escrutinio, frecuentemente, no fue sino la culminación de innumerables chalaneos y tan solo reveló la lucha entre notables, sostenidos o combatidos por la administración prefectoral. En el fondo, la revolución descansaba en un equívoco: la gran burguesía no estaba dispuesta a conceder una democratización del régimen, sino que estaba decidida a conservar su carácter netamente censitario. La crisis para ella había concluido: «No ha habido revolución, sino tan solo un cambio en el personal del Estado». En cuanto al conjunto de la nación, no comprendía de este modo la revolución; esta debería prolongarse con una evolución pacífica que ampliara progresivamente el derecho de sufragio e hiciera participar al conjunto de la nación en la vida pública.

En el seno del país legal, esas divergentes interpretaciones se expresan en la actitud discrepante del partido de la resistencia y del partido del movimiento. Sin embargo, tampoco hay que oponer de modo radical a los dos partidos orleanistas en presencia: no representan en absoluto grupos organizados con personalidades distintas y con programas tajantes, sino tan solo tendencias de ideas y temperamentos orientados unos a la prudencia y otros más hacia la audacia; en realidad, los hombres de Estado no forman, bajo la Monarquía de Julio, más que un único equipo, unido por una red muy estrecha de intereses, de ideas e incluso a veces de orígenes.

Obstinado en sus proyectos, realista sin escrúpulos, Luis Felipe, bajo su aspecto bonachón, disimulaba la pasión del poder. Desde el comienzo de su reinado, intentó que triunfara su política con hombres de su elección. Por consiguiente, constituyó un primer ministerio en el que, incluyendo a los dos principales jefes de los partidos orleanistas, Casimir-Perier y Laffitte, consiguió insertar a los principales organizadores de la revuelta. El gobierno adoptó algunas medidas contra los vencidos de julio: los pares legitimistas fueron revocados, el Consejo de Estado depurado, suprimidas las becas de estudio en los seminarios menores. Pero muy pronto se hizo visible que, por su desunión, el gabinete era incapaz de mantener el orden: ante el agravamiento de la crisis económica, estalló una serie de huelgas; y entre los combatientes de las barricadas se constituyeron sociedades republicanas, como, por ejemplo, los Amigos del Pueblo, que no dudaban en dar carácter prioritario a los problemas sociales. El rey creyó que podía desacreditar al partido del movimiento confiándole el poder. Laffitte, en condiciones muy difíciles, supo defender contra la muchedumbre parisina la vida de los ministros que firmaron las ordenanzas, pero que fueron condenados por los pares a cadena perpetua. Pero la misa legitimista de Saint-Germain-l'Auxerrois, en memoria del duque de Berry, seguida de violentos motines anticlericales (14 de febrero de 1831), reavivó las pasiones. Laffitte fue acusado de no haber sabido mantener el orden, y Odilon Barrot, prefecto del Sena, fue sacrificado inútilmente en vez de aquel. Deseoso, por otra parte, de no asociarse a la política exterior de su gabinete, que juzgaba peligrosa para la paz, Luis Felipe le pidió que presentara la dimisión (13 de marzo) y se inclinó hacia el partido de la resistencia.

El método de gobierno seguido por Casimir-Perier tomó el nombre de «sistema del 13 de marzo»: se trataba de mantener el orden en la calle, detener el movimiento reformador y consolidar la paz internacional. De todos modos, Perier encontró serias dificultades para imponer su programa, ya que la nueva Cámara, elegida en julio de 1831, no fue de su satisfacción. Tuvo que hacer concesiones, aboliendo el carácter hereditario de la dignidad de par y reduciendo la lista civil del rey, al que, por otra parte, limitaba al máximo sus intervenciones en la vida política. Al menos exigió el respeto a la autoridad gubernamental; prohibió a los funcionarios afiliarse a las asociaciones políticas y entabló procesos contra la prensa que obstaculizaron los ataques contra el régimen. Gracias a la elevación del impuesto rústico y a la reducción de los sueldos de los funcionarios, pudo equilibrar el presupuesto. Aunque la insurrección de Lyon fue más bien social que política, procedió a una represión brutal contra ella. Cuando murió, víctima del cólera (16 de marzo de 1832), aún no había concluido su obra de restauración de la autoridad gubernamental, pero había logrado dar al orleanismo la fisonomía que conservaría durante todo el reinado.

El orleanismo debe mucho, sin duda, a la misma persona de Luis Felipe. El rey heredó efectivamente una tradición familiar que, en cierto modo, es todo un esbozo de programa: su padre abrazó apasionadamente la causa de la Revolución francesa; el propio Luis Felipe combatió en Valmy y en Jemmapes, y en aquel mes de julio de 1830 le resultó muy útil la referencia de haber luchado en el frente bajo la bandera tricolor. Después de 1815, la vida ordenada y tranquila del duque y de su familia, la sencillez de su trato, el haber hecho ingresar a su hijo en un colegio junto con los hijos de la burguesía, cuando la tradición confería preceptores a los príncipes y al joven duque de Burdeos, son expresión de una tendencia favorable a las corrientes de su tiempo y de una preocupación por mezclarse en la vida contemporánea, que representan el contrapunto exacto de la etiqueta caduca y el trato arcaico de la rama principal de los Borbones. Pero el orleanismo no es solo esta tradición familiar, ni siquiera es solo el régimen instaurado en julio de 1830 por Luis Felipe y definido constitucionalmente como una monarquía jurídica, contractual y parlamentaria, por oposición a la monarquía legitimista de derecho divino. Además, en la práctica, el orleanismo descansa sobre el mito del rey burgués, símbolo y garantía de la dominación de una clase, que confunde al Estado, en su competencia y atribuciones, con los intereses de esa clase. Efectivamente, no cabe la menor duda de que una gran parte del personal orleanista pertenece a familias cuyas carreras comenzaron bajo el Consulado o bajo el Imperio, que traicionaron a Napoleón en 1814 o en 1815, que combatieron al ultramonarquismo y que se instalaron sólidamente en el poder después de 1830: verdaderas «dinastías» que no vacilan ante la acumulación de cargos, tanto en los grandes cuerpos financieros y administrativos como en la magistratura y en las academias y que abusan del nepotismo. No obstante, hay que reconocer en esos medios orleanistas una gran variedad, y sería inexacto identificar gran burguesía y orleanismo: existe una aristocracia orleanista, una toga orleanista, advenedizos al orleanismo, como, por ejemplo, Thiers, y grandes universitarios, como Victor Cousin, a los que el régimen no regatea los favores. El orleanismo se puede definir como el gobierno de las elites, de los notables, el punto en que se encuentran todas las aristocracias, ya sean estas de nacimiento, de fortuna o de inteligencia; por ello esencialmente imita a Inglaterra, cuyas instituciones parlamentarias y administrativas admira. Finalmente, si el liberalismo, por supuesto, ha sido, como hemos podido ver, la filosofía de los orleanistas, hay que reconocer que ese liberalismo comporta también una cierta desconfianza, en el plano espiritual, hacia la afirmación absoluta del catolicismo, una preferencia clara por el protestantismo o por el jansenismo, incluso a veces con un ribete de anticlericalismo; se mueve en un pensamiento «ecléctico» que no es más que un racionalismo espiritualista[2].

La prematura muerte de Casimir-Perier permitió a las oposiciones levantar de nuevo cabeza. Por parte de los legitimistas, muchos de los cuales, oficiales, funcionarios o magistrados, se negaron a prestar juramento y, atrincherados en el culto del pasado, se abstuvieron de participar en las elecciones, el acontecimiento principal fue la intentona de la duquesa de Berry. Desembarcó en las costas de Provenza y alcanzó el oeste sin encontrar en las masas campesi-

---

[2] El autor se guía, en este tema, sobre todo por los análisis de R. Remond.

nas el apoyo que esperaba; finalmente se refugió en Nantes y tuvo que entregarse a la policía de Thiers, a la sazón ministro del Interior, que la internó en el fuerte de Blaye; el nacimiento de una niña le obligó a revelar su matrimonio secreto con un noble italiano; el gobierno, estimando que aquello le desacreditaba, decidió entonces concederle la libertad. Esas ligerezas y esos errores no obstan para que el partido legitimista constituya una fuerza política con la que no hay más remedio que contar. Beneficiándose siempre del apoyo de una gran parte del clero católico, reafirmando su implantación sobre las masas populares de provincia, gracias, en parte, al regreso parcial de la nobleza al campo, el partido legitimista también sacó provecho de la actividad desplegada por algunos hombres políticos de gran valor: en la Cámara de los Diputados, el abogado marsellés Berryer defiende con brillo y con notable habilidad la causa legitimista. También puede apoyarse en una prensa que, bajo la dirección del abate Genoude, intenta conciliar, a través, sobre todo, de *La Gazette de France* y *La Mode* a la rama principal de los Borbones con el pueblo de Francia. Frente a la monarquía burguesa, esos «neocarlistas» se convierten en los defensores de una monarquía popular; y los redactores de *La Gazette du Midi* reclaman reformas sociales y políticas que en más de un aspecto coinciden con las ideas del partido del movimiento, incluso con los republicanos. Por eso las alianzas entre los legitimistas y la izquierda no fueron raras, aunque suscitaron, por otra parte, disensiones y malestar en el partido, en cuyo seno algunos ricos notables prefirieron votar por el partido orleanista que entregar sus votos a los demócratas.

Más peligrosa para el régimen, la oposición republicana se reconstituye con grandes dificultades, ya que el poder multiplica los procesos contra la prensa y persigue a los miembros de asociaciones políticas que, como la Société Aide-toi, le Ciel t'aidera y sobre todo la Sociedad de los Amigos del Pueblo, evolucionan hacia una abierta oposición a la monarquía. La tentativa de sublevar a París, aprovechando los funerales del general Lamarque (5-6 de junio de 1832), fue reprimida por la tropa y por la guardia nacional. El ideal republicano se vio reforzado, sin embargo, en primer lugar por la adhesión de Armand Carrel y de su periódico, *Le National,* y seguidamente por la formación de la Sociedad de los Derechos del Hombre y del Ciudadano, que a partir de 1833 aventaja a todos los demás movimientos por la amplitud de su reclutamiento, tanto en

París como en provincias, así como por la originalidad de su programa. Encabezada por un comité que incluye a los líderes republicanos más dinámicos, bajo la presidencia de Cavaignac –para respetar y al mismo tiempo burlar el artículo 281 del Código Penal– se mantiene dividida en secciones de diez a veinte miembros que llevan nombres muy significativos: Robespierre, Marat, Babeuf. Aportan un programa que pretende ser a la vez político y social; asumen la Declaración de los Derechos presentada por Robespierre en la Convención, reclaman el sufragio universal, la organización del crédito por el Estado, la emancipación de la clase obrera, no sin encontrar, por otra parte, ciertas resistencias en las mismas filas republicanas. Con todo, la originalidad del nuevo movimiento republicano estriba en su interés por las clases populares; prueba de ello es que las secciones de la Sociedad de los Derechos del Hombre, en cuyo seno se lee *Le Populaire,* de Cabet, apoyan a los huelguistas con todos los medios de que disponen.

Perfectamente se puede adivinar el espanto creciente del poder –a Casimir-Perier le sucedió el mariscal Soult, que logró incluir en su gabinete a Thiers, Guizot y al duque de Broglie– ante el carácter revolucionario y democrático de esta oposición política y social. Cuando resultó evidente que los encarcelamientos en la prisión de Sainte-Pélagie no lograban dislocar la acción republicana, y cuando el gobierno pretendió mediante una ley prohibir las asociaciones de menos de veinte miembros para asestarle un golpe mortal, se tuvo que enfrentar a una verdadera insurrección, que comenzó a consecuencia del proceso incoado contra los mutualistas de Lyon, con duros combates en esta ciudad, y que terminó en París con la matanza de la calle Transnonain, perpetrada por los soldados del general Bugeaud (abril de 1834). De todo ello siguió un vasto proceso en la Cámara de los Pares, en el transcurso del cual el gobierno utilizó las disensiones que surgieron entre *girondins y montagnards,* así como se benefició del cansancio del país ante los continuos motines. El golpe de gracia contra el partido republicano lo supuso el atentado fallido de Fieschi contra el rey (julio de 1835): tras él, la ley de septiembre sobre la prensa, al aumentar la caución, establecer sanciones por ataques contra la forma del régimen e imponer la censura sobre los dibujos y los grabados (Philipon y Daumier son el blanco de continuos procesos), obligó a la prensa republicana a cesar su actividad. Durante esta época desaparecen, entre otros, *Le Populaire,* de Cabet, y *Le Réformateur,* de Raspail.

A finales de 1835, el régimen quedó, pues, sólidamente implantado, con todas las características que conservará hasta su derrocamiento en 1848. Durante esta época, a pesar de la estrechez del país legal y la ausencia de toda democracia popular, Francia va a realizar la más larga experiencia de monarquía parlamentaria de su historia. La vida parlamentaria, en gran parte fijada por el reglamento de 1839, da pie a justas oratorias frecuentemente muy brillantes, que enfrentan a personalidades en muchos casos dotadas de gran valor intelectual: Duvergier de Hauranne, el duque de Broglie y muchos otros sabrán, a través de la Segunda República y del Segundo Imperio, transmitir a las constituyentes de 1875 las enseñanzas de la Monarquía de Julio. Sin embargo, los franceses del tiempo de Luis Felipe no llegaron a conocer un régimen de asambleas tan puro como el que funcionaba por entonces en Inglaterra. La responsabilidad incumbe en parte a la propia burguesía orleanista. Demasiadas veces, en efecto, los parlamentarios anteponen sus intereses particulares a los intereses nacionales, manteniendo, por ejemplo, contra la opinión de los economistas liberales, y a despecho de determinados intentos gubernamentales, la nefasta reglamentación ultraproteccionista elaborada bajo la Restauración o gravando, presionados por los representantes de los grandes colonos de las Antillas, el azúcar de remolacha con unas tasas que convertían su cultivo y el refinado de azúcar en prácticamente imposible. Pero, sobre todo, gracias al sistema electoral que abstraía al elegido del país real, rechazando sistemáticamente la disciplina de partido y demostrando una repugnancia constante a mantenerse en una línea política definida. Por eso la Monarquía de Julio conoció frecuentes mayorías de coalición, así como una gran inestabilidad ministerial (diecisiete gabinetes en dieciocho años), compensada parcialmente, es cierto, por la persistencia de determinados ministros en los cargos claves: las ciento cincuenta y cuatro carteras ministeriales distribuidas bajo el reinado de Luis Felipe solo tuvieron sesenta titulares. En realidad, se trataba de rivalidades personales, por lo demás bastante artificiales, que oponían entre sí a las diez o doce personas que, bajo el régimen de Julio, dirigieron efectivamente el país, rivalidades sistemáticamente atizadas e incluso provocadas por el propio rey, ya que en definitiva la acción personal de este fue la que contribuyó principalmente a falsear el régimen parlamentario. No cabe la menor duda de que Luis Felipe padeció durante todo su reinado de un complejo de no legitimidad, de usurpación; estaba dominado por una obsesión, la de despojarse de su condición de advenedizo al trono –con que le abruma el temible caricaturista Philipon en *Le Charivari*– y ocupar un puesto entre las grandes familias reinantes. Pero no solamente quiso reinar, sino también gobernar; como conocía perfectamente las simpatías del país legal por el sistema inglés, para gobernar tuvo que recurrir a pequeños medios, multiplicando las intrigas parlamentarias y no vacilando nunca ante el ejercicio del derecho de disolución, con objeto de lograr la formación de «un partido de la corona», al que arropará favoreciendo la elección a la Cámara de funcionarios permeables a las solicitaciones ministeriales. Al desempeñar un papel esencial en la elección de los ministros, que por lo demás solo en contadas ocasiones se reúnen sin su presencia, redujo al mínimo las atribuciones del Consejo, cuando existió este; frecuentemente nombró una «ilustre espada» al que pudiera manejar fácilmente. Aunque respetando exteriormente las reglas del juego parlamentario, el rey acabará por falsearlas gravemente, y, como Carlos X, dejará de ser el árbitro para convertirse él mismo en el jefe de un partido.

En realidad, el régimen fue identificándose cada vez más con el partido de la resistencia. Todavía existía un partido del movimiento, llamado «izquierda dinástica», que, prudentemente dirigido por Odilon Barrot, preconizaba en el interior la descentralización y la ampliación de las capacidades del censo electoral, y en el exterior una política más resuelta, cuyas tesis fueron defendidas con habilidad en el periódico *Le Siècle*. Pero la mayor parte de los diputados y la mayoría de los hombres de Estado se consideran seguidores del partido de la resistencia, ya se trate de nobles liberales, como Victor de Broglie o el conde Molé, o grandes burgueses como André Dupin o el ministro de Hacienda, Humann, o universitarios como Guizot o Cousin, y pequeños burgueses advenedizos como Thiers. Todos ellos se adhieren a lo que durante medio siglo servirá de ideología orleanista, expresada de manera notable bajo el reinado de Luis Felipe por los redactores del *Journal des Débats*. No obstante, entre los hombres de la resistencia es indispensable introducir algunas matizaciones: algunos de ellos, como, por ejemplo, Thiers, son conscientes del divorcio que existe entre el país legal y el país real, y no vacilan, en determinadas ocasiones, en mezclar sus votos con los de la izquierda dinástica: constituyen el centro izquierda, cuyo órgano de expresión es *Le Constitutionnel,* adversario sistemático del poder personal del rey. Los amigos de Guizot constituyen el centro derecha: rechazan toda apertura hacia la izquierda y aceptan que el rey desempeñe un papel político importante. En cuanto al tercer partido, el de Dupin, no trata de disimular que pretende simplemente, aprovechando al máximo su función de árbitro, proporcionar a sus miembros la posibilidad de obtener carteras ministeriales o por lo menos favores administrativos.

Por ello, la historia política de la Monarquía de Julio está marcada por una serie de agitadas peripecias. En 1834, el rey inspiró un folleto, redactado por Roederer, en el que se afirmaba que «administrar es asunto de los ministros, pero gobernar es competencia del rey con ayuda de uno o varios de sus ministros»; si no pudo lograr que se aceptara en conjunto el régimen personal, al menos Luis Felipe supo explotar las rivalidades y las ambiciones personales, así como sembrar la discordia entre las cabezas del partido conservador. En febrero de 1836 obtuvo de Thiers, al encomendarle la presidencia del Consejo, que abandonara a sus amigos políticos. Thiers se gastó rápidamente, por lo que Luis Felipe constituyó en septiembre, con el conde Molé, un gabinete a su gusto. Aprovechándose de la reactivación general de los negocios, así como del fracaso del príncipe Luis Napoleón Bonaparte, para levantar la guarnición de Estrasburgo (octubre de 1836), pudo mantenerse tres años en el poder. Naturalmente, no sin provocar graves enemistades: Guizot, Thiers y Dupin, en nombre del régimen parlamentario que acababa de defender Duvergier de Hauranne en sus artículos de *La Revue française,* constituyeron una «coalición» y Molé, después de haber disuelto la Cámara, dimitió (marzo de 1839). Pero la imposibilidad de entendimiento entre los jefes de la coalición permitió al rey reemprender su trabajo de zapa. En marzo de 1840, de nuevo recurrió a Thiers, que ordenó el regreso de las cenizas de Napoleón y reprimió la intentona bonapartista en Boulogne; pero las posiciones que adoptó en relación con la crisis suscitada por la cuestión de Oriente no le permitieron mantenerse. En octubre, el rey constituyó con Soult, en la presidencia del Consejo, y con Guizot, en Asuntos Exteriores, un ministerio conforme a sus deseos. En realidad, entre Luis Felipe, cada vez más apegado al poder personal a medida que envejecía, y Guizot, que pensaba que la Carta bastaba para «guardar bajo siete llaves» la evolución política, se estableció inmediatamente una identidad de puntos de vista. El rey agradeció a su ministro no dejarle un «sillón vacío», y, no obstante, Guizot gobernó de una forma estrictamente parlamentaria, con un gabinete solidario y responsable frente a la Cámara. Y este compromiso entre el sistema personal del rey y el régimen parlamentario es lo que le presta durante los últimos años de la Monarquía de Julio una cierta estabilidad política.

En realidad, esta estabilidad solo pudo obtenerse pagando el precio de la corrupción, primero sobre el plano electoral, posteriormente sobre el plano parlamentario, prometiendo ascensos a los diputados funcionarios y concediendo sustanciales favores a los hombres de negocios. Guizot, además, estaba convencido de que los progresos económicos del país –era la época de la construcción de los ferrocarriles– bastarían, gracias a la tupida red de intereses materiales, para lograr que la opinión se identificara con la dinastía. Mediante la fórmula «enriqueceos», pensaba satisfacer todas las aspiraciones nacionales. ¿Era exacto esto? Además de un partido católico que se constituye sobre la cuestión de la libertad de enseñanza y con el que en adelante no hay más remedio que contar[3], la oposición republicana, durante mucho tiempo silenciada, cada día se mostraba más agresiva. Ciertamente, se había visto comprometida en las intentonas insurreccionales de la Société des Saisons, de tendencia blanquista (mayo de 1839), pero a partir de entonces tuvo que hacerse «legalista». En la Cámara tan solo hay unos cuantos diputados republicanos, como Garnier-Pagés el Viejo y posteriormente Ledru-Rollin, diputado de Mans. Pero disponen de periódicos notables como *Le National,* dirigido por Auguste Marrast, y *La Réforme,* dirigido por Cavaignac y más tarde por Flocon. Mientras el primero de ellos continúa apegado a la economía liberal, el segundo preconiza una legislación de inspiración socialista y el derecho al trabajo. Tanto uno como otro estiman, lo mismo que muchos socialistas, que no podrá realizarse ninguna transformación social seria sin un cambio previo del sistema electoral. Paulatina-

---

[3] Véase, al respecto, el cap. VIII, p. 181.

mente se va desarrollando en el país un «clima» republicano. Los grandes estudios revolucionarios, como los de Buchez y Roux sobre la Revolución, el de Lamartine sobre los girondinos (1847), las novelas de George Sand y de Eugène Sue, *Le Peuple,* de Lamennais, los primeros tratados filosóficos de Renouvier, también contribuyeron a ello, cada uno en su medida. Este republicanismo es espiritualista: cree en la fraternidad universal, y es más claramente pacifista que el de la generación anterior.

Si las elecciones de 1846 constituyeron un triunfo aparente de Guizot (291 diputados pertenecientes a la mayoría gubernamental, frente a 168 pertenecientes a otros partidos), es precisamente en el país legal donde suceden las cosas más graves. Al invitar a la burguesía a que tan solo se ocupara de las cuestiones materiales, Guizot enajenó su apoyo activo más firme. Cuando, a partir de 1846, la crisis de subsistencias trajo consigo el estrangulamiento de los negocios y el desorden financiero, y arruinó la prosperidad sobre la que se había asentado el régimen, la desafección se acentuó. Una serie de escándalos, sobre todo aquellos en que se vieron comprometidos Teste, antiguo ministro de Obras Públicas, y el general Cubières a propósito de la concesión de una mina de sal, o el suicidio del duque de Choiseul-Praslin, par de Francia, dejaron entrever el relajamiento de la moralidad entre los «notables» y acabaron por salpicar al régimen; Tocqueville no se equivocó al escribir que la moral pública –y al fin de cuentas la propia monarquía– estaban en peligro de muerte por el carácter de «industria privada», beneficiosa para unos cuantos privilegiados, que había adoptado, cada vez más, el gobierno de Guizot. Sus adversarios tienen en común la repugnancia que les inspira el estrecho egoísmo de las personas que detentan el poder. La oposición reclama, con más intensidad que hasta entonces, la reforma parlamentaria –prohibición a los funcionarios de ser diputados– y la reforma electoral –reducción del censo y ampliación de las «capacidades»–. Pero el proyecto, presentado por Rémusat y Duvergier de Hauranne (1847), fue, a petición del ministro del Interior Duchâtel, rechazado por la Cámara. Fue entonces cuando se inició la campaña de los «banquetes», táctica puesta a punto por la izquierda dinástica (Odilon Barrot), el centro izquierda (Thiers, Rémusat) y los radicales (exrepublicanos) y que, partiendo de París, rápidamente se extendió por provincias. Los elementos extremistas encabezaron el movimiento, y bien pronto la política del rey fue objeto de vivos ataques. Se desencadenó una campaña de críticas contra el gobierno. En Mâcon, Lamartine profetizó la «revolución del desprecio», y en Lille, Ledru-Rollin exaltó el sufragio universal. Para ser exactos, la opinión no deseaba un cambio de régimen, sino solamente el reajuste pacífico de las instituciones. Ahora bien, Luis Felipe parecía firmemente resuelto a no admitirla: el discurso del trono, a finales de 1847, fue particularmente agresivo. El anquilosamiento intelectual del rey fue la causa de la desaparición de un régimen que inicialmente no se pretendía derrocar, pero que había perdido todo apoyo firme en la nación.

Durante dieciocho años la gran burguesía que había ocupado el poder eludió sus promesas y arruinó todas las esperanzas que sus aliados de 1830 habían puesto en ella. Al negarse a ampliar las «capacidades», promoviendo la reforma electoral y parlamentaria, el régimen se había desvinculado finalmente de las categorías sociales que hubieran podido constituir su apoyo más fiel y que estaban personificadas en la guardia nacional. Las clases medias habían acumulado rencores y odios durante este tiempo. La Monarquía de Julio cavó, pues, su propia fosa.

La práctica del régimen parlamentario en Inglaterra

Nada más alejado de la verdad que las descripciones de la constitución inglesa que nos dieron las obras de Delolme, Montesquieu y Voltaire, y que todavía se imaginaban los teóricos políticos de principios del siglo XIX. Efectivamente, lo que más se admira de Inglaterra en el extranjero es su gobierno, lo que más se envidia de ella es el liberalismo de sus instituciones. Ahora bien, en realidad, la constitución inglesa no es más que un conjunto de textos inconexos, como el *Test Act,* de 1673; el *Habeas Curpus Act,* de 1670; el *Bill of Rights,* de 1689, y el *Act of Settlement,* de 1701, que fijan las libertades del pueblo inglés, así como el carácter protestante del Estado. Más que los textos es la tradición la que estableció un cierto número de usos parlamentarios, basados desde 1688 en la unión de una Corona y de un Parlamento. Pero la historia ha querido que esta asociación, a consecuencia de la locura de Jorge III, reemplazado desde 1811 por su hijo, el príncipe regente, tendiera a convertirse en una subordinación de la Corona al Parlamento. El palacio de Westminster, más que la Corte de St. James, se convirtió en el centro de la vida política.

Jurídicamente, el monarca es «rey en su Parlamento», poder legislativo supremo, y «rey en su Consejo», poder judicial y ejecutivo supremos. Pero el balance de las prerrogativas reales, que continúa siendo considerable, se establece del siguiente modo: derecho de indultar, acuñar moneda, conceder títulos nobiliarios, nombrar cargos, mandar las fuerzas armadas, convocar el Parlamento y disolver la Cámara de los Comunes. El rey es responsable y dispone de una lista civil; sus subsidios son votados anualmente; no puede detener a ningún inglés sin el *Warrant* de un magistrado. El rey está asistido por un *Privy Council,* Tribunal supremo de casación y consejo de revisión de las ordenanzas; en ese consejo, una selección agrupa a los jefes de los grandes servicios públicos en lo que habitualmente se denomina la Administración, compuesta por una veintena de miembros y constituida, a petición del rey, por el jefe de la mayoría, que es el encargado de designar a sus colegas. Este es el origen de la solidaridad ministerial en torno al primer ministro, título que oficialmente no tiene existencia, pero que de hecho existe. En una segunda selección, el primer ministro reúne en comité más restringido a sus colaboradores íntimos, que forman el *Council Cabinet,* sin existencia legal, pero que de hecho es el verdadero gobierno. Este *Cabinet system* no ofrece una esquemática separación de poderes, puesto que el gobierno es al mismo tiempo la emanación de la mayoría legislativa y un comité de consejo privado que representa a la Corona. El régimen parlamentario, que supone que el gobierno se retira ante un voto de censura del Parlamento, dista mucho de estar totalmente implantado, puesto que, como se verá, aún en 1834 un gabinete es destituido por la única voluntad del rey, y, por otra parte, este interviene continuamente en el juego político a través de sus intrigas personales en la corte; también se da el caso de que algunos ministros violen las reglas de la solidaridad. Todo ello no obsta para que Inglaterra se oriente hacia las fórmulas del sistema parlamentario a comienzos del siglo XIX.

El Parlamento está constituido por dos Cámaras, ambas con sede en Wetsminster. La Cámara de los Lores es una asamblea de trescientos a cuatrocientos lores, entre los cuales se encuentra un determinado número de representantes de la Iglesia anglicana y dieciséis lores escoceses delegados; los demás son hereditarios y pueden ser nombrados por el rey en número ilimitado. Esta Cámara puede rechazar los *bills* ya votados en los Comunes; también dispone del poder judicial supremo. En cuanto a los Comunes, en principio representan a la nación, pero el régimen electoral los convierte de hecho en un cuerpo oligárquico y aristocrático: los diputados, en 1815, son todos propietarios. El derecho de voto es considerado de hecho como un privilegio que se concede en los condados a los terratenientes con una renta de 40 chelines (dos diputados por condado) y en las ciudades a un cierto número de burgueses libres de impuestos, miembros de determinadas corporaciones, así como, en determinados casos, a los contribuyentes que pagaban la tasa de pobres. El mapa electoral no había sido modificado desde la Edad Media, de lo que se derivaba la existencia de un elevado número de «burgos podridos», la ventaja de la Inglaterra «verde» sobre las grandes ciudades (Londres tan solo contaba con cuatro diputados, mientras que el condado de Cornuallia tenía cuarenta y cuatro) y el uso extendido de la corrupción electoral que permitía a determinados *landlords* «patrocinar» a diez o doce *Commoners*. La vida política continuaba, por consiguiente, siendo privilegio de una aristocracia caduca. Los vicios del sistema electoral se ven aún agravados por ciertos usos, como el voto a mano alzada para elegir a los candidatos en presencia, o también el *poll,* que requería que cada elector inscribiera el nombre de su candidato frente al suyo propio: las presiones electorales que podían realizarse en esas condiciones eran absolutamente deshonestas.

Esta alta sociedad inglesa, que monopolizaba la influencia en el Parlamento, se dividía en dos partidos políticos. El primero de ellos, el partido *tory,* que se proclamaba respetuoso con los derechos de la Corona y de la Iglesia anglicana y que, por tanto, defendía la prerrogativa real frente al Parlamento. Debido a que alentó la lucha contra la Revolución francesa y posteriormente contra Napoleón, aparecía como el baluarte del conservadurismo político y social frente al peligro jacobino; adquirió, por ello, una situación preponderante en el electorado inglés, que mantendrá durante mucho tiempo; fundamentalmente se apoyaba en la pequeña nobleza rural, pero también nutrían sus filas numerosas familias burguesas, debido a sus intereses. El partido *whig* aparece en 1815 como una coalición de intereses políticos y religiosos agrupados en torno a las «libertades» inglesas, individuales y parlamentarias;

gustosamente invoca la tradición calvinista, la Revolución de 1688, y se apoya en las sectas protestantes no conformistas; pero sería un error tratar de ver en él un movimiento democrático: son grandes familias de lores y de duques quienes mantienen la tradición *whig*.

¿Cuáles son las fuerzas renovadoras en esta Inglaterra todavía fuertemente marcada por el *Ancien Régime*? La transformación económica, cuya amplitud hemos podido ver, suscita un movimiento en la clase capitalista, en la burguesía manufacturera, que comienza a constituir un contrapeso a la *gentry,* mientras que la clase obrera ya se ha visto arrastrada por movimientos desordenados y tumultuosos, agitada por motines esporádicos pero inquietantes. Si los *whigs,* divididos, sin jefe y sin programa, se limitan a denigrar la política del gobierno, dos grupos, los comunistas agrarios inspirados por las doctrinas de Spence, y sobre todo los radicales, se destacan por la virulencia de sus ataques. Jeremy Bentham, quien había publicado en 1811 su famoso *Tratado de los delitos y de las penas* fija su residencia en 1817 en Ford Abbey y ejerce a través de su correspondencia, la palabra o la prensa, la seducción de su genio. Ricardo defiende en la Cámara de los Comunes los principios liberales del grupo benthamista. Pero independientemente de cual fuere el valor superior de esos dos jefes de escuela o el de su secretario general, James Mill, el papel capital de aquellos años agitados corresponde a los agentes de propaganda, a los hombres de acción. El viejo mayor Cartwright, que ya con anterioridad había reclamado el sufragio universal y un Parlamento anual, multiplica los clubs. Cobbett, el primer tribuno *tory* que se pasó a la democracia, orador trivial y excesivo aunque poderoso y directo, decide crear, frente a una prensa en pleno auge, pero que hasta entonces tan solo se dirigía a los ricos, un diario de un penique, el *Weekly Register,* que alcanzó un éxito increíble. Y, no obstante, tal vez el principal actor del movimiento fue Place, cuyo domicilio se convierte en el cuartel general del partido reformista, que asegura los lazos con los dirigentes obreros y la elite burguesa y cuyo prestigio favorece en 1820 la elección de un segundo diputado radical, Hobhouse, en Westminster.

Los radicales utilizaron la crisis de 1815 para lanzar una ofensiva en gran escala. El gabinete, presidido por el conde de Liverpool y que, con algunos reajustes, duró catorce años (1812-1827), encarnaba al *torysmo* intransigente. Mientras los *Corn Laws,* tarifas aduaneras prohibitivas, votadas en 1815, mantenían a un nivel muy elevado el precio del pan; la industria, a la que se le habían cerrado parcialmente los mercados continentales, atravesaba un periodo crítico de superproducción y de paro; a consecuencia de la deflación monetaria, el crédito se restringió y se produjo la parálisis de los negocios. El Tesoro se vio obligado a mantener el *income tax* que, sin embargo, solo había sido aprobado para el periodo de hostilidades. El pensamiento de los reformadores, en ese estado general de descontento, consiste en organizar una especie de plebiscito general que demostrará lo absurdo del régimen electoral. Convocaron mítines en los que los oradores –Hunt fue el principal de ellos– denunciaban desde el estrado los abusos existentes y hacían aclamar la reforma: esto equivalía a introducir en Gran Bretaña costumbres americanas. Valiéndose de este procedimiento, el mitin de Spafields, celebrado en Londres a finales de 1816, hizo llegar al regente una petición pidiendo la reforma electoral. Los radicales, y en particular Cobbett, se dedicaban en vano a repudiar la violencia; fatalmente en el movimiento se infiltraron elementos perturbadores procedentes de los medios exasperados del ludismo. Se habló de proyectos de ataques contra la Torre de Londres o el Banco; se propuso una marcha hacia los comunes. Cercados por los *torys* de extrema derecha que, como Eldon y Sidmouth, evocaban los horrores del jacobinismo, el gabinete se vio obligado a tomar toda una serie de medidas represivas y a instituir una especie de Terror blanco: suspensión del *Habeas Corpus* y concesión de plenos poderes a los jueces de paz. Cuando la agitación, contenida momentáneamente, renació a consecuencia del estallido de la crisis industrial de 1819 y se produjo el enfrentamiento de las masas, convocadas por Hunt en St. Peters Fields, cerca de Mánchester, y la tropa armada de la *yeomanry,* la matanza resultante, a la que la leyenda atribuyó proporciones épicas (se habló, por analogía con Waterloo, de la matanza de Peterloo), permitió al gobierno votar las *Six Acts,* que contenían disposiciones de estado de sitio y que implicaban condenas o el exilio de los principales líderes. Todo ello supuso un golpe mortal para los radicales. No obstante, algunos elementos no se amilanaron; en 1820 se descubre el complot por el que se trató de secuestrar y asesinar a algunos ministros; tras la muerte de Jorge III, fue el estúpido proceso de divorcio incoado por el rey Jorge IV contra su mujer Carolina de Brunswick, quien, por un momento, estuvo a punto de provocar la revolución en un Londres indignado. Pero la agitación de hecho cesó. La reactivación económica modificó a su vez el clima político.

Al incluir en su gabinete a Robert Peel como ministro del Interior (1822), a Huskisson como ministro del Comercio y a Robinson como ministro de Hacienda, lord Liverpool orientó su gobierno en el sentido de un *torysmo* constructivo y reformador: tendencia que se acentúa tras el suicidio de Castlereagh, con su sucesor en el *Foreign Office,* Canning. Esos hombres, a los que frecuentemente se denomina los cannigistas, tenían en común el no pertenecer a la vieja aristocracia: su horizonte no estaba dominado exclusivamente por la obsesión de los intereses de los bienes raíces. Peel es hijo de un gran industrial, y Canning y Huskisson representan al gran puerto de Liverpool; poseen una amplia instrucción y mantienen relaciones con los medios más avanzados: Huskisson está muy influenciado por las ideas de Ricardo, y a veces coincide con el radical Joseph Hume. La tendencia reformadora se reafirmó cuando, tras la muerte de lord Liverpool (febrero de 1827), Canning fue nombrado primer ministro e incluyó a varios *whigs* en su gabinete. Aunque a Canning, muerto en agosto de 1827, le sucede el *tory* Wellington, acusado de tendencias reaccionarias, los carnningistas continuarán en el gobierno hasta 1830.

Inspirándose en los proyectos del *whig* Mackintosh, Robert Peel, ministro del Interior, reformó el Derecho penal, suprimiendo en determinados casos la pena capital, humanizó el sistema penitenciario y simplificó la policía secreta. Pero fue en el plano económico y social donde el gobierno se mostró más activo: Huskisson suprimió las partes caducas del Acta de Navegación, atenuó el rigor de la protección aduanera, y, mediante un sistema de escala móvil (1827), permitió en determinadas condiciones la libre entrada de trigos extranjeros. Obligado por los problemas económicos a interesarse por las cuestiones sociales, Huskisson no tuvo más remedio que, siguiendo los planes de Bentham y de Place, hacer votar por el Parlamento una ley que reconocía el derecho de asociación obrera (1824), ley cuyo alcance quedó restringido al año siguiente, tras repetidas huelgas.

La cuestión más grave que se plantea por entonces al gobierno es la de la emancipación de los católicos. Canning era partidario de la derogación de las leyes de excepción, pero tuvo que enfrentarse a la tenaz oposición de Jorge IV, de la Iglesia anglicana y de la Cámara de los Lores. En Londres, la cuestión de la emancipación se enfocaba como una cuestión irlandesa, y si los católicos eran, desde el Acta de la Unión, electores, solo podían ser representados en Westminster por diputados protestantes; eran muchos los que temían ver de pronto al Parlamento invadido por diputados católicos. Sin embargo, se organizó una campaña en favor de la emancipación dirigida por el irlandés Daniel O'Connell, tribuno temible que supo coaligar los tres prestigiosos términos de religión, de libertad y de patria, fundando en 1823 una asociación católica, cuya fuerza se reveló con ocasión de dos elecciones legislativas: una en 1826, en Waterford, en la que salió derrotada una gran familia anglicana, y la otra en 1826, en el condado de Clare, donde O'Connell, aunque no podía ser elegido, triunfó sobre su competidor, un protestante liberal. Cuando fue votada, gracias a la influencia del *whig* lord John Russell, una ley que suprimía las incapacidades legales de los protestantes disidentes (1828), resultó imposible continuar negando únicamente a los católicos la igualdad de derechos. Cuando tuvo que enfrentarse a la constitución en Irlanda de los *Brunswick Clubs,* que colocaron al país a dos dedos de la guerra civil, R. Peel, hasta entonces hostil a la idea de la emancipación de los católicos, se convenció y convenció al rey de la oportunidad de la misma. El *bill* del 13 de abril de 1829 franqueó a los católicos todos los empleos, con la excepción de los de lord-canciller y virrey de Irlanda. Sin embargo, el gobierno suprimió una gran parte del alcance de la reforma que acababa de admitir, pues inició una serie de procesos penosos contra O'Connell y privó a los pequeños terratenientes irlandeses del derecho de sufragio (el cuerpo electoral irlandés se redujo de 200.000 electores a tan solo 26.000).

Contribuía con ello, por el contrario, a suscitar la cuestión electoral, que hasta 1832 debería dominar la vida política inglesa. Numerosos jefes *whigs* ya se habían pronunciado en favor de una reforma parlamentaria que, al atacar la institución de los «burgos podridos», debería permitirles tomar el poder del que, durante tanto tiempo, habían sido apartados; pero hombres como Russell y Grey eran excesivamente conservadores para desear seriamente que disminuyera la autoridad o el prestigio de su casta. Fue en los medios radicales, agrupados en torno de la Unión de Birmingham, en el seno del Mechanic Institute de Londres, escuela técnica superior instituida por los benthamistas, donde se hizo sentir con más fuerza la tendencia hacia una reforma electoral profunda. La Revolución parlamentaria de 1830, coincidiendo con las elecciones generales impuestas por el advenimiento de Guillermo IV (julio de 1830), modificó la situación política: los *torys* perdieron algunos puestos, y ante el ataque del líder *whig,* lord Grey, Wellington se vio obligado a retirarse. El nuevo gabinete Grey, compuesto por *whigs,* cannigistas y radicales, propuso en marzo de 1831 un proyecto de reforma electoral, que inmediatamente chocó con la enemiga de la mayoría de los Comunes, cuyos líderes hicieron ver que los «burgos podridos», que ahora se pretendía reducir, habían proporcionado al Parlamento algunos de sus nombres más ilustres. Grey procedió en abril a nuevas elecciones, que aseguraron a los *whigs* –la primera vez desde 1783– una sustancial mayoría: el proyecto de ley fue aprobado en septiembre. Quedaba, no obstante, la Cámara de los Lores; su rechazo al proyecto suscitó la cólera del país, que supo utilizar la burguesía liberal de acuerdo con los medios obreros fuertemente afectados por la crisis económica. Los obispos que habían votado contra la reforma fueron atacados, al igual que los jefes *torys,* tanto en sus personas como en sus bienes: el palacio archiepiscopal de Bristol, el castillo de Nottingham, fueron incendiados, y los amotinados se hicieron dueños de Bristol durante varios días. Desbordado por esta oleada de violencias, el gabinete deseaba llegar a un acuerdo con la oposición, pero las exigencias de esta imposibilitaron cualquier tipo de entendimiento. Ante la negativa del rey de nombrar nuevos pares, el gabinete dimitió (mayo de 1832) y Wellington no pudo formar otro gobierno. Al ser nombrado Grey de nuevo, los Lores tuvieron que ceder. En realidad, la *Reform Bill,* que representa sin duda una fecha clave en la historia británica, era una solución parcial, una obra de compromiso. Conservaba del pasado la franquía, vinculada a una posesión inmobiliaria, la Cámara septenal elegida por escrutinio público como mayoría relativa, y se contentaba con suprimir algunos abusos escandalosos. Se consideraba elector de un condado a cualquier propietario de un inmueble que rentase diez libras: la novedad estaba, por tanto, en conceder la franquía a la posesión de una propiedad alquilable, junto a la propiedad de la tierra. Finalmente, cincuenta y seis «burgos podridos» perdieron la franquía, de los cuales treinta fueron reducidos a un solo escaño. El derecho de sufragio, restringido y censitario, ampliaba de 430.000 a 800.000 personas el cuerpo electoral. Lejos, por tanto, de ser una obra racional y clara, no se establecía relación alguna fija entre la población y la representación. La ley electoral de 1832, que en modo alguno respondía a las esperanzas de los radicales, era inaceptable para la inmensa mayoría de la nación. Pero, de todos modos, si la posición política de la *gentry* continuaba siendo muy fuerte, en adelante la burguesía entraba en el Parlamento conjuntamente con la aristocracia terrateniente; el privilegio del dinero quedaba equiparado al de la tierra. Sin duda, las transformaciones políticas surgidas de la nueva legislación solo se harían sentir lentamente; sin embargo, 1832 fue interpretado como la fecha de defunción del *Ancien Régime* político en Inglaterra.

Después de 1832, van a aparecer nuevas condiciones en la vida pública inglesa: desaparición de los procesos contra la prensa, incremento de la publicidad de los debates parlamentarios y, sobre todo, la transformación de los partidos y de la práctica constitucional: a los *whigs* y a los *torys* les sucederán los conservadores y los liberales, cuya clientela continúa siendo la misma, pero que no tienen un programa preciso, y, por ello, no están separados por fronteras netas: se pasa con facilidad de un partido a otro, sobre todo porque cada partido tiene una derecha conservadora y una izquierda progresista. Entre los *torys,* los lores George Bentinck y el conde de Derby defenderán tesis agraristas, mientras Peel se había convertido en un defensor de las reformas favorables a la industria; entre los *whigs,* Palmerston representaba un liberal conservador rígido, mientras lord John Russell se apoyaba en los radicales reformadores. Así pues, desde 1832, los dos partidos se contrapesan, y el equilibrio de los poderes (Corona, Lores, Comunes) es sustituido por el equilibrio de los partidos, cuyo relevo en la gestión administrativa parece convertirse en un sistema clásico; en adelante existirán dos equipos ministeriales, uno en función, el otro en disponibilidad, y la prerrogativa real queda reducida a llamar al poder al líder de la mayoría de los comunes. Los dos partidos influyen en la opinión a través de periódicos de alta calidad y que saben conservar su independencia: *The Times* y *The Morning Post,* por los conservadores; *The Morning Chronicle* y la revista *The Examiner,* por los liberales. Sin embargo, durante el periodo que se extendió hasta finales de la primera mitad del siglo, la preponderancia corresponde a los *whigs,* a quienes se debe la paternidad de la nueva orientación política: Grey, y tras él Melbourne, gobernaron de 1830 a 1834; Melbourne, de 1835 a 1841, y Russell, de 1846 a 1852. Aunque diletante y escéptico, Melbourne dirigió los primeros pasos de la reina Victoria, elevada al trono en 1837 y casada con su primo hermano Alberto de Sajonia-Coburgo Gotha, que siempre fue para ella un consejero importante y discreto: sin que las prerrogativas reales fuesen incrementadas, la dignidad del matrimonio real devolvió a la Corona una popularidad y una autoridad moral que desde hacía tiempo habían desaparecido, por lo que resurgió en Inglaterra un indiscutible sentimiento monárquico.

En la política interior, los *whigs* prosiguieron una política de reformas democráticas, que trajo consigo la creación de una administración moderna. A partir de 1829, Peel organizó, para el conjunto de burgos que formaban la aglomeración londinense, una policía metropolitana centralizada, con funcionarios profesionales pagados. En 1833, se implantó una legislación que limitaba el trabajo de los niños en las fábricas. En 1834, se crearon uniones parroquiales, destinadas a administrar la asistencia pública concentrada en los *Workhouses,* elegidas por todos los contribuyentes de la *poor tax* (tasa de pobres) y con amplios poderes, lo cual equivalía a restringir en otro tanto las competencias de los jueces de paz. En 1835, la ley sobre las corporaciones municipales suprimió los privilegios hereditarios de los viejos burgos y los sustituyó por los *Aldermen* electos. Finalmente, en 1833, y después en 1839, se votaron las primeras subvenciones en favor de la enseñanza pública. Desde luego, no se trataba, desde la óptica de los ministros *whigs,* de suprimir las antiguas instituciones, sino tan solo de adaptar progresivamente a Inglaterra a las necesidades de la vida moderna.

No obstante, el mayor problema seguía siendo la discusión entre proteccionismo y libre cambio, cuestión a la cual la legislación de los canningistas tan solo aportó una solución empírica, calificada por muchos como insuficiente. La industria británica pretendía conquistar los mercados extranjeros a base de una venta masiva, con bajos precios de coste; para ello le hacía falta abolir las prohibitivas tarifas de importación que gravaban las materias primas y los productos alimenticios básicos. Ahora bien, una nueva crisis, la de 1836, con la consiguiente miseria, generadora de los brotes cartistas, agitó profundamente a la patronal manufacturera y en particular a los medios textiles algodoneros. Se fundó entonces el *Anti-Corn Law Association,* liga para la abolición de las leyes sobre cereales, cuyos dirigentes fueron, muy pronto, los grandes patronos de Lancashire, el ardiente cuáquero John Bright y un antiguo viajante de comercio, Richard Gobden, orador cálido y excelente propagandista. La Escuela de Mánchester, que construye su edificio, el Free Trade Hall, que publica sus folletos, como el *Free Trade Catechism,* por ejemplo, que actúa a través de los mítines, memoriales y las canciones, impresiona la imaginación de un pueblo religioso, con la ayuda de lemas tales como *«Give us our dayly bread»* («Danos nuestro pan de cada día»), y presenta a los medios parlamentarios el *Free Trade* como la panacea, capaz a la vez de vencer las crisis y de sacar el mejor partido del adelanto técnico del país, constituyendo el mejor antídoto contra la subversión social. La liga condena igualmente el colonialismo mercantilista y aprueba la experiencia del *self-government* de Canadá, con tal de que las colonias autónomas no se cierren al comercio metropolitano; pero el tema sobre el que insiste, fundamentalmente, es el del pan barato, especialmente importante habida cuenta de que el precio del trigo no había cesado de elevarse desde 1835, por lo que era necesario importar granos. Si Cobden se niega a marchar con los cartistas, que por su parte le acusan de tratar de adormecer a la clase obrera con promesas de una vida más barata, tampoco quiere supeditarse a ninguno de los dos grandes partidos tradicionales. Ahora bien, estos últimos dudan ante la necesidad de abandonar la escala móvil, que constituía para la *gentry* la última posición de repliegue. Sin embargo, cuando las elecciones de julio de 1841 reconduJeron a los conservadores al poder, R. Peel supo demostrar su independencia de criterio y su amplitud de miras al desligarse, más por motivos prácticos que teóricos, del *torysmo* agrarista, destruyendo su propia mayoría gubernamental en virtud de su conversión personal y progresiva al libre cambio, siendo seguido en estas posiciones por los agricultores más progresistas. A partir de 1842, al suprimir la tasas de exportación y reducir los derechos de importación, restableció, para hacer frente a las pérdidas que experimenta el Tesoro, el *Income-tax,* lo que motivó que el joven diputado Disraeli le acusara de traición: «Peel –afirmó– se vistió con la ropa de los *whigs* mientras estos se bañaban y luego se fugó con ellas puestas». En 1845, Peel redujo los derechos de importación del azúcar y de la seda; finalmente, como resultado del hambre que se extendió tras una plaga que se abatió sobre las patatas, se convirtió en 1846 al libre cambio. En febrero de 1846, el estatuto de abolición de los *Corn Laws,* preparado por la acción de Gladstone en el Board of Trade, fue votado en los Comunes por una coalición de liberales y de conservadores peelistas. Una página de la vieja Inglaterra quedaba atrás para siempre; se sacrificaban los intereses agrarios ante los de la joven industria. En el transcurso de los años siguientes, la evolución hacia el libre cambio sería completada, bajo el gabinete de lord John Russell, mediante la abolición de las actas de navegación.

Quedaba en pie, no obstante, un punto que el gobierno inglés no había podido resolver: la cuestión irlandesa, que causó la derrota de Peel en los Comunes en mayo de 1846. La cuestión de Irlanda se presentaba en la primera mitad del siglo XIX como un problema político, religioso y social. Los irlandeses reclamaban la abrogación del Acta de Unión (1800) que les obligaba a enviar al Parlamento de Londres a diputados protestantes, únicos elegibles. Protestaban contra la Iglesia anglicana, que, como Iglesia de Estado, percibía el diezmo de todos los irlandeses, incluso de los católicos. Finalmente estaban obligados, como arrendadores en precario de los *landlords* ingleses, a pagar sus rentas de explotación bajo amenaza de exclusión. Esta situación, sin embargo, no se extendía al Úlster, poblado por una mayoría protestante, y donde el bienestar era más elevado. En este régimen de explotación colonial, la situación legal de los irlandeses se había modificado en 1829 mediante el acta de emancipación, que abrogaba las excepciones políticas que soportaban los católicos; pero el alcance de la reforma había quedado reducido sensiblemente, debido a que el censo electoral, cuadruplicado, excluía el voto de la masa de campesinos pobres. ¿Cómo podían, por otra parte, hacer llegar sus quejas hasta las autoridades inglesas? Las funciones administrativas continuaban dependiendo del castillo de Dublín, donde el lord lugarteniente reservaba los puestos dirigentes a los ingleses, sus correligionarios. Mientras en las Cámaras la aristocracia inglesa, por solidaridad de casta, se oponía a toda reforma, la opinión pública estaba en contra de los irlandeses, incomprendidos o despreciados. Frente a esta situación, el líder irlandés O'Connell, que contaba ya en su activo con el acta de emancipación, practicó una política de oposición sutil y flexible. Aunque manteniendo el principio del «llamamiento» de la Unión en el centro de su programa, sostiene buenas relaciones con el personal liberal y se contenta con plantear la cuestión del diezmo; por eso logra del gobierno algunas concesiones, como la sustitución, en 1833, del diezmo por una renta de la tierra pagada por todos los propietarios. Thomas Drummond, subsecretario de Estado para Irlanda entre 1835 y 1840, se mostró singularmente comprensivo con los arrendatarios irlandeses. Pero el éxito conservador de 1841 empujó a O'Connell a la oposición: desde 1840 había reconstituido la Liga por la abrogación de la Unión, luego organizó una amplia campaña de mítines, no sin que a veces se viera desbordado, a la izquierda, por la agitación nacionalista de los Jóvenes Irlandeses, redactores de *The Nation,* que con Gavan Duffy, Mitchell, Davis y el poeta Mangan aspiraban, como discípulos de Wolfe Tone, a la independencia y a la reconquista de la tierra. O'Connell, que se había opuesto a la violencia, y que por su posición de terrateniente era socialmente conservador, se vio arrastrado más lejos de lo que deseaba: cuando el gobierno prohibió el mitin de Clontarf (octubre de 1843), se sometió, lo que le costó la popularidad. Detenido por las autoridades inglesas, apeló contra el juicio que le condenaba a la Cámara de los Lores, lo que terminó de desacreditarlo. Por su lado, Peel había comprendido que era necesario hacer concesiones: como las aulas del Trinity College de Dublin estaban cerradas para los estudiantes católicos, creó otros tres colegios de Estado de carácter neutro y aumentó las subvenciones al seminario católico de Maynooth (1845). Sin embargo, la exasperación debida a los crímenes agrarios impidió la prosecución de una política reformadora. El problema irlandés continuaba, pues, sin resolverse en el momento en que, debido a la enfermedad de la patata, se abatió sobre la isla el hambre, causante de una espantosa mortandad y un flujo de emigración que en dos años redujeron la población de Irlanda, antes superpoblada, de 8.000.000 a 4.000.000 de habitantes.

Si se deja a un lado la cuestión irlandesa, que el gobierno británico fue totalmente incapaz de resolver, hay que subrayar, al final de este capítulo, que, si la evolución política de Francia y de Inglaterra fue, entre 1815 y 1848, sensiblemente paralela, en el caso de

Francia se saldó mediante dos revoluciones, mientras en Inglaterra se desarrolló pacíficamente. No cabe la menor duda de que si no se produjeron revoluciones en Inglaterra fue porque el gobierno supo ceder en el momento adecuado, haciendo las concesiones necesarias. Mientras en Francia, Polignac preparaba en secreto la violación de la Carta, tratando de reducir su alcance, y creía poder burlar la atención del pueblo francés mediante la conquista de Argel, la crisis de 1830 implicó en Inglaterra una nueva coalición ministerial que, mediante una serie de compromisos, preparó una reforma electoral que pudo desarmar al radicalismo. No obstante, siempre quedará por explicar por qué los hombres políticos británicos supieron abordar a tiempo las reformas necesarias, mientras los dirigentes políticos franceses se mostraban incapaces de hacerlo. ¿Cuestión de carácter nacional? Tal vez, pero este tipo de interpretación es frágil y superficial. Es preferible señalar que las clases gubernamentales inglesas estaban infinitamente más cerca de la vida económica que las francesas y, por consiguiente, en situación de poder comprender el carácter trágico de ciertos problemas y de ver con mayor claridad la naturaleza del peligro social. Inglaterra estaba gobernada por hombres de Estado, a los que la práctica disciplinada del régimen parlamentario suministró los elementos de una verdadera cultura política, y no por los políticos que conquistaron un escaño de diputado a base de negociaciones y que representaban tan solo intereses locales.

VI. EL MOVIMIENTO LIBERAL Y NACIONAL EN EUROPA CENTRAL

En una parte importante de Europa, las reivindicaciones liberales aparecen asociadas a las reivindicaciones nacionales, de tal modo que no se pueden disociar unas de otras. Esas reivindicaciones nacionales despertaron durante las guerras de la Revolución y del Imperio, bien porque la simplificación territorial había favorecido la toma de conciencia nacional, bien porque los pueblos adquirieron el sentimiento de su solidaridad en la lucha contra la ocupación extranjera. Los partidarios de la idea de la nacionalidad, en su deseo de hacer coincidir las fronteras del Estado con las de la nación, se inspiraron en unos casos en la concepción francesa de la nacionalidad, que pretendía que la nación se apoyase en un consentimiento consciente y voluntario de las poblaciones, decididas a vivir bajo las mismas leyes, mientras los otros se inspiraban en la concepción herderiana, retomada por los escritores románticos alemanes, y que fundamenta la nacionalidad, a la que compara con un organismo vivo, en una comunidad inconsciente de raza, lengua o costumbres. Finalmente, hay que subrayar que tras la reacción que hizo olvidar en 1815 la opresión imperial, Napoleón I aparecía, a través de una especie de idealización, como un partidario y un profeta de la idea de las nacionalidades. De algunas declaraciones del *Memorial de Santa Elena,* como la que señala que «habría querido hacer de cada uno de esos pueblos un solo y mismo cuerpo de nación», se dedujo que el emperador había considerado la unión de los italianos o de los alemanes; en cualquier caso la leyenda napoleónica operó en favor de las nacionalidades y condujo a que se considerara a Francia como la educadora de los pueblos que marchaban hacia la unidad.

En Europa central el principio de las nacionalidades desempeña el papel de una fuerza de concentración en el caso de Alemania y de Italia, pero en cambio constituye una fuerza disolvente en el caso de la monarquía austriaca.

El *Vormärz* alemán

Los patriotas alemanes se sintieron heridos por el incumplimiento de las promesas de 1813. El deseo de reconstituir el Reich alemán resultó frustrado: la nueva Confederación germánica de treinta y nueve Estados soberanos, encabezada por una Dieta presidida por Austria, no podía sino conducir a Alemania a la impotencia, a pesar de poseer un embrión de organización militar y financiera federal. Las promesas liberales, recordadas por el artículo 13 de la Constitución, jamás fueron tenidas en cuenta: Federico Guillermo III de Prusia solo concedió a sus súbditos Dietas provinciales sin grandes atribuciones (1823); y continuó durante todo su reinado apoyándose en la burocracia y en la nobleza de las provincias orientales, que proporcionaban los cuadros del ejército y de la administración. Únicamente algunos soberanos de Alemania del Sur, con el fin de consolidar sus territorios agrupados artificialmente bajo Napoleón tras la secularización de bienes, concedieron algunas constituciones, pero solo otorgaban poderes consultivos a las Cámaras. Si la opinión, todavía particularista, permanece indiferente, el antiguo partido nacional se indignó; y Joseph von Görres se vio obligado a renunciar a publicar su *Mercurio renano* en 1816, por haber expresado demasiado abiertamente su descontento.

El movimiento nacional prosigue, a pesar de todo, en los medios universitarios, en el seno de las sociedades alemanas, constituidas a raíz de la liberación. Entre las tumultuosas asociaciones de estudiantes se opera una especie de depuración y, bajo el impulso del historiador Luden, profesor de Jena, se forma la *Burschenschaft*, que adoptó el uniforme del cuerpo de Lützow, así como la bandera negra, roja y gualda y en la que muy pronto cristalizó el espíritu de abnegación patriótica de la era de las reformas. Las asociaciones de la *Burschenschaft* fueron las organizadoras, en octubre de 1817, de la fiesta de la Wartburg, en la que se celebró, con un espíritu religioso y romántico, patriota y liberal al mismo tiempo, el aniversario de las tesis de Lutero y de la batalla de Leipzig. Por supuesto, en todo aquel movimiento no había ningún planteamiento revolucionario, aunque en la Universidad de Giessen, Karl Follen, partidario de una democracia unitaria, había constituido un grupo de «intransigentes», los «negros»; y uno de sus admiradores, Karl Sand, creyó liberar a su país asesinando al poeta reaccionario Kotzebue, conocido públicamente como un espía del zar (1819).

Ese gesto, que se vio agravado por el intento fallido de asesinar al ministro de Nassau, Ibell, provocó una violenta reacción. Después de haber intercambiado impresiones con el rey de Prusia en Teplitz, Metternich convocó en Carlsbad a los representantes de nueve Estados; las decisiones allí tomadas fueron inmediatamente ratificadas por la Dieta. Las universidades quedaron sometidas al poder de unos tutores, la *Burschenschaft* fue disuelta; la prensa, amordazada, y una comisión federal radicada en Maguncia se encargó de abrir una investigación sobre los movimientos revolucionarios. Si bien, en el Congreso de Viena, al año siguiente, Metternich, pese a reforzar la vigilancia de la Dieta sobre los Estados, no pudo alcanzar la supresión pura y simple de las constituciones de Alemania del Sur. De todas formas, la reacción triunfó en toda la línea: Arndt fue destituido de su cátedra de Bonn, y Görres se vio obligado a refugiarse en Estrasburgo. Tanto el particularismo como la reacción hicieron prácticamente imposible toda vida política. Ni la existencia de asambleas de Estados *(Stände)* en Hanover y en Sajonia, ni el régimen constitucional en el sur de Alemania pudieron obstaculizar el gobierno autoritario de los soberanos. Por ello, nada se podía esperar de los príncipes en favor de la unidad alemana.

La Revolución de 1830 sirvió de acicate al movimiento liberal, sobre todo porque Prusia y Austria, absorbidas por preocupaciones exteriores, no pudieron interesarse a fondo por lo que ocurría en el resto de Alemania. En Brunswick el soberano fue derrocado; en Hesse-Kassel, en Hanover y en Sajonia se concedieron constituciones liberales. ¿Qué lugar ocupó en todos estos acontecimientos la idea de la unidad nacional? En Karlsruhe, el diputado Welcker reclamó una asamblea para toda la Confederación; después, en mayo de 1832, se reunieron en el castillo de Hambach demócratas de toda Alemania Occidental; se enarboló la bandera tricolor y se brindó por la soberanía popular y por la fraternidad de los pueblos. Pero todavía eran muy pocos los que tenían una idea precisa sobre la formación del Estado nacional. Y aún menos quienes, como el suavo Paul Pfizer, el autor de las *Cartas de dos Alemanias,* preveía el papel de Prusia en la unidad alemana, de una Prusia que, convertida en liberal, debería inmediatamente disolverse en el contexto de la Alemania unificada. A falta de coordinación, esos movimientos tan solo lograron provocar un nuevo progreso de la reacción. Los seis artículos que Metternich hizo votar a la Dieta (1832) agravaron las decisiones de 1820 creando una comisión federal encargada de controlar las asambleas locales. El *Putsch* fallido de algunos liberales contra la Dieta de Fráncfort (1833) trajo como consecuencia la creación de una comisión de investigación que completó las medidas contra la prensa y la universidad. A partir de esta fecha, el movimiento político tuvo que refugiarse en el extranjero, como el *Deustcher Volksverein,* que se trasladó a París, relacionándose con la Sociedad Francesa de los Derechos del Hombre, o incluso ingresar en una especie de clandestinidad, como hicieron el poeta George Büchner y el pastor Weidig, editores del *Hessische Landsbote,* que lograron reagrupar en torno a sí compañeros y campesinos de Hesse, dándoles consignas revolucionarias durante la reunión de Badenburg (julio de 1834). El punto culminante de la reacción se alcanzó en 1837, con la abrogación de la constitución de Hanover y la revocación de siete profesores, entre ellos los historiadores Dahlmann y Gervinus, que habían osado protestar, invocando el juramento prestado. La reacción golpeó con idéntica brutalidad el movimiento, exclusivamente intelectual, de la Joven Alemania, que, suscitado por los escritos de Heine y de Börne, tendía a despojar al patriotismo alemán de su posición antifrancesa, y difundir, junto con las ideas liberales, las doctrinas sansimonianas sobre la emancipación de la carne, el daño de las religiones y la paz internacional: la Dieta había prohibido en 1835 la *Deutsche Revue,* dirigida por el dramaturgo Gützkow.

Durante esos años de discusión política que significó el *Vormärz,* el único acontecimiento notable fue la creación del *Zollverein*[1]; constituyó la base sobre la cual se edificó, a partir de 1840, la conciencia nacional alemana. Pero la ventaja que había adquirido Prusia en el plano económico, más por la acción de los funcionarios que por las iniciativas privadas, en muy corto plazo plantearía a los alemanes los siguientes problemas: ¿no existe, tal vez, contradicción entre el poder material de que disfruta este país en Alemania y el carácter retrógrado de sus instituciones?, ¿acaso Prusia, potencia reaccionaria, es capaz de dirigir el movimiento unitario?, ¿no son opuestas las aspiraciones nacionales a las exigencias del liberalismo?

---

[1] Véase el cap. II, p. 37.

Estas últimas se manifestaban con particular fuerza en los Estados de la Alemania del Suroeste, donde los *Landtage* continuaban abiertos a las luchas políticas. Todas las miradas se dirigían al Gran Ducado de Baden, en el que dos profesores de la Universidad de Friburgo, Karl Rotteck y Theodor Welcker, publicaban desde 1834 su *Staatslexikon,* breviario de la burguesía liberal. Aunque adversarios de la soberanía popular y de una república democrática, apegados al principio de un censo electoral moderado, estos escritores, que guardaban una cierta nostalgia por el josefinismo, pero que debían la parte esencial de su cultura política a las ideas constitucionales francesas, querían establecer la separación de poderes y la soberana de la ley a partir de la noción del Derecho, tal como este había sido definido por el idealismo alemán. Rotteck era indiscutiblemente más individualista, mientras Welcker fue, por el contrario, más sensible a las instituciones anglosajonas y a las enseñanzas de la historia. Pero tanto uno como otro habían combatido contra los instrumentos de opresión del absolutismo, contra la burocracia y contra el ejército, intentando hacer respetar la dignidad del hombre y del ciudadano; su liberalismo había adoptado voluntariamente un tono pacifista y antimilitarista, muy alejado del *Machtstaat* hegeliano. Lo que estos hombres aportaron efectivamente al liberalismo alemán fue la convicción de que, por encima de la voluntad patriarcal del príncipe y de las comodidades de la razón del Estado, estaba el Derecho, que constituye la esencia misma del Estado. Por último, el liberalismo tiende a definirse por primera vez, en los Estados del Suroeste, como «partido» político, disolviendo de este modo la antigua organización de los *Stände* y asestando, por consiguiente, un golpe temible al sistema sobre el que Metternich había edificado Europa en 1815.

Tras un largo periodo, en el transcurso del cual, y bajo formas diferentes, se mantuvo en los Estados del Suroeste una forma autocrática de gobierno, el partido liberal pudo cosechar importantes victorias. En Baden, cuya Segunda Cámara estaba compuesta por un cincuenta por ciento de funcionarios ganados a la causa del liberalismo, la suspensión de dos de ellos provocó en 1843 un voto de censura, provocado por el diputado Itzstein, a consecuencia del cual acabó cayendo el gobierno de Blittersdorf; consolidados por las elecciones de 1846, los liberales, dirigidos por Bassermann y Mathy, obtuvieron de los gabinetes presididos por Nebenius y luego por Beck la atenuación de la censura y del régimen policíaco, así como la reforma de la justicia. En Stuttgart plantea idénticas reivindicaciones el diputado Röhmer. En el parlamento de Hesse-Darmstadt, la resistencia frente a la reacción la dirige con autoridad Heinrich von Gagern, que supo defender las instituciones nacidas bajo la dominación francesa, en particular el matrimonio civil, y que al ocupar un puesto de nuevo en el *Landtag* en 1846 se convirtió en el defensor de un régimen electoral y de un sistema de prensa propios de un Estado constitucional: su liberalismo es muy semejante al de los renanos, con los que mantiene en vísperas de la revolución contactos muy estrechos. Más lenta resultó la evolución en Baviera, donde la caída del clerical Abel (1847) estuvo relacionada con la pasión senil del rey Luis I, que tanto había contribuido anteriormente al desarrollo del catolicismo en sus Estados, por la bailarina Lola Montes. Cuando sus allegados le reprocharon que intentara elevarla a la condición de noble y de imponerla a la corte, el rey prefirió cambiar de gabinete y apoyarse en adelante en los liberales.

En el momento en que se dibuja esta evolución en los Estados alemanes del Suroeste, hay que preguntarse si Prusia sabrá ganarse las simpatías de los liberales. El prestigio que le confería su pasado, el papel que desempeñó en las guerras de liberación, el número y brillo de sus universidades, el espíritu de entrega y de tolerancia que animaba a una parte de sus funcionarios y el lugar que acababa de conseguir en la economía alemana situaban a Prusia a la cabeza de los Estados alemanes. Sin la participación de Prusia era inconcebible la unidad. Pero en general se tendía a estimar que la conversión del Estado de Federico II al liberalismo condicionaba su situación preminente en Alemania. ¿Justificaría la ascensión al trono de Federico Guillermo IV (1840) estas esperanzas? Las primeras decisiones del gobierno –amnistía, disminución de la censura, publicidad de los debates de las Dietas provinciales, creación de una comisión unida que se reunía cada dos años en Berlín– provocaron indiscutiblemente un cambio de atmósfera en el plano político. En honor de la verdad hay que señalar que muy rápidamente se hizo visible el carácter ilusorio de aquellas esperanzas: Federico Guillermo IV, hostil al liberalismo occidental tanto como al prusianismo clásico, verdadero romántico instalado sobre el trono, discípulo de Stahl, al que había llamado en 1840 a Berlín, dándole una cátedra, sin contacto con las fuerzas sociales nacidas de la

Revolución industrial y desprovisto del sentido de la realidad, creía en la posibilidad de restaurar sobre bases patriarcales germánicas y cristianas la vieja institución de los *Stände,* antídoto, en su opinión, del constitucionalismo moderno. Al dar cuerpo a estos proyectos contribuiría a enfrentar las fuerzas del movimiento con las del conservadurismo y a preparar con ello el camino de la revolución.

Sin embargo, entre 1835 y 1840, el *Zollverein* comienza a dar sus frutos: gracias al desarrollo del comercio y de la industria, se constituyó en las provincias más evolucionadas de Prusia una burguesía que deseaba tomar parte más activa en la administración del país. La burguesía renana será la primera en reafirmar la necesidad de que Prusia se transforme en un Estado constitucional, por lo que llevará a cabo una acción perseverante con el fin de obligarla a ello. Esta burguesía no cesó, desde 1815, de defender, contra las tendencias centralistas del gobierno prusiano, las instituciones legadas a la providencia renana por su vinculación durante cerca de veinte años a una Francia, primero revolucionaria y luego imperial: el Código Civil, garante de una justicia oral y pública; la igualdad municipal de las ciudades y del campo, y el propio principio de la igualdad civil de todos los ciudadanos frente a la ley. En el transcurso de esta lucha se desarrolló en la provincia un vivo sentimiento de autonomía, que había sido exasperado por la política religiosa del gobierno y que había logrado enfrentar a la opinión contra una Prusia absolutista, feudal y luterana. En resumen, la hostilidad a Prusia se apoya en Renania en la estructura burguesa de la sociedad, así como en el catolicismo de la mayoría de la población. Lo que no fue obstáculo para que determinados círculos de negociantes desearan colaborar con Prusia sobre la base de sus intereses materiales. A partir de 1830, un rico comerciante de Aquisgrán, David Hansemann, presidente de un tribunal de comercio de dicha ciudad, se pronunció, en una memoria dirigida al rey, a favor de la hegemonía prusiana en Alemania, pero puso como condición su transformación en un Estado constitucional, cuyo centro de gravedad debería constituirlo la clase media; el Estado militar debía ser sustituido por un Estado industrial. Renovó dicho gesto aprovechando la ascensión al trono de Federico Guillermo IV, sosteniendo la idea de que tan solo una constitución podía despertar en la nación el sentido cívico y ponerla al abrigo del peligro revolucionario. Mediante su intervención en los negocios ferroviarios, aduaneros y comerciales, intentó demostrar la necesidad de la tribuna del Parlamento para la buena marcha del Estado. Junto a Hansemann, otros banqueros e industriales y hombres de negocios –Ludolf von Camphausen y Gustav Mevissen en Colonia, Beckerath en Crefeld, von der Heydt en Elberfeld– encabezaron el liberalismo renano, al que representaban en el *Landtag*, orientándolo hacia la colaboración con las autoridades prusianas, facilitada por el apaciguamiento de la opinión tras el doloroso «asunto de Colonia», que durante cierto tiempo la había exasperado[2]. La idea nacional tiende a primar sobre las preocupaciones particularistas; y los diputados renanos manifestaron su deseo de que el espíritu del *Staatsbürgertum* animara en adelante la totalidad del Estado prusiano. En 1845 Camphausen reclama, desde la tribuna del *Landtag* renano, la convocatoria de un Parlamento común para todas las provincias prusianas. Dentro de este espíritu nacional y con la finalidad de conseguir un apoyo más sólido, bajo el signo del liberalismo, para ese Estado en las provincias renanas, fue fundada en 1842 la efímera *Rheinische Zeitung,* en la que Marx colaboró durante cierto tiempo, y en la que Mevissen se proponía unir «el espíritu especulativo de la filosofía hegeliana con el sentido renano de los negocios», y, posteriormente, la *Kölnische Zeitung,* desde la que se demostraba que las instituciones liberales, colocadas bajo la tradición de la era Stein-Hardenberg, debían contribuir a consolidar el poder real y no servir para crear un estado de desconfianza en relación con ellas. Los liberales renanos, por otra parte, en modo alguno eran demócratas: habían votado, en 1845, en el *Landtag,* una ley sobre la elección de los ayuntamientos, que posteriormente serviría de modelo a la ley prusiana de 1849, llamada la «ley de las tres clases».

El conjunto de estas preocupaciones traicionaba la influencia del historiador Friedrich Dahlmann, por entonces profesor en la universidad de Bonn, y que siguió muy de cerca las luchas políticas de los años cuarenta. Su *Política,* publicada en 1835, desarrolla las siguientes ideas: la verdadera libertad estriba en el *self-government* de las colectividades; las instituciones representativas sirven para apuntalar e informar al poder monárquico; el ejercicio de los derechos cívicos es una obligación moral a la que nadie debería sustraerse. A medida que se manifiesta en Alemania la voluntad de unión

---

[2] Véase el cap. VIII, p. 184.

nacional, y a la par que crece la desconfianza en relación con Francia, cuyas pretendidas ambiciones renanas, manifestadas con motivo de la crisis internacional de 1840 y que suscitaron contra ella el sentimiento popular (*El Rhin alemán,* de Nikolaus Becker), y a medida que va ganando influencia el elemento protestante nortealemán, los liberales tienden a orientarse hacia el pensamiento anglosajón, que paulatinamente va sustituyendo a la influencia francesa, aún dominante en Rotteck. Bajo la influencia de las *Dos revoluciones,* de Dahlmann, se convierte en una constante oponer al Estado napoleónico, de esencia burocrática y centralista, los beneficios de la *Selbstverwaltung,* cuyo origen se pretende situar en los pueblos anglosajones. Más aún, el Estado no consiste, para Dahlmann, discípulo en esto de los románticos, un «mal necesario», ni tampoco una «sociedad de seguros», ni una «máquina artificial», susceptible de ser modificada arbitrariamente por la voluntad de los hombres; más bien, se trata de una personalidad moral, dotada de una vida propia, e independiente de los individuos que de ella dependen. A través de Dahlmann se integran en el pensamiento de los liberales reminiscencias románticas e incluso llamamientos a la antigua libertad germánica. Dahlmann aparece como el representante más notable de ese «liberalismo de los profesores» que, junto con los historiadores Droysen, Waitz y Haüsser, dará posteriormente el tono a las deliberaciones del parlamento de Fráncfort. Se muestran preocupados a la vez de crear los instrumentos de poder del Estado y de definirle como un *Rechstaat,* como una «persona jurídica» ante la cual debe inclinarse el arbitrio monárquico; no desean la ruptura brutal con el pasado, se proclaman partidarios de la evolución «orgánica» y, no obstante, admiten que solo un Parlamento puede crear en la nación ese despertar del sentido de la responsabilidad cívica, sin el cual la libertad es una palabra carente de sentido.

Estas son las tendencias predominantes que animaban por entonces a las clases dirigentes seducidas por el liberalismo. Este último llega a conquistar a una fracción de la aristocracia prusiana. Hay que advertir que, después de Colonia, Koenisberg, depositaria del pensamiento de Kant y de los hombres de Estado de la era de las reformas, constituyó el foco principal y más activo de las reivindicaciones constitucionales: allí, el médico Jacoby y el viejo presidente von Schön recuerdan que los Estados Generales pertenecen a los derechos fundamentales de la nación. Se ha señalado con exactitud la pervivencia, entre los *Junkers* liberales del *Landtag* de Prusia oriental –los Auerswald o los Schwerin, admiradores de la aristocracia británica– del espíritu *whig*. También es un anglófilo, Freiherr von Vincke, quien condena en la Dieta de Westfalia, en 1845, el retraso con que se convocaban los Estados Generales. Pero, entre estos oponentes, los renanos constituían indiscutiblemente el ala más activa: expresaban la voluntad de la parte más evolucionada de la nación de arribar a la mayoría de edad política y de asumir finalmente sus responsabilidades. Bajo su impulso, el liberalismo dejó de ser una ideología abstracta y apareció como íntimamente ligado a la estructura económica del Estado moderno. Por consiguiente, nada tiene de extraño que encabezaran la oposición cuando se reunió, en 1847, el *Landtag* unido.

El liberalismo burgués, sin embargo, no es la única forma de oposición del *Vormärz*. Los contemporáneos experimentaron ciertas dificultades en distinguir la oposición liberal de la que se ha convenido en denominar «radical». Mientras el liberalismo podía definirse como la voluntad de la burguesía de asumir su parte de responsabilidad política, el radicalismo representaba ante todo una ideología desarrollada en círculos intelectuales restringidos. Mientras los liberales tienden hacia la participación legal en el poder y tienen por objetivo el reajuste y no la destrucción del Estado monárquico, los radicales adoptan una actitud revolucionaria *a priori,* aplauden calurosamente las ideas de la soberanía popular, el sufragio universal, el unicamerismo, incluso la República; no tienen los miramientos de los liberales en relación con las dinastías, y propugnan un Estado unitario e indivisible. El desarrollo del radicalismo se vincula, desde el final de los años treinta, a la división de la escuela hegeliana, cuyos discípulos ortodoxos constituyen una derecha conservadora, mientras algunos elementos pertenecientes a la escuela hegeliana, denominados «hegelianos de izquierda», interpretan la doctrina del maestro en el sentido de una filosofía de la acción revolucionaria. Convirtiendo la dialéctica en un instrumento de la acción, reteniendo del díptico hegeliano la fórmula «todo lo que es racional es real», estiman que la filosofía debe servir para determinar la marcha racional del mundo. Sus primeros ataques se habían dirigido, influenciados por *La vida de Jesús,* de David Friedrich Strauss, contra las religiones establecidas y sus defensores ortodoxos; posteriormente la ofensiva se volvió más política y social. El principal órgano del grupo fue *Hallische Jahrbücher,* cuya publicación prosiguió el filósofo Arnold Ruge, bajo diversos títulos, en Dresden y, posteriormente, en París. En ningún otro periódico la idea de la monarquía cristiana, basada en la fe positiva y en la doctrina germánica, tuvo más ardientes adversarios. Después de proclamar a Prusia como el Estado del bien común, Ruge se revolvió violentamente contra ella porque, infiel al espíritu de la Reforma y de la *Aufklärung,* se había impregnado de pietismo y beatería. Sin embargo, confiando en el poder del espíritu de modificar la realidad, los jóvenes hegelianos se imaginaban muy a menudo que la marcha victoriosa de sus ideas podía operar una transformación del mundo. En el fondo les faltaba el apoyo de una clase social determinada, en una época en que la burguesía se orientaba hacia un liberalismo más constructivo y el mundo obrero aún no tenía un ideal propio. Por eso se produjo rápidamente entre ellos una cierta escisión. Algunos se orientarían hacia una especie de individualismo exacerbado y de anarquismo nihilista; fue el caso de aquellos a quienes comúnmente se conoce con el nombre de los *affranchis* (liberados) berlineses, en torno a los hermanos Bruno y Edgar Bauer, y de Stirner, el autor de *El único y su propiedad,* que rechazan cualquier clase de limitación impuesta al yo individual por la religión, la sociedad y el Estado, convirtiendo al egoísmo absoluto en el único móvil consecuente de la actividad humana. Otros en cambio –en particular Feuerbach, Moses Hess y el propio Karl Marx– abordaron la crítica de la sociedad y prepararon la vía al comunismo: ya se examinó en su momento el papel que desempeñaron. De todos modos, sería un error exagerar la importancia de ese radicalismo durante los últimos años del *Vormärz:* si se puede rastrear aún en la obra de algunos poetas progresistas como Herwegh, Hoffmann von Fellersleben y Freiligrath, fue en el seno de numerosas sectas que por aquel entonces se desarrollaron, dentro del protestantismo, bajo el nombre de *Lichtfreunde,* o también entre los católicos, en el marco del *Deutschkatholizismus,* donde su irradiación alcanzó mayor fuerza. Tras la exposición de la santa túnica de Tréveris en 1844, túnica cuya falsedad había demostrado el historiador Sybel, el movimiento del «catolicismo alemán», dirigido por el sacerdote sajón J. Ronge y aprobado por Gervinus, porque era susceptible de convertirse en el punto de partida de una Iglesia supraconfesional alemana, alcanzó a tener en 1846 200 comunidades y 80.000 adeptos, y muchos de sus jefes constituyeron en 1848 los cuadros del partido demócrata. Pero se trató en tales casos de movimientos que no ejercieron ninguna presión eficaz sobre las decisiones de los gobiernos.

En vísperas de la Revolución, la principal fuente de descontento brotaba de la práctica del absolutismo, de la ausencia general de libertad, del sentimiento de inseguridad personal, del odio profesado a un Estado policíaco y a sus métodos arbitrarios, y de la desconfianza con respecto a un cuerpo de funcionarios, al que en ocasiones se podían reconocer –sobre todo en Prusia– eminentes cualidades técnicas, pero que jamás había mostrado la menor capacidad para comprender la problemática moderna, nacida de las ascensión de la burguesía de negocios y de la formación de un vasto proletariado, ni para reducir el divorcio entre el Estado y las nuevas fuerzas de la sociedad[3]. Lo que en mayor grado disgustó al pueblo alemán fueron los incalificables procesos incoados a liberales y patriotas, como a List en Wurtemberg, o a Jacoby en Prusia; una atmósfera de trampas y de opresión, fomentada por la ortodoxia ostentatoria de determinados gobiernos se abatía sobre la vida intelectual. Parece que si los gobiernos hubiesen abandonado en el momento oportuno la política de opresión y de arbitrariedad que les caracterizaba, los alemanes se hubieran contentado con reformas progresivas: un número muy reducido de ciudadanos pensaban realmente, en 1848, en participar en el gobierno, e incluso cuando evocaban la responsabilidad ministerial ante el Parlamento, solo lo hacían bajo el aspecto de responsabilidad judicial y no como un elemento esencial del Estado moderno. La nación alemana no pedía ciertamente una ruptura brutal con el mundo dinástico y con las instituciones monárquicas, sino solamente un compromiso con ellas. No por eso dejaba de desear sacudirse la tutela de los antiguos directorios, lograr que triunfara el *Rechstaat* y asegurar, con la soberanía de la ley, la participación de una elite en la *res publica* y la sustitución por un orden legal del régimen arbitrario que había durado demasiado tiempo. El carácter opresivo de los gobiernos fue lo que creó una voluntad de cambio y contribuyó a desarrollar en el país una actitud revolucionaria.

---

[3] Sobre el papel desempeñado por la burocracia en el *Vormärz* podrán consultarse los estudios de W. Conze y de sus discípulos, en particular R. Kosellek (véase la bibliografía).

Esta última se vio singularmente acentuada por la crisis económica y social que culminó en 1846, que resquebrajó profundamente la autoridad de los Estados y creó un clima casi continuo de motín. Numerosos liberales estimaron que, si se deseaba evitar lo peor, había llegado el momento de obtener reformas sustanciales de la Corona, sacudiéndose de encima la tutela que les imponía una burocracia desfalleciente. Las cosas se agravaron en Prusia cuando Federico Guillermo IV, tras haber vacilado durante bastante tiempo, presionado ahora por una situación financiera que el empréstito cubierto por los Rothschild no había sido suficiente para restablecer, se decidió, a pesar de las censuras de Metternich, a convocar un *Landtag* unido, constituido por todos los diputados de las Dietas provinciales (febrero de 1847). Tras haber dudado antes de responder favorablemente a esta invitación del rey, que consideraban insuficiente y que no correspondía a las promesas formuladas anteriormente a la nación, los liberales hicieron público, desde el comienzo de los debates en Berlín, que no se contentaban con atribuciones meramente consultivas para el *Landtag* y que reclamaban la periodicidad de las reuniones. Para mostrar su determinación negaron al rey el voto para un empréstito necesario para la construcción del ferrocarril Berlín-Königsberg. Y, sin embargo, no pudieron arrancar del rey, apegado a las teorías del derecho divino, a pesar de sus veleidades liberales, que concediera una constitución o incluso que reconociera la periodicidad del *Landtag;* había sido instado por la nobleza, y en particular por Otto von Bismarck, que a la sazón había concebido la idea de crear un partido conservador en Prusia, a mostrarse intransigente. Aunque los medios liberales, por temor a las revueltas sociales, evitaban, a pesar de todo, una ruptura total con la Corona, se asistió a una clara radicalización de la opinión, como atestigua el éxito de los folletos republicanos de Karl P. Heinzen. Los demócratas se reunieron en un Congreso en Offenburg, en septiembre de 1847, donde reclamaron una representación nacional común a todos los países germánicos, elegida según un procedimiento democrático. En sus aspiraciones favorables a un Estado unitario y jacobino, los «radicales», dirigidos por F. Hecker y F. von Struve, de Baden, iban mucho más lejos que los liberales de las diferentes provincias del oeste y del sur de Alemania, que en su declaración de Heppenheim (octubre de 1847) se habían contentado con pedir la reunión de un Parlamento aduanero.

A finales de 1847 es cuando el movimiento nacional alcanza su apogeo, como lo prueba la creación en Heidelberg, bajo el significativo nombre de *Die Deutsche Zeitung,* de un periódico que agrupaba, junto a los historiadores Gervinus y Hatisser, a toda la elite intelectual del país. Sin embargo, el movimiento nacional no se limita a establecer la unión política entre los Estados alemanes; en adelante se dirigió también a las poblaciones alemanas sometidas a una dominación extranjera. En los ducados daneses de Schleswig y de Holstein se planteó un problema demográfico (exceptuando a 150.000 personas en la parte norte del Schleswig, la inmensa mayoría de la población era de lengua alemana) al que se sumó una cuestión sucesoria, puesto que la costumbre, que reservaba el derecho de herencia a la línea masculina, enfrentó los derechos del duque de Augustenburg con los de Christian von Glücksburg. Frente a la amenaza que blandió el rey de Dinamarca, Christian VIII, en su carta abierta (julio de 1846), de vincular estrechamente el Schleswig a sus Estados, por medio de una constitución, la reacción, dirigida por los profesores de la Universidad de Kiel, fue inmediata: no se podía alterar el carácter indisoluble de los dos ducados, que Dahlmann había demostrado desde hacía tiempo. Y un congreso germanista, que se celebró en 1847 en el próximo Lübeck, reclamó los ducados para Alemania.

No obstante, las aspiraciones de la nación alemana continuaban enfrentándose a graves obstáculos, algunos de ellos, y no los menores, derivados de la persistencia de los particularismos de los príncipes y de las poblaciones, de la complejidad del dualismo austroprusiano, de la dificultad de dotar de un marco político a la nación; pero, sobre todo, el principal derivaba de la obligación en que se encontraba la burguesía alemana, que indiscutiblemente era la fuerza más evolucionada y la más consciente, de conquistar su puesto en el Estado del *Ancien Régime,* y, a la vez, de defenderse frente a la presión, a su izquierda, de la democracia social.

El *Risorgimento* italiano

Considerado durante mucho tiempo como un fenómeno estrictamente italiano, el *Risorgimento* ha sido progresivamente reinsertado por los historiadores actuales de Italia en su contexto europeo. Aunque fue preparado por la corriente iluminista, que operó en los marcos tan diversos de los Estados italianos y de las mentalidades del *Ancien Régime,* y a pesar de que el despotismo ilustrado preparara el terreno y los hombres, la fuerza de ruptura del orden antiguo, que cristalizó y aceleró la revolución, fue la Revolución francesa, una influencia llegada del exterior. La Revolución francesa proporcionó a Italia la idea motriz de la nación como comunidad de ciudadanos cimentada por el vínculo contractual de la conciencia cívica.

A pesar de ello, la emancipación de Italia tenía que enfrentarse, en 1815, con dificultades aún mayores que las que tuvo que vencer Alemania. El carácter retrógrado de su economía, la neta separación entre los grupos sociales, la mediocridad de la burguesía, la influencia del clero y el vigor del espíritu municipal, explican la ausencia casi total de vida nacional en 1815. La lucha contra la Santa Alianza no pudo adquirir en este caso, en sus comienzos, más que un carácter local dirigido contra el despotismo de las instituciones políticas y judiciales: si la oposición por todas partes es la misma, no existe en cambio un movimiento de conjunto. Aún más que en el caso de Alemania, Italia aparece en 1815 como una simple «fórmula geográfica».

Sin embargo, hasta 1820 la Restauración, considerada en conjunto, fue más bien moderada, y mantuvo, en el marco de la administración y de la legislación napoleónicas, conservadas en su total integridad o al menos en su espíritu, la actividad del paternalismo reformador de la generación del despotismo ilustrado. Este fue, en particular, el caso de Parma, la de María Luisa y su segundo marido, Neipperg; o de Lucca y Toscana, donde la legislación leopoldina fue implantada de nuevo y que, durante veinte años, fue gobernada hábilmente por Fossombrini, conciliador y escéptico. En Lombardía y Véneto, aunque el régimen fiscal fue severo, la administración austriaca, exacta y puntillosa, confirmó la venta de los bienes nacionales y no se separó esencialmente de la orientación legislativa implantada por el reino de Italia. En Nápoles, donde el régimen feudal fue parcialmente restablecido y los emigrados indemnizados, el ministro Luigi de Médicis puso en práctica una política de «amalgama» que tenía por objeto conservar los hombres y las instituciones más válidas del régimen francés. El cuadro se ensombreció en Módena, y sobre todo en los Estados pontificios, donde, a pesar de los esfuerzos de Consalvi, el gobierno cayó en la esclerosis y en la impotencia. En el Piamonte, menos marcado que el resto de Italia por las «luces», donde las antiguas clases privilegiadas, influenciadas por los escritos de Joseph de Maistre, no habían cedido en el combate, y donde la monarquía seguía siendo autoritaria, militarista, y obsesionada por viejos sueños dinásticos de expansión territorial, la reacción, más conservadora y clerical que en cualquier otro territorio, resultó totalmente insoportable a una burguesía jansenista y «jacobina» que se había adherido en 1796 al ideal de la «gran nación». Debido a ello los comerciantes y armadores de Génova comienzan a soportar mal la tutela piamontesa y lamentan haber perdido su vieja constitución republicana.

¿Fue el *Risorgimento* un fenómeno ético en el que las concepciones de una casta dirigente se antepusieron a la acción de las masas y a los problemas económicos, o, por el contrario, hay que reconocer una amplia participación popular en los acontecimientos? Parece evidente que el *Risorgimento* fue principalmente obra de una burguesía cuyo ideal político e intereses materiales coincidían con las reivindicaciones de un nuevo orden. Con excepción de determinados sectores septentrionales, el mundo rural, que forma la parte principal de la población activa, estaba demasiado absorbido por los problemas cotidianos de su vida material para elevarse a la conciencia cívica o incluso a la comprensión elemental de los acontecimientos. El índice de analfabetismo era en los Estados sardos, cuna de la independencia, del 64 por 100 entre los hombres y del 77 por 100 en las mujeres; cincuenta años después aún quedaba un 54 por 100 de analfabetos en las provincias del Norte y un 86 por 100 en las del Sur. La fuerza de las masas intervino por oleadas tumultosas y contradictorias, pero jamás logró constituir un motor preponderante. En cambio, se asiste en los medios cultivados a una ebullición ideológica en la que se entremezclan los temas políticos y las preocupaciones estéticas. En Milán, F. Confalonieri, G. Berchet y S. Pellico son los que le dan vida al *Conciliatore,* que milita en favor de la renovación cultural y económica de Lombardía, mientras que en Florencia, el librero Vieusseux funda la ecléctica *Antología,* y con el filólogo dálmata N. Tommaseo y el historiador toscano G. Capponi, difunde las ideas de un liberalismo moderado. Estos autores serán los maestros ideológicos de la elite gobernante de los grandes años de marcha hacia la unidad. Sus obras contribuyen a crear un ideal para los italianos, no solo municipal, sino también nacional. La historia constituyó, como en el resto de la Europa de las nacionalidades, uno de los instrumentos preferidos del *Risorgimento* intelectual: junto a obras como la de C. Cantù y de C. Troya, historiadores de profesión, las novelas históricas de F. D. Guerrazzi y de Massimo d'Azeglio dieron a conocer los fastos de la historia italiana. Pero fue principalmente el romanticismo el que trató de establecer un vínculo entre la inteligencia y las aspiraciones populares y las tradiciones del pasado, poniendo al servicio de la educación política de la nación el sentimiento literario: mientras el pesimismo solitario y altivo de Leopardi rechaza el compromiso político, y la religiosidad de Manzoni se tiñe de cierto conservadurismo en su obra *Los novios,* otra serie de obras del momento palpita de ardor patriótico, desde las poesías de Berchet hasta los conmovedores testimonios de Silvio Pellico, el prisionero del Spielberg, y hasta las vengativas sátiras de G. Giusti.

Sin embargo, la burguesía liberal no podía expresar ninguna clase de oposición legal a los gobiernos absolutistas. Esto se refleja en la acción oculta de las sectas, en las que la mentalidad romántica se alimenta con los mitos del héroe y del conspirador. Italia fue la zona de mayor desarrollo de las sociedades secretas. Sobre las ruinas de la francmasonería se había desarrollado la carbonería, con sus variantes lombardas y piamontesas, con sus güelfos y adelfos, que tal vez encontraron sus modelos de organización en las hermandades de leñadores y carboneros del Franco Condado. La localización de la carbonería, dividida en «ventas» y dotada de un vocabulario hermético, es en particular muy clara en los Estados absolutistas, como el reino de Nápoles, en los Estados pontificios y en el Piamonte. La burguesía media y el ejército nutren la mayor parte de los cuadros. En el mundo cerrado de las pequeñas guarniciones, la leyenda napoleónica se mezcla con una cierta nostalgia por la vida violenta y con las aspiraciones liberales suscitadas por la experiencia de los años revolucionarios. Sin conexión con las masas y sin programa constructivo, los *carbonari* se mueven por el anhelo de un Estado poderoso y democrático. Pero su acción se ve condenada al aislamiento, a los focos esporádicos de sediciones, suscitadas ante la noticia de los acontecimientos extranjeros. Al combatir en orden disperso, la derrota era inevitable. Así ocurrió en 1820 y, más tarde, en 1830.

Los primeros acontecimientos revolucionarios hay que situarlos en Nápoles, donde el general Pepe intentó aprovecharse de los sucesos de España para levantar a las guarniciones. El rey Fernando IV se inclinó primero ante la Revolución, prometiendo el establecimiento de una constitución, imitada de la que habían aprobado las Cortes en 1812; pero, tras los Congresos de Troppau y de Laibach, a los que había sido convocado el monarca, los liberales napolitanos, debilitados por la disidencia de una Sicilia autonomista, fueron aniquilados por el ejército austriaco en Rieti (1821). Más confusas fueron las peripecias de la Revolución piamontesa. Conducidos por antiguos soldados de los ejércitos napoleónicos, como Santorre di Santa Rosa, los liberales contaron con el apoyo de Carlos Alberto, príncipe de Carignan, cuya educación solitaria se había desarrollado parcialmente en Francia y que, al parecer, encarnaba a los ojos de una corte reaccionaria el demonio maléfico del jacobismo. Su hermano Carlos Félix, superado por los acontecimientos, lo nombró regente. Pero Carlos Alberto, cuya compleja psicología estaba hecha de contrastes y ensombrecida por la hipocondría romántica, desempeñó un doble juego y, al parecer, se aproximó a los contrarrevolucionarios. A consecuencia de ello, los austriacos restablecieron el *Ancien Régime* (1821) sin la menor dificultad. Los liberales, víctimas de la represión, reprocharon al rey su defección, y la crisis condujo a este a un repliegue sistemático sobre sí mismo y a un autoritarismo absolutista, atravesado por remordimientos y contradicciones que contribuyeron a crear la leyenda del «Hamlet italiano».

Diez años después, la Revolución francesa de 1830 despertó amplias esperanzas. En París, el Comité de la emancipación italiana había realizado una gran campaña de propaganda. De Módena, donde los liberales habían creído poder contar con el duque Francisco IV y resultaron cruelmente desengañados, por lo que acabaron sublevándose, la revuelta se extendió a Bolonia, donde la autoridad pontificia no pudo mantenerse, y fueron proclamadas las Provincias Unidas de Italia Central (febrero de 1831), y a Parma, de la que tuvo que salir huyendo María Luisa. El movimiento adquirió en esta ocasión un carácter más extenso. Pero la falta de entendimiento entre los insurrectos y la indiferencia de las masas convirtieron en inútil el intento: los romañoles lograron desarmar a las tropas de los dos ducados vecinos, cuando estos últimos se replegaron a sus territorios. Tras ellos, los austriacos no tuvieron grandes dificultades para restablecer el orden. Al menos, este levantamiento sirvió para que la cuestión italiana quedara planteada en el plano internacional. Contra la intervención de Austria, Luis Felipe envió un regimiento a Ancona como protesta espectacular en defensa de los intereses franceses, pero que en modo alguno ayudó a la causa de los insurrectos.

El fracaso de las Revoluciones de 1821 y de 1831 evidenció la ineficacia de la carbonería y supuso su sentencia de muerte. En su lugar comienza a afirmarse una nueva tendencia, preocupada por proponer soluciones esencialmente italianas. La emigración política fue la dura escuela en la que se modeló poco a poco el pensamiento político de la unidad. En contacto con el extranjero, la restringida cultura de los antiguos *carbonari,* limitada por la nostalgia de una Italia napoleónica y por el odio al sistema de Metternich, se enriqueció con un contenido europeo. Sería inexacto presentar a esos *fuorusciti,* tan distintos por sus orígenes y por sus fortunas, como una fuerza coherente; divididos por rivalidades personales y polémicas azuzadas por la incertidumbre del exilio, espiados por los diversos gobiernos europeos, los refugiados se veían forzados a errar por todo el continente, donde aportaban frecuentemente a las causas justas su concurso armado. A pesar de todo, los centros que los acogen, donde no tienen más remedio que vivir, contribuyeron a dotarles de un pensamiento político consecuente. Después de Ginebra, París se convierte, hacia 1830, en uno de los grandes centros de la emigración italiana. El economista Pellegrino Rossi sucede a Say en su cátedra en el Collège de France, en París, y seguidamente se convierte en par de Francia; Carlo Botta es nombrado rector de la Academia de Rouen; G. Libri, profesor en la Sorbona. En esos medios intelectuales, la influencia de Victor Cousin fue preponderante, atrayendo al *juste milieu* a las mentes que quieren emanciparse de la tutela de la Iglesia, pero sin caer en los excesos de la democracia. En Bruselas, el marqués G. Arconati-Visconti da vida a un círculo brillante, en el que podemos encontrar a Berchet, Pepe y, después de 1834, al sacerdote liberal Vicenzo Gioberti. En Londres, alrededor de Antonio Panizzi, amigo de Mérimée y organizador del British Museum, también afluye una numerosa cohorte de compañeros que se sienten seducidos por el espíritu del liberalismo político y económico de Inglaterra[4].

Pero correspondió a G. Mazzini la misión de espiritualizar al movimiento revolucionario. Este genovés, tras haber provocado la ira del gobierno piamontés por su colaboración en periódicos revolucionarios, en 1831 tuvo que refugiarse en Marsella, donde fundó la *Joven Italia*. En 1834, amplió su acción mediante la creación en Berna de la *Joven Europa*. En 1836, sus actividades le obligaron a trasladarse a Londres. Por todas partes, gracias a su desinterés personal, su austeridad y sus cualidades carismáticas, ejerció una verdadera fascinación entre sus contemporáneos. Mazzini reprochaba al romanticismo el no creer suficientemente en la misión política de Italia; y al carbonarismo, el proseguir, sin un programa de conjunto, los levantamientos locales. Por su parte, pretendió ofrecer a sus conciudadanos un ideal elevado, el de la nacionalidad, que define como la utilización de todas las fuerzas individuales para un fin común: la fe en la patria. Desde su punto de vista, cada pueblo posee una misión histórica frente a la humanidad, ya que el país es el instrumento del que Dios se sirve para realizar sus planes sobre la tierra. La nacionalidad, escribió, «es la parte que Dios confiere a cada pueblo en el trabajo de la humanidad; su misión, la tarea que debe cumplir sobre la tierra para que el pensamiento de Dios pueda realizarse; es la obra que le da derecho de ciudadanía en la humanidad, el bautismo que le confiere su carácter y le asigna un puesto entre los pueblos, sus hermanos». Por consiguiente, sería un crimen que Italia renunciara a su misión: la tercera Roma, heredera de la de los césares y de la de los papas, debe ser la inspiradora de una humanidad reformada. Para mostrarse a la altura de su misión, debe convertirse en «independiente, unida y libre». Rechazando el hipotético apoyo de los soberanos y toda concepción federalista, Mazzini anhela el advenimiento de una República italiana unificada. Cuenta únicamente con las fuerzas morales para lograrlo. «Dios, el pueblo, la humanidad»: tal es la trilogía con la que encabeza su doctrina. No porque tuviera confianza en la Iglesia católica, responsable, desde su punto de vista, de la descomposición de Italia, sino que, como jansenista de formación, trata de

---

[4] En esta cuestión hemos seguido muy de cerca las conclusiones de P. Guichonnet (véase la bibliografía).

ganarse al bajo clero, cuyos intereses defiende frente a los de la jerarquía. Esta visión de la futura Italia, por el entusiasmo desinteresado que suscitaba, por el llamamiento dirigido a la nación entera, en la que deberían fundirse todas las clases sociales, forjó una cierta manera de concebir a Italia, de la que, ningún italiano, después de Mazzini, ha podido hacer abstracción.

Desgraciadamente, ese gran patriota, que carecía de genio político y que no conocía bien a los hombres, en la práctica no hizo sino inspirarse en los métodos de los *carbonari,* recurriendo como ellos a las sociedades secretas y a las conspiraciones. Ya en 1833, al ser descubierto un complot organizado por su amigo Ruffini, obligó a este a suicidarse para librarse del cadalso. El *putsch* de Saboya, al año siguiente, obligó a Garibaldi a escapar de Génova y marcharse a América; al mismo tiempo, los hermanos Rossaroll fracasaron en Nápoles en el atentado que organizaron contra Fernando II. Idéntica derrota se produjo en Sicilia en 1837, donde este mismo rey acabó por suprimir de hecho lo que quedaba de la autonomía municipal; en 1841, en Aquila, donde la insurrección permitió que la policía napolitana descubriera los lazos que unían a los partidarios de Mazzini con los revolucionarios del Sur; en 1843-1844, en Calabria, donde tras una primera represión, los hermanos Bandiera, con una tropa de exiliados, supieron morir gritando: «¡Viva Italia!». En su teoría abstracta de la revolución de masas, Mazzini no había tenido en cuenta el estado real de la sociedad italiana, en la que las poblaciones rurales, inertes e iletradas permanecerían sordas a las incitaciones a la revuelta, o incluso llegarían a prestar todo su apoyo a las fuerzas del orden para aplastar a los insurrectos.

El fracaso de esas diversas intentonas generó un cierto desaliento. Pero, cuando la suerte se había alejado del eterno conspirador, surgió otro movimiento –el *Risorgimento*–, que superaba, con creces, al anterior en amplitud. Este fue, en parte, consecuencia del desarrollo económico creciente de la economía italiana, de la construcción de las primeras vías férreas, de los congresos científicos que se celebran regularmente, desde 1839, en las diversas capitales italianas y que contribuyeron a romper el localismo para anteponer las cuestiones nacionales. Estas son inseparables de la organización aduanera de Italia, al modo del *Zollverein*. Desde el punto de vista económico, las revistas milanesas tuvieron una gran importancia formadora. Finalmente, una asociación agraria, fundada en Turín, permitió a los medios económicos de Italia del Norte establecer contactos entre sí.

La ampliación del pensamiento político se expresa bajo la forma de un neogüelfismo. La opinión católica se había orientado hacia el liberalismo gracias a la propaganda nutrida en Lamennais y a la influencia del abate Rosmini, penetrante observador de la esclavitud de la Iglesia en una Italia absolutista. Toda una escuela de historiadores se esforzó por realzar las tradiciones del güelfismo medieval: el napolitano Troya buscó en las luchas sostenidas por las comunidades lombardas contra los emperadores una garantía de confianza y de esperanza. El dálmata N. Tommaseo, emigrado en París, lanzó en 1835 la idea de un papa reformador que encabezara la regeneración del país. Así pues, la opinión modelada por el romanticismo estaba preparada para comprender el llamamiento del abate piamontés Gioberti (1834). Confiando en la «primacía» de Italia, la nación madre del género humano, Gioberti reclamó la unión de los italianos, que presuponía la de la nación civil en torno al papado. De ahí, en su opinión, la necesidad de una confederación de los príncipes italianos bajo la dirección del papa, en la que la casa de Saboya tendría la misión de defender los intereses materiales y políticos. El neogüelfismo fue abrazado por una fracción considerable de la burguesía y de la nobleza, apegada al nacionalismo, pero que al mismo tiempo temía cualquier conmoción revolucionaria y que veía en el papado la garantía de la estabilidad de las instituciones políticas y sociales.

La orientación ideológica se vio, por otra parte, influenciada por la evolución de la monarquía piamontesa. Carlos Alberto (1831-1849) no tenía, desde luego, nada de liberal; pero, celoso de su autoridad, sentía la necesidad de escapar de las influencias exclusivas. Su ministro, Solaro della Margherita, aunque conservador, se vio obligado a proseguir una política progresista, suprimiendo el feudalismo en Cerdeña, publicando los códigos albertinos y continuando los reajustes económicos del país, orientado ya hacia la libertad de cambios. El *Primato* de Gioberti, por otra parte, contribuiría a reforzar esas tendencias de la política piamontesa y, lo que es más importante aún, a orientarla en un sentido nacional y antiaustriaco. Carlos Alberto detestaba a Metternich, que había intentado impedirle que subiera al trono. Por otra parte, la diplomacia piamontesa se encontraba enfrentada a Austria en la cuestión de los ferrocarriles (¿las líneas transcontinentales debían acabar en Génova o en Trieste?), en el problema del suministro de sal al Tessino y, finalmente, en la cuestión de los vinos piamonteses gravados con derechos aduaneros muy fuertes por Austria. Por equívoca que fuera la política real, por reaccionario que continuase siendo el Estado sardo, el Piamonte estaba destinado a catalizar bien pronto todas las simpatías italianas.

En 1844, C. Balbo, en *Esperanzas de Italia,* había demostrado que la unidad, más importante que la libertad, dependía de la exclusión de los austriacos, a los que habría que encontrarles a cambio alguna compensación en el Próximo Oriente; la espada de la federación italiana será, en su opinión, el rey del Piamonte. Massimo d'Azeglio, artista, novelista y hombre político, publicó en 1846, tras el movimiento insurreccional de los Estados pontificios, su libro *Sobre los últimos sucesos de Roma*ña, en el que, después de criticar al gobierno romano, pedía a sus compatriotas que renunciasen a las insurrecciones locales y entregasen su confianza a Carlos Alberto. En la nobleza piamontesa, que dirige la administración y la economía del país, estas ideas comenzaron a despertar un fuerte eco: el joven conde de Cavour, tras haberse instruido económica y políticamente en Francia e Inglaterra junto a hombres como Rossi, Tocqueville, Senior y Cobden, regresó para cultivar su propiedad de Leri; pero, al mismo tiempo, tomó posiciones en la prensa sobre los grandes problemas de su tiempo, en favor del libre cambio, de los ferrocarriles y de la política nacional; y, al fundar el *Risorgimento* (1847), dotó al partido «albertista» de un órgano de expresión. Gioberti por su parte, revisó pronto sus concepciones: en sus *Prolegómenos* (1845) entrega a la execración de los patriotas a los príncipes reaccionarios, y en su *Jesuita moderno* (1846) ataca a la orden detestada, que era el principal sostén del poder temporal de los papas, poder cuya desaparición profetizaron algunos escritores, como G. Durando y L. Torielli, en beneficio de una simplificación del mapa político italiano. No obstante, aún no se había producido la unanimidad –lejana aún– en torno al Piamonte. Mazzini continua siendo un adversario irreductible de la monarquía sarda. Los lombardos C. Cattaneo y G. Ferrari se declaran demócratas y federalistas; el primero de ellos extiende su programa a una Europa regenerada, mientras el segundo, hostil al *fara da sè* de Carlos Alberto, cuenta, sobre todo, con el apoyo francés para expulsar a los austriacos.

Sin embargo, de las tres tendencias que dominan la política italiana, a saber, el unitarismo mazziniano, el neogüelfismo de Gioberti y las simpatías piamontesas, la segunda parecía, en vísperas de los sucesos de 1848, la mejor situada para alcanzar el triunfo. Efectivamente, la elección en 1846 del papa Pío IX concretó en aquel momento las aspiraciones liberales y nacionales. Aunque el cardenal Mastaï estuviera muy lejos de ser un liberal, el espíritu evangélico con el que abordó los problemas romanos, la amnistía promulgada a raíz de su nombramiento, así como sus primeras medidas reformadoras, le granjearon inmediatamente una inmensa popularidad. Por otra parte, la ocupación de Ferrara por orden de Metternich, contra la que protestó, le colocó, muy a pesar suyo, en el papel de campeón de la unidad italiana, lo que le valió recibir una patética carta de Mazzini. A partir de entonces, para no defraudar las esperanzas de los romanos, se vio obligado a ir más lejos de lo que inicialmente pensaba: de ahí el *motu proprio* de octubre de 1847, que creó una Asamblea Consultiva del Estado; el de diciembre, que preveía la introducción de laicos en el gobierno, sin que, por otra parte, esas reformas, incoherentes y concedidas con cuentagotas, dieran satisfacción a una opinión cada vez más exigente y tumultuosa. Sin embargo, había dado el primer impulso: de mayo a octubre de 1847, tanto en Turín como en Florencia, se dictan reformas liberales, y Carlos Alberto sustituye a Solaro della Margherita por un gabinete más avanzado. ¿Era posible conjugar la política de los distintos Estados? A finales de 1847, las negociaciones entre Roma, Turín y Florencia sobre la cuestión de una posible unión aduanera señalaron una nueva etapa en el camino de la unificación.

Las luchas nacionales en la monarquía austriaca

Mientras en Alemania y en Italia operan fuerzas centrípetas, el principio de las nacionalidades puso en movimiento, en el Imperio austriaco, a fuerzas centrífugas que, si por el momento no ponían en cuestión la existencia del Estado, ya manifestaban con evidencia las dificultades que experimentan pueblos de lengua y razas diferentes para vivir juntos.

El Estado austriaco no había evolucionado sensiblemente desde las reformas operadas a finales del siglo XVIII bajo el signo del despotismo ilustrado. Se apoyaba en la fuerza del sentimiento dinástico, en la autoridad de la aristocracia y en los grandes cuerpos de funcionarios del Estado: burocracia, ejército e Iglesia católica. El gobierno continuaba siendo absolutista, aunque auxiliado por varios organismos de atribuciones confusas: cancillerías que se ocupan de regiones determinadas, ministerios que tan pronto quedan en manos de un colegio como de un único responsable; Consejo de Estado meramente consultivo; Conferencia de Estado, que toma las decisiones gubernamentales. No existía participación alguna de la nación en el gobierno: los *Landtag* de los diversos *Länder* eran solo órganos consultivos; únicamente en Hungría, donde se conservó la constitución histórica, la Dieta, formada por dos Cámaras, votaba las leyes. En ambas asambleas solo la nobleza desempeñaba un papel importante y efectivo. También es la nobleza quien dirige en Hungría el trabajo del *Comitatus* y durante la monarquía conservaba una situación social preponderante, percibiendo las rentas feudales: en dinero, en los países de lengua alemana, y en trabajo *(robot)*, en los países eslavos. De la nobleza, sobre todo de la alemana, procedían los altos funcionarios, los oficiales y los prelados, estrechamente sometidos, por la legislación josefinista, al control del Estado.

En el seno de la monarquía, el sistema de Metternich tiene por objeto conservar, en su integridad, las tradiciones gubernamentales austriacas e impedir que la nación pudiera ejercer alguna clase de control sobre la vida pública. No sería exacto imaginarse al canciller como un enemigo sistemático de la idea de nacionalidad; siempre opuso, en este terreno concreto, a las ideas mucho más estrechas del emperador el concepto de una unidad dinámica y espiritual que integrara a grandes conjuntos dotados de autonomía administrativa y permitiera el cultivo, en el seno de cada uno de ellos, de los aspectos más útiles de acuerdo con los temperamentos y las tradiciones particulares. En resumen, la intención de Metternich no consistía en imponer a los diversos Estados agrupados bajo el cetro de los Habsburgo una uniformidad centralizadora: cada nacionalidad debía, en su opinión, seguir su desarrollo cultural autónomo; y la idea federal definía, desde su punto de vista, la personalidad estatal de Austria, lo mismo que debía servir para asentar sobre una sólida base el estatuto de Europa. Pero su horror por las constituciones le impidió dar un verdadero impulso a las instituciones representativas modernas.

Mientras vivió Francisco II, hasta 1835, Metternich conservó la dirección total de los asuntos, aunque se vio obligado a tratar con tacto la susceptibilidad del viejo monarca, que quería aparentar una omnipotencia personal sin contar con medios para ejercerla. La situación cambió radicalmente al subir al trono el joven Fernando I (1835-1849). Se trataba de un anormal, deforme e imbécil, incapaz de reinar, pero al que Metternich, por fidelidad al principio hereditario, quiso, a pesar de todo, conservar en el trono. El poder pasó a manos de la Conferencia de Estado, compuesta por tres personas: el archiduque Luis, hermano del emperador difunto, Metternich y el conde Kolowrat. Este último, gran señor de Bohemia, que era ministro del Interior desde 1826, y se había convertido en insustituible debido a su competencia financiera, trató de mostrar ciertas tendencias liberales con objeto de granjearse una cierta popularidad. Sin duda por indolencia, Metternich no intentó despedir a su rival; pero muy pronto la lucha de influencias entre ambos personajes se tradujo en intrigas complicadas, que presidia el archiduque Luis no sin experimentar cierta satisfacción. Para complacer a la Corte, que se había convertido en muy clerical, Metternich adoptó al final de su vida una actitud favorable a la Iglesia. Apartándose de los principios josefinistas, a los que durante mucho tiempo había permanecido apegado, dio paso a la influencia romana y comenzó a mostrar una creciente intransigencia en relación con los elementos no católicos.

El poder quedaba en manos de una administración mediocre, mal pagada y poco considerada. Lo único notable era la policía, organizada por Sedlinsky. Por otra parte, no escaseaban, entre los funcionarios superiores, hombres de valor, pero se veían escasamente apoyados por el gobierno. Uno de los burócratas más notables de aquella época, Kübeck, dedicó sus energías a desarrollar las fuerzas económicas de su país y, en algunos aspectos, como en los asuntos ferroviarios, alcanzó un gran éxito, gracias sobre todo al apoyo de Salomon Rothschild, íntimo de Gentz y de Metternich y que obtuvo en 1841 el título de «ciudadano de honor» de la ciudad de Viena. Pero el gobierno, que no se atrevía a aumentar las cargas fiscales por temor a despertar una oleada de descontento, se procuró las sumas necesarias mediante empréstitos, de tal modo que con este sistema jamás pudo imponer un equilibrio presupuestario, rebajar las tarifas aduaneras ni conseguir que Austria entrara en el *Zollverein* alemán.

El extranjero que por esta época visitaba Viena se sentía atraído por el encanto romántico y discreto del estilo *Bierdermaier,* por la pasión por el teatro de los espectadores de las sátiras de Raimund y de Nestroy, por el ajuste de los *Lieder* de Schubert a la sensibilidad popular y finalmente por ese furor por la danza que alimentaban los valses de Lanner y de J. Strauss: Viena en esa época era una «Capua del espíritu», ciudad sonriente y feliz, donde una religiosidad de buena ley permitía toda clase de libertades a las manifestaciones de la frivolidad aristocrática y a los placeres del pueblo llano. En realidad, la censura y la policía habían logrado asfixiar toda clase de vida pública. Entre las principales víctimas de la reacción hay que contar al teólogo Bernard Bolzano, profesor en la Universidad alemana de Praga, que había basado sus demostraciones teológicas más en las exigencias de la razón y de la moral que en la revelación. La inteligencia austriaca se plegó por completo ante el régimen de vigilancia de la vida privada, en el que el absolutismo tan solo estaba atemperado, según la frase de un vienés, por «la indolencia del poder». Sin embargo, nada sería tan falso como imaginar un inmovilismo total de las mentes: la tradición josefinista aún era muy fuerte para que se aceptara pasivamente una reacción tan total. Athanasius Grün (conde de Auersperg) dejaba entrever, en sus *Paseos de un poeta vienés* (1831), que solo la garantía de las libertades públicas podría resolver la angustiosa situación de las nacionalidades. El testimonio más conmovedor fue el de Grillparzer, ya que personalmente no podía ser acusado de tibieza respecto a la dinastía de los Habsburgo, a la que había glorificado en su drama *La fortuna y el final del rey Ottokar,* y en la que veía el símbolo de una Austria grande, próspera y fuerte; y en absoluto podía ser considerado como demócrata, cuando, en su pensamiento político, basaba el Estado en la fidelidad personal al soberano y en la obediencia instintiva. Sin embargo, no dejó de denunciar ásperamente a Metternich, ese «don Quijote de la legitimidad», condenando su frivolidad, su falta de principios y su afición a la intriga, que no le permitían conocer la evolución necesaria de su tiempo. Y su pensamiento se vuelve hacia José II, el gran emperador reformista, que al menos intentó constituir para sus pueblos una gran patria alemana. Por eso, en los años que preceden a la revolución, el tono de la oposición va elevándose. En 1842, un panfleto del aristócrata tirolés, el barón Andrian, *Austria y su futuro,* señala el declive del sentimiento nacional austriaco y sostiene que para luchar contra la inercia de las costumbres es necesario el desarrollo de las Dietas provinciales y la creación de un *Reichstag* nacional que detentase el poder legislativo. Haciéndose eco de parecidas sugestiones, la Dieta de la Baja Austria, que espontáneamente dio ingreso a diputados burgueses, reclamó en 1847 la publicidad de las cuentas del Tesoro. En resumen, la opinión ilustrada, perfectamente consciente de las debilidades del «sistema», tenía la impresión de que la mecánica funcionaba en el vacío, a falta de ideas directrices y de impulsos procedentes del poder. El gobierno había acabado creando un despotismo administrativo que era concebido no como un medio de acción, sino como un fin. «A veces he tenido a Europa en mis manos –confesaba Metternich–, pero jamás a Austria.»

Sin embargo, solo la fermentación de las nacionalidades pudo amenazar seriamente el Imperio multinacional.

Hungría es el único de los Estados de los Habsburgo que constituye un reino distinto, con su Dieta y su administración autónoma dividida en cincuenta y cinco *Comitatus*. A pesar de la ausencia de una burguesía, las tradiciones políticas húngaras eran muy antiguas, y el espíritu público estaba bastante desarrollado. Por doquier la nobleza desempeñaba un papel preponderante, pero existía una gran rivalidad entre algunos centenares de magnates, que disfrutaban de inmensas propiedades, y una plebe nobiliaria pobre y turbulenta. La Dieta, después de un largo eclipse, fue convocada en 1825 y protestó inmediatamente contra el absolutismo vienés: pidió que el húngaro sustituyera al latín en las deliberaciones de las cámaras, y obtuvo seguidamente toda una serie de concesiones en el terreno lingüístico. Pero la oposición permaneció durante mucho tiempo dividida. El conde Széchenyi, gran terrateniente, admirador de la aristocracia británica, deseaba una reforma social que mejorara la condición de los campesinos, cuyo proceso de agotamiento iba acentuándose, y que permitiera sustituir el trabajo servil por trabajo asalariado. Pensaba que el feudalismo debería dar paso a una explotación comercial y capitalista. Pretendía, por otra parte, impulsar activamente el desarrollo económico del país mediante el fomento de la navegación a vapor por el Tisza y el Danubio, una vez que fueran regulados sus cursos (fue él quien levantó el puente colgante entre Buda y Pest), y la construcción del ferrocarril Viena-Budapest; y para promover la emancipación intelectual de Hungría, así como la depuración de la lengua, creó la Academia de Budapest. En cambio, este magnate, cuyas iniciativas eran terriblemente discutidas por sus congéneres, estimaba que, provisionalmente, se podían silenciar las reivindicaciones políticas, con tal de no irritar a Viena. En cambio, el conde Eötvös, admirador de los doctrinarios franceses, preconizaba un gobierno centralizado y liberal. Contra ambas personalidades se levantaba la nobleza proletaria, hostil a toda reforma social que pudiera disminuir sus rentas. A este último grupo perteneció el abogado Kossuth, gran admirador de las instituciones americanas, que adoptó, sin embargo, un programa cada vez más democrático, acabando por reclamar desde su periódico *Pesti Hirlap,* el primer gran periódico húngaro, la formación de un gobierno magyar y un sistema aduanero autónomo, objetivos de los que, en su opinión, dependía la industrialización del país. Asimismo se pronunció por la emancipación de los siervos mediante una franquía, pagada en su mayor parte por el Estado, en lo que fue apoyado e incluso sobrepasado por algunos intelectuales, como el profesor Tancsics, el autor del *Libro del Pueblo,* y el poeta Petöfi. La diversidad de esas opiniones en modo alguno podía disgustar a Metternich, que se aprovechó de ellas para no realizar concesión alguna, salvo en el terreno de la lengua. Pero cuando, para reforzar su política centralizadora, pretendió atacar a la misma institución de los *Comitatus* enviando «administradores» designados por la Corona, tuvo que enfrentarse, en la Dieta de 1847, con una oposición resuelta, admirablemente orquestada por Kossuth. Lo que no impidió que este preconizara la utilización de medidas coercitivas en relación con las minorías sometidas a Hungría.

En los países eslavos, en los que la nación había perdido, en la mayoría de los casos, el sentimiento de su personalidad y las tradiciones se habían refugiado únicamente en las clases rurales, los filólogos, los historiadores y los hombres de letras se dedicaron a un laborioso y lento trabajo de exhumación y de reconstrucción. Se inspiraron ya en las ideas de Herder sobre el origen primitivo de los pueblos eslavos, que su discípulo Meinert dio a conocer en la Universidad de Praga, ya en concepciones románticas contemporáneas sobre la formación de las naciones, y finalmente actuaron impulsados por la Revolución francesa, gran excitadora del sentimiento patriótico. La obra de los eruditos prepara en este caso el renacimiento intelectual, que debería conducir posteriormente al renacimiento político.

En Bohemia, el precursor de los estudios eslavos fue el abate Dobrovsky, quien supo, partiendo del análisis de la lengua, demostrar la estrecha afinidad de los pueblos eslavos. El romanticismo aportó a la generación siguiente el culto de la nacionalidad, término que J. Jungmann logró convertir en la divisa de las luchas posteriores en favor del derecho de la lengua y de la nación checa. En 1818 se creó en Praga el Museo Nacional, cuyo *Boletín,* redactado en checo, se convirtió en el principal foco de la erudición nacional; su primer bibliotecario, V. Hanka, aunque publicara varios poemas apócrifos, popularizó los estudios eslavos. El más importante eslavista de la época romántica fue P. J. Safarik, protestante eslovaco, que describió la nación eslava como piadosa, pacífica y trabajadora. También eslovaco y protestante, el poeta J. Kollar, en *La hija de Slava,* describió el calvario de sus hermanos de raza, oprimidos por los alemanes y por los húngaros y fundó, sobre la idea del enriquecimiento recíproco de los diversos elementos lingüísticos eslavos, su teoría de la reciprocidad literaria, manifiesto de paneslavismo intelectual. En cuanto al historiador Pálacky, realizó la demostración de que la historia nacional descansaba sobre la oposición de los checos y de los alemanes; fue el primero en definir los derechos históricos del reino de Bohemia. Sin embargo, en vísperas de la Revolución de 1848, el paneslavismo de Kollar era combatido por el periodista Havlicek, adversario del romanticismo, enemigo de la Rusia zarista, partidario de reformas democráticas, necesarias en el caso de los checos. Havlicek, admirador de O'Connell, desarrolló sus ideas en forma de programa a través de la *Gaceta de Praga.* Sin embargo, ninguno de esos escritores llegó a pedir la independencia. ¿Cómo se manifiesta, pues, en Bohemia la oposición política? En la Dieta, la dirige la aristocracia, alemana o checa, que desde el reinado de José II tropieza con las dificultades que plantea el absolutismo vienés. En 1847 una delegación de la referida Dieta acudió a exponer a Fernando I las reivindicaciones de los Estados. Pero en Praga, la burguesía, agrupada en los *Besedas,* se había convertido mientras tanto en el elemento preponderante: en su interior se podía distinguir un sector liberal y otro radical.

Los checos y los eslovacos instruidos utilizan la misma lengua literaria. Sin embargo, en 1845, el eslovaco L. Štúr, preocupado por defender mejor a su pueblo contra la magyarización que le amenazaba, aproximó a los elementos católicos y protestantes, conminándoles para que adoptaran como lengua escrita el dialecto popular de Eslovaquia Central: esto equivalía a operar el cisma lingüístico. Las reivindicaciones eslovacas no encuentran por otra parte el menor eco en Hungría. En 1847, la lengua húngara fue impuesta como lengua oficial a los eslovacos.

En cuanto a los eslavos del Sur, divididos entre católicos y ortodoxos, desprovistos de clases dirigentes evolucionadas, la emancipación espiritual se llevó a cabo mucho más lentamente. Sin embargo, la idea de una comunidad de lengua y de tradición, favorecida por la existencia de una Servia independiente y por la formación provisional de un Estado ilirio, revelada por el esloveno Kopitar y por el servio fronterizo Vuk Karadjitch, encontró su más activo representante en la persona de L. Gaj, educado en las universidades alemanas, discípulo y émulo de Kollar. En Zagreb, donde fijó su residencia, ayudado por el conde Draskovitch, adoptó como lengua «iliria» el dialecto de Ragusa, el estokaviano, y, posteriormente, en su *Gaceta nacional iliria* y en su *Danica,* se convirtió en el apóstol del ilirismo, es decir, de la unión de todos los eslavos del Sur. Sin embargo, no logró convencer a todos sus hermanos de raza; el propio Karadjitch, como patriota servio, no deseaba la formación de una única nación. Incluso en Croacia, el movimiento adoptó rápidamente un carácter antimagyar. En la Dieta de Zagreb, los croatas exigieron el uso de su lengua nacional. Tras haber apoyado al ilirismo, el gobierno de Viena tuvo que ceder a las presiones húngaras y llegar a prohibir la lengua y los emblemas ilirios. Por otra parte, existía en Zagreb un partido magyar que veía en las buenas relaciones con Pest la garantía de un futuro pacífico en Croacia.

Ciertamente, nada podía resultar más peligroso a la larga para la unidad del Imperio que esos movimientos nacionales, que enfrentaban entre sí a los pueblos que componían la monarquía: magyares y checos contra alemanes; servios, croatas y rumanos contra magyares. ¿Cuál era, frente a esta tendencia a la autonomía, la actitud del gobierno de Viena? Metternich se complacía en favorecer el despertar literario y también consideraba conveniente permitir a cada pueblo el uso de su lengua. En 1817 redactó una memoria en la que atacaba la centralización exagerada de las instituciones; pero no tuvo consecuencias prácticas, y hasta 1848 no hubo una visión global respecto a la política que debía seguirse en relación con las nacionalidades. Por otra parte, Metternich no se preocupaba de ello, pues entre las nacionalidades había las suficientes divisiones como para dificultar la adopción de decisiones; así, en el caso de la «república» de Galitzia, anexionada en 1846, Viena se apoyó en los campesinos tutenos contra la nobleza deseosa de reconstituir una Polonia independiente. Finalmente, la confianza en la vocación multinacional de Austria aún no se había resquebrajado; se estimaba que solo en el marco de la monarquía podían alcanzar su madurez las nacionalidades sometidas, y en particular, los pueblos eslavos; y esta no era solamente la opinión de los alemanes, cuando razonaban sobre los problemas de la *Mitteleuropa,* como Andrian, Werburg y Schuselka, sino también la de la elite intelectual del mundo eslavo, favorable al «austroeslavismo». Algunos de ellos iban incluso más lejos, y, como K. Moering en los *Libros sibilinos de Austria* (1848), se preocupaban porque Austria se convirtiera en la cabeza de puente de la germanicidad de los Balkanes, en el punto de partida de una nueva oleada colonizadora en los Balkanes. Tales ideas pertenecían a la herencia de List y habían sido desarrolladas en el *Augburger Allgemeine Zeitung* del librero de Stuttgart, J. G. Cotta. El recuerdo del papel que Austria desempeñó en la defensa de la Cristiandad, el sentimiento de que había constituido un baluarte contra la amenaza del paneslavismo, en resumen, la idea generalizada sobre su «misión», todo aquello estaba todavía demasiado vivo para que su existencia pudiera ni siquiera discutirse.

VII. LA RUSIA ZARISTA

En una Europa en plena transformación, la Rusia zarista continuaba siendo el elemento más estable, el Estado en el que el *Ancien Régime* se había mantenido de un modo más completo. Aunque el estatuto económico y social de Rusia estaba en plena evolución, debido al resquebrajamiento del sistema feudal, el régimen político no se modificó. El imperio de los zares continuaba apoyándose sobre los mismos principios: una tradición nacional que confiere a Rusia la misión de proteger a los pueblos eslavos, todavía sometidos al extranjero; una tradición religiosa que presenta al zar como el heredero del Imperio de Bizancio y como el defensor de la ortodoxia; una tradición autocrática que convierte a los *ukases* imperiales en la única forma de ley.

Mantenido con ciertas dificultades por Alejandro I, el régimen alcanzará su apogeo con Nicolás I (1825-1855). En 1848, Rusia aparece como el principal baluarte de la sociedad del *Ancien Régime*.

A raíz de las Guerras napoleónicas, Alejandro I atravesó una crisis mística y, bajo la influencia del príncipe Galitzin y de madame de Krüdener, que fueron quienes le inspiraron la idea de la Santa Alianza, se abrió a una especie de cristianismo internacional. Aunque no había abandonado sus ideales liberales, pues todavía pensaba en la emancipación de los siervos, idea que, por influencia de Adam Smith, penetraba cada vez más profundamente en la sociedad rusa, a la vez que había aplicado la reforma a las provincias bálticas; en 1818 inauguró la primera Dieta del reino de Polonia, evocando la posibilidad de extender a todo el Imperio un régimen constitucional, cuyas bases se encargó Novosiltsev de preparar. Pero se trataba solo de veleidades. Araktcheev, instrumento de la voluntad del zar y brutal organizador de colonias militares, hizo prevalecer un régimen policíaco al que Galitzin, ministro de Instrucción pública, sometió la censura y la vida universitaria. Tras el levantamiento de la Guardia en San Petersburgo (1820), del que barruntó algo en el Congreso de Troppau, Alejandro fue ganado por la reacción. La fortuna de Araktcheev alcanzó su punto álgido cuando logró exiliar a Galitzin, sospechoso de herejía.

Sin embargo, la reacción no logró impedir el desarrollo de las ideas liberales entre los mejores elementos de la *intelligentsia* noble, educados en el espíritu de la Revolución burguesa francesa, en las obras de Raditschev e impresionados por el espectáculo de la monarquía constitucional, tal como la habían visto funcionar en los grandes Estados occidentales. Muy pronto se formaron sociedades secretas, contra las cuales el zar, consciente de haber favorecido con anterioridad los errores liberales, no obró con excesiva severidad. Los más avanzados de esos aristócratas liberales pasaron de la desaprobación de la servidumbre a la idea de que la abolición del zarismo y la transformación revolucionaria de Rusia se habían convertido en una necesidad ineludible. Cuando, en 1821, la Liga del Bien Público pronunció su propia disolución, se constituyeron dos círculos secretos: la Sociedad del Norte, que tenía su sede en San Petersburgo, y la Sociedad del Sur, que tenía su sede en Tulchin, importante guarnición militar de Ucrania. La primera de estas sociedades estaba dirigida por Nikita Muraviov y aspiraba al establecimiento en Rusia de una monarquía constitucional de tipo parlamentario, con dos asambleas y un príncipe que reinara sin gobernar. Su programa preveía la supresión de la servidumbre, la igualdad de todos frente a la ley y la otorgación de las principales libertades; pero era socialmente conservadora y solo pensaba en otorgar a los campesinos dos deciatinas de tierra por hogar. La segunda sociedad, a la que el coronel Pestel le había proporcionado su doctrina en su *Realidad rusa,* se proponía no solamente la abolición de la servidumbre, sino también la división de todas las tierras cultivadas en dos categorías, una que sería entregada al Estado y la otra repartida entre los trabajadores. Enemigo convencido de la monarquía, soñaba con una vasta república rusa dotada de una constitución elaborada por una asamblea elegida y que se apoyaría en una amplia autonomía administrativa de las diversas regiones. La Polonia independiente debería continuar vinculada al Estado ruso, en su opinión, aunque solo por un simple lazo federal; en virtud de esas ideas nacionales logró atraerse a la Sociedad de los Eslavos Unidos, fundada por los hermanos

Borisov e influyente en Polonia y que tenía por objetivo agrupar a los eslavos en un vasto sistema federativo. Cualquiera que fuesen las divergencias entre estas diversas agrupaciones, los llamados «decembristas» formaban en 1825 una vasta organización, muchos de cuyos miembros pertenecían a los mandos superiores del ejército o de la marina, eran miembros de las familias más aristocráticas de Rusia o representaban a algunos de los terratenientes más ricos del Imperio; pero deseaban renunciar, en nombre de unos ideales de justicia, a la vida señorial que les había procurado un régimen basado en la autocracia y en la servidumbre. Los decembristas eran perfectamente conscientes del sacrificio que iban a realizar: el poeta Ryleev cantaba en uno de sus poemas en los que exaltaba la libertad y el sentimiento cívico: «Sabemos que la muerte espera a los primeros que se rebelen contra los opresores del pueblo». El elemento predominante entre los decembristas era un indiscutible ideal moral. No obstante, su debilidad radicaba en que, salvo muy raras excepciones, no intentaron establecer el menor contacto con las masas. Eran aristócratas revolucionarios. Y querían realizar la revolución mediante un golpe de Estado militar, cuya tradición seguía siendo bastante viva en Rusia. Durante todo un siglo, la Guardia no había hecho otra cosa sino elevar al trono a zares y emperatrices; ¿por qué no podía ahora provocar la caída del zarismo, apoyándose en los regimientos que siempre obedecían al más fuerte? Los decembristas no estaban del todo equivocados al pensar que no encontrarían ningún apoyo eficaz ni entre los campesinos ni entre la burguesía.

La muerte súbita de Alejandro I (diciembre de 1825) y el malestar de los medios gubernamentales tras la renuncia del príncipe heredero Constantino, hermano del zar fallecido, forzaron a los conjurados a precipitarse a la acción abierta. Los miembros de la Sociedad del Norte desencadenaron la insurrección en San Petersburgo el mismo día de la jura del nuevo zar, Nicolás I. Al llamamiento de los oficiales revolucionarios se sumaron más de 3.000 soldados en la plaza del Senado; tras una heroica resistencia, fueron dispersados a cañonazos. Pocos días después, un motín organizado por la Sociedad del Sur fue aplastado en Ucrania por las tropas gubernamentales. Tras un proceso pérfido y parcial, cinco decembristas, entre ellos Pestel y Ryleev, fueron ahorcados en julio de 1826; otros fueron condenados a trabajos forzados o deportados a Siberia. Numerosos soldados que habían tomado parte en la revuelta sufrieron castigos corporales, mientras que los oficiales fueron enviados a batallones disciplinarios, en el Cáucaso.

Aunque no carecía de formación política, Nicolás I, realista y metódico, se caracterizaba por sus convicciones intransigentes: el absolutismo constituía para él un dogma; sentía el deber de conservar las formas tradicionales del régimen y educar a sus súbditos en la «buena moral». «La revolución se encuentra en las puertas de Rusia –afirmó–, pero yo juro que jamás entrará mientras me quede un soplo de vida.» El decembrismo le condujo a una desconfianza persistente respecto a la aristocracia, a la que pretendió transformar en una casta de servidores del Estado. Cuando renovó al personal político, otorgó su confianza al general Benckendorff, jefe de la policía política, y creó una tercera sección en la Cancillería, asistida por un cuerpo de guardias, encargada de la policía del Estado y de la vigilancia de la opinión pública.

La insurrección del reino de Polonia en 1830 produciría el endurecimiento de la autocracia rusa. Polonia, dotada de una cierta autonomía, no tenía motivos de queja hacia su gobierno: Lubecki, ministro de Hacienda, había llevado a cabo una política económica notable. Pero la oposición se había forjado en el terreno liberal –extensión de los derechos de la Dieta– y en el planteamiento nacionalista –reivindicación de Lituania y de Ucrania–. En mayor o menor grado era rusófoba, lo mismo entre los «rojos» que entre los «blancos». La insurrección, preparada en la Academia Militar de Varsovia y provocada por el anuncio de la intervención de los ejércitos rusos en Bélgica, obligó al virrey Constantino a huir de Varsovia. Si el consejo administrativo, que garantizaba el poder y que nombró dictador al general Chlopicki, no deseaba la ruptura con Nicolás, no ocurría lo mismo con la mayoría de la Dieta, que proclamó derrocados a los Románov, y organizó un gobierno nacional en el que colaboraban el príncipe Adam Czartoryski y el republicano Lelewel. Pero la Dieta no supo ganarse, mediante reformas apropiadas, a las masas campesinas. Por otra parte, Europa no se movió. Tras algunos combates indecisos, cayó Varsovia (septiembre de 1831). De todos modos se le reconoció a Polonia un estatuto orgánico, que le dejaba su propio código de leyes, su lengua, su administración municipal, pero cuyas disposiciones liberales fueron violadas continuamente; el general Paskievitch implantó en el país un régimen de terror militar y de «rusificación» forzada. A partir de entonces es en la emigración donde continuará latiendo el corazón polaco: el poeta Adam Mickiewicz, cuyo naturalismo, inspirado a la vez por el romanticismo alemán y por la leyenda napoleónica, sabrá, en su *Libro de los peregrinos polacos,* conferirle al martirio de su pueblo un carácter mesiánico. De todos modos, no desaparecieron las diferencias entre los «moderados», que, en torno de Czartoryski, establecido en París, en el Palacete Lambert, mantenían la idea de una reanudación de la guerra, y los miembros de la Sociedad democrática, admiradores de Lelewel, según los cuales los polacos tan solo deben contar con sus propias fuerzas, darle a los campesinos la libertad y la tierra y confiar a un dictador la jefatura de la insurrección.

El carácter autocrático del régimen ruso se acusaba fuertemente. Se expresa, por ejemplo, en el *corpus* de las leyes rusas, balance de la legislación anterior establecido por Speranski y que convierte al absolutismo en un régimen legal. El desarrollo de la cancillería privada, que desposeyó al Consejo imperial y a los ministerios, sirvió solo para complicar los trabajos de la burocracia rusa: la burocracia asfixia al país, mientras el control del poder central sobre las administraciones provinciales se convierte en ilusorio y se desarrollan la prevaricación, el arbitrismo y la venalidad. El funcionario se encuentra entre la población y la autoridad: el papeleo administrativo carece, cada vez en mayor grado, de sentido de la realidad. La nobleza recibe numerosos privilegios, sin que, como contrapartida, el zar logre que se interese más activamente en sus asambleas y en la administración local. En el plano religioso, la autocracia impone la ortodoxia: en Polonia, la Iglesia católica se ve sometida a múltiples restricciones; en Lituania, la Iglesia unitaria fue asociada en 1839 a la confesión ortodoxa. El régimen extiende sus rigores a la vida intelectual. Inventor de la fórmula «ortodoxia, autocracia, nacionalismo», el ministro de Instrucción pública, Uvarov, desea, en la medida de lo posible, reservar el acceso a las universidades a la nobleza, restringir su autonomía y excluir las materias de enseñanza consideradas como peligrosas.

Pero esta política, que va contra las tendencias de la época, no puede impedir que se multipliquen los estudiantes pobres, ni que se constituya en la Universidad de Moscú un cuerpo de eminentes profesores. Igualmente, la censura no logra detener la divulgación de los escritos de Lermontov ni de Pushkin, ni el desarrollo de las revistas literarias, ni el eco suscitado por *Rusia en 1839,* de Custin. Así aparecen en los medios intelectuales corrientes de ideas nuevas, nutridas esencialmente por el sansimonismo y la filosofía alemana (Schelling, Hegel). Esta última era objeto de interminables discusiones en los círculos privados, el más célebre de los cuales fue el de Stankevich, en Moscú, de donde arrancó toda una escuela de sabios, profesores y escritores, como Bielinski y Bakunin. En el seno de esta nueva *intelligentsia* podía distinguirse entre eslavófilos y occidentalistas. Los primeros (Jomiakov, los hermanos Aksakov, Kirievski) se inspiraban en la Rusia anterior a Pedro el Grande, adornándola de temas románticos y vagamente idealistas; en Rusia (y en el resto del mundo eslavo, algo alterado, de todos modos, por las supersticiones germánicas, latinas y turcas) distinguían «un tipo nacional particular»: la vida pública y privada se apoyaban en la fe, mientras la civilización occidental estaba vinculada, desde su punto de vista, a la filosofía racionalista, al individualismo egoísta, al espíritu utilitario (burguesía) o a la revuelta social (proletariado). Los eslavófilos estimaban que el gobierno de Rusia se apoyaba en una comunidad de intereses, en el acuerdo de las clases elevadas e inferiores, en el sentimiento de una libertad interior, opuesta al constitucionalismo de las democracias modernas. Al catolicismo y al protestantismo, que habían agotado ya su entusiasmo religioso, oponían la fuerza autóctona de la Iglesia ortodoxa, basada en la fidelidad a las tradiciones cristianas auténticas y en la participación de todos sus miembros en la vida eclesiástica. En suma, repudiando en bloque todo el legado de Pedro I el Grande y las reformas realizadas bajo el signo de la burocracia ilustrada, los eslavófilos eran conservadores, aunque preconizaban un «socialismo» de acuerdo con las «fuerzas rusas tradicionales» del colectivismo agrario. A los eslavófilos se oponían los occidentalistas, que, por el contrario, estimaban que Rusia debería seguir el mismo camino de los países burgueses de Europa occidental y consideraban como ideal político lo realizado en las monarquías parlamentarias de Inglaterra y de Francia. Entre ellos, el crítico Bielinski, más preocupado por los problemas éticos y políticos que por los estéticos, pasa sucesivamente del idealismo al hegelianismo, y posteriormente, al individualismo revolucionario. Más sensible al despertar religioso de su tiempo, Chaadaiev estimaba que la occidentalización deseable de Rusia exigía de su parte la renuncia a la ortodoxia: desde su punto de vista, tan solo la Iglesia romana podía renovarla y unirla de nuevo a la cultura europea. Es decir, que bajo los términos de eslavofilia y de occidentalismo se disimulaban tendencias en realidad muy distintas. No obstante, todos sienten una profunda necesidad de cambio y todos coinciden en la necesidad de resolver el problema de la servidumbre, que dentro de poco se convertirá en el blanco de una célebre requisitoria de Turguénev en la revista *El contemporáneo*. Combinando los puntos de vista de los dos partidos, A. Herzen sugiere que Rusia, en virtud del régimen del *mir*, está predestinada al socialismo. Sus ideas, como también las de Bielinski, ejercieron una gran influencia sobre el círculo revolucionario de Petrashevski, fundado en San Petersburgo en 1845, donde se podía notar una mezcla característica de individualismo extremo, de colectivismo utópico al estilo de Fourier y de concepciones materialistas: eslabón intermedio entre la generación de los decembristas y la de los nihilistas del reinado de Alejandro II. El grupo de Petrashevski sería descubierto por la policía y detenidos todos sus miembros en 1849; su reputación europea deriva de la presencia en sus filas del joven Dostoievski, indultado en el último momento, cuando estaba a punto de consumarse su ejecución.

La dura represión que se abatió sobre el círculo Petrashevski pudo parecer a todo el mundo totalmente desproporcionada con su importancia. De todos modos, servía para ilustrar que, veinticinco años después de la represión del movimiento decembrista, el Imperio de los zares no era totalmente impermeable a las «ideas peligrosas». De todos modos, cuando se desarrolló en Europa el movimiento revolucionario de 1848, la Rusia de Nicolás I aparecerá como el principal baluarte europeo de la idea monárquica. Hasta la Guerra de Crimea, que mostrará los desconchones y fisuras del edificio, el Imperio ruso aparece como un coloso amenazador, como una barrera insuperable para los ideales liberales y democráticos. El historiador Granovski, uno de los jefes del movimiento occidentalista, escribía en 1849: «Incluso los más fuertes se ven presos de la desesperación y miran con indiferencia el triste espectáculo. Tan solo a los muertos se les puede considerar como afortunados. ¡Si se pudiera aniquilar esta realidad insoportable!». Toda una generación se asfixiaba bajo un régimen de arbitrariedad y servidumbre: «Rusia no es más que una pirámide viviente de crímenes, concusiones y abusos, llena de espías, de policías, de gobernadores canallas, de jueces borrachos y de aristócratas perezosos: a todos les une el común deseo de robo y de pillaje, apoyados en seiscientos mil autómatas armados de bayonetas».

VIII. LA IGLESIA ANTE EL MUNDO MODERNO

¿Cuál será la actitud de la Iglesia católica frente a las fuerzas ascendentes del liberalismo? ¿Continuará estando, como Metternich y la inmensa literatura surgida del romanticismo han dejado entrever, apegada a las ideas de la Restauración y actuando como un fiel apoyo del trono y del absolutismo? ¿O estimará preferible establecer, con el fin de conservar su autoridad moral, compromisos con el mundo moderno? En realidad, salvo durante un breve periodo del pontificado de Pío VII, en el que el cardenal Consalvi mostró su firme voluntad de tener en cuenta las transformaciones que se habían operado en la opinión y en las instituciones desde 1789, el papado no tomó iniciativas al respecto; en particular, durante el pontificado de Gregorio XVI se mostró sensiblemente preocupada por causar molestia alguna a los soberanos absolutistas. Pese a ello, al margen del papado, gracias a la acción de un determinado número de laicos y de una fracción del clero, surgieron las primeras tentativas, frecuentemente desautorizadas por la jerarquía, de adaptar la Iglesia a las exigencias de una sociedad y de unas instituciones en plena evolución. En la época en que comienza el periodo revolucionario de 1848 los católicos habían manifestado ya su voluntad de emanciparse de la tutela del Estado, y habían sabido utilizar la palabra prestigiosa de libertad para reivindicar la posibilidad de ejercer a través de la prensa, de la enseñanza y mediante acciones caritativas el papel que el cristianismo exige de sus fieles en la sociedad moderna.

En un ambiente de intensa veneración, Pío VII retoma posesión en Roma del solio pontificio. La baza más importante del papado en la obra de la restauración que va a emprender es la propia persona del papa, su bondad infinita, su desprendimiento total, el perdón que en él era natural por las injurias recibidas: jamás querrá olvidar, ni siquiera en los peores momentos de la persecución, los servicios de Napoleón a la religión, y después de 1815 será el único que mostrará piedad por el emperador exiliado, el único que tratará de dulcificar su suerte y que acogerá en Roma a toda la familia Bonaparte. El papa sabe mostrar una intransigencia absoluta en las cuestiones relativas a la fe, pero es un espíritu conciliador, dispuesto a realizar concesiones en el momento oportuno. Dejando a Consalvi, su secretario de Estado, notable administrador, la tarea de reorganizar los Estados pontificios, él mismo se dedica a la reconstrucción de la Iglesia: como benedictino, preconiza el culto de los santos y reorganiza la vida monástica; a partir de 1814 queda restablecida la Compañía de Jesús. Preocupado por defender a los espíritus contra los progresos de la irreligión, condena en 1820 las sociedades secretas. Pero esta exaltación del fervor religioso no se ve acompañada por signos de intolerancia: el papa anula los decretos de la Inquisición contra los judíos, así como contra determinados herejes.

La obra esencial de Pío VII y de Consalvi consistió en la restauración de las Iglesias nacionales, ayudados por la Congregación de Asuntos Eclesiásticos Extraordinarios. El objetivo perseguido era quebrar las tradiciones josefinistas y galicanas, todavía muy influyentes en las cortes europeas, incluso cuando estas se declaran partidarias de la alianza del trono y del altar. Si el concordato napolitano de 1818 confiere a la Iglesia, con la supresión del *placet,* notables ventajas en Roma y significa la ruina del antiguo cesaropapismo, el papa tiene que reconocer que en Austria –a pesar del emperador, que vino a Roma en 1817, y a pesar de las disposiciones particulares de Metternich, que se inclina a ver en la Iglesia el mejor soporte del orden– la administración josefinista en modo alguno estaba dispuesta a renunciar al principio de la Iglesia de Estado: tan solo hubo, por ello, concesiones de detalle, como la cesión al episcopado de la enseñanza teológica y de las escuelas primarias. En Alemania, cuya Iglesia se había visto profundamente afectada por el movimiento secularizador, Roma se apoyó en el movimiento de los «confederados de Eichstätt», grupo muy influyente de eclesiásticos ultramontanos, y posteriormente en las simpatías del gobierno bávaro. Contra Wessenberg, quien después de haber intentado introducir en la diócesis de Constanza las máximas del *Aufklärung,* militaba a favor de una Iglesia lo más independiente posible de Roma, Pío VII logró hacer triunfar el principio de los concordatos separados con cada uno de los Estados alemanes; pudo firmarse así, en 1817, el concordato con Baviera, que hubo que proteger contra la vuelta ofensiva de la burocracia de Múnich (publicación del concordato en el marco de la constitución de 1818) y que no obtuvo plenitud de efecto hasta la declaración de Tegernsee en 1821. Y del mismo modo se estableció también, por la bula *De salute animarum,* el estatuto de la Iglesia de Prusia, y quedó reorganizada la provincia eclesiástica del Rhin superior por la bula de circunscripción *Provida solersque* (1821): decisiones que, a pesar de restituir a los fieles sus pastores y sus jerarquías, no lograron resguardar a la Iglesia de la amenaza josefinista. Finalmente, en Francia no fue posible restablecer el estatuto anterior a la Revolución, cuestión estudiada con motivo de la negociación del concordato de 1817. Ante la oposición galicana, el rey no osó presentar el proyecto ante las Cámaras, por lo que hubo que atenerse al concordato de 1801, y se establecieron ochenta diócesis. Por muy imperfecta que fuera dicha obra, favoreció indudablemente el despertar de los sentimientos ultramontanos, así como la convicción de que únicamente la Iglesia podía oponerse con éxito a las fuerzas destructoras del pensamiento moderno.

No obstante, la obra política de Pío VII había sido condenada, incluso en Roma, por todo un partido de cardenales –los *zelanti*– que pretendían mostrarse intransigentes respecto a los derechos de la Iglesia e inflexibles respecto a las pretensiones de los gobiernos. Reprochaban a Consalvi el haberse mostrado demasiado conciliador frente a los laicos y se manifestaban estrechamente conservadores en el plano constitucional. Los *zelanti* fueron quienes aseguraron la elección de León XII (1823-1829), quien supo, no obstante, escapar progresivamente a su influencia en el plano diplomático, pero cuya encíclica sobre el indiferentismo religioso (1824) anuncia las futuras condenaciones del liberalismo. Pío VIII (1829-1830) no tuvo tiempo de hacer prevalecer sus directrices, favorables a los Estados absolutistas, cuyo hundimiento pudo comprobar, impotente para atajarlo. Pero con Gregorio XVI (1831-1846) comienza un pontificado combativo. Este benedictino de Saint-Maur, autor de una obra, *Triunfo de la Iglesia y de la Santa Sede* (1799), que anunciaba la necesaria proclamación del dogma de la infabilidad pontificia, ejemplo de papa religioso, no carente, por otra parte, de cultura y de apertura hacia el mundo, poseía un carácter inflexible y tenaz, imbuido por las concepciones de los grandes papas de la Edad Media, y se mostraba absolutamente opuesto al mundo moderno. Cuando fue elegido, proclamó que era necesario, «ante los intentos de arruinar al cristianismo, ante la persecución y la injusticia contra la Santa Sede, que todos trabajen en común, noche y día, para defender contra los impíos la religión salvadora, para defender contra los lobos el rebaño de Cristo». Aconsejado por Bernetti, secretario de Estado, y posteriormente por Lambruschini, se presentó como censor severo de las innovaciones teológicas. En 1835 hizo pública una condena contra el teólogo de Bonn, Hermes, que basaba en la duda su investigación teológica y, utilizando la dialéctica de Kant, admitía que la razón humana constituía la norma de los conocimientos sobrenaturales; por la misma época vigila estrechamente la enseñanza del francés Bautain, profesor de la Universidad de Estrasburgo, que mostraba tendencia a humillar excesivamente la razón humana ante la fe, pero cuya actitud sumisa le ahorró la condena de la Curia romana. A esas doctrinas el papa opone la teología tradicional, de bases escolásticas, tal como era enseñada en el Colegio romano. El papa ve el origen del mal en la acción de las sociedades secretas y encomienda la denuncia de sus actividades perjudiciales al escritor francés Crétineau-Joly. En su política, Gregorio XVI parece preocuparse principalmente por mantener buenas relaciones con los Estados absolutistas; por eso creyó oportuno condenar en 1832 la insurrección polaca, y tendrán que transcurrir diez años para que formule una protesta contra los procedimientos del gobierno ruso. Del mismo modo, los esfuerzos de emancipación de los católicos irlandeses se desarrollaron al margen de su aprobación. En resumen, incapaz de adaptarse a la evolución de su tiempo, manifestó en el plano doctrinal y en el plano político una actitud autoritaria y conservadora que no le permitió resolver los problemas que por entonces se le planteaban a la Iglesia. Las debilidades de esa última fueron denunciadas sin miramientos por el abate italiano Rosmini en *Las cinco llagas de la Iglesia,* libro escrito en 1838, pero que solo se publicó en 1847, después de la muerte de Gregorio XVI.

En tales circunstancias, los intentos de reconciliar a la Iglesia con la sociedad moderna se iniciaron al margen del papado y gracias a determinados laicos o eclesiásticos progresistas. «Tan solo me volveré incrédulo –escribió Chateaubriand en una reedición del *Ensayo sobre las Revoluciones*– cuando me demuestren que el cristianismo es incompatible con la libertad.» Esta lucha, dirigida en condiciones muy diversas en Francia, en los Estados germánicos y en Inglaterra, otorgó al catolicismo una fisonomía totalmente distinta hacia 1848 respecto a la que tenía en 1815.

La alianza del trono y del altar provocó en Francia, a partir de 1820, reacciones muy vivas. Lamennais entró en liza como campeón de la autoridad en la Iglesia y en la sociedad condenando la pretendida libertad de opinión; de ahí provenía su llamativa adhesión a la infabilidad pontificia. Ahora bien, a partir de 1825, se dibuja en su trayectoria una evolución que rápidamente le lleva a la asunción de posiciones radicalmente diferentes. La experiencia le ha enseñado que los católicos ya no tenían nada que esperar de una monarquía aferrada a tradiciones de otra época, sino que tenían que apostar con audacia a favor del liberalismo, cuya victoria se anunciaba como ineluctable. En su obra *La religión considerada en sus relaciones con el orden político y civil,* y posteriormente en otros folletos, Lamennais se lanza a un ataque a fondo contra una monarquía que oprime a la religión, con la complicidad del episcopado nacional. Su aversión se centra en las pretendidas «libertades galicanas» que permiten encadenar y aminorar la actividad de la Iglesia. Al comprobar, en cambio, que existe un gran número de liberales dispuestos a dar a la Iglesia la libertad que desea, con la condición de que se pronuncie sin equívocos contra las fuerzas del pasado, concluye que «la unión del catolicismo y del liberalismo es el verdadero medio para restablecer la sociedad sobre bases verdaderas». Ahora bien, a la vez que Lamennais llega a esas conclusiones, a la luz de las realidades francesas, los católicos belgas, cuyo ultramontanismo tradicional garantizaba la más irreprochable ortodoxia religiosa, no vacilan en concluir un pacto táctico con sus compatriotas liberales, claramente anticlericales, sobre la base de un reconocimiento recíproco de las libertades que garantizan los derechos de cada corriente; así aparece el «unionismo», en cuya formación Lamennais no tomó parte alguna, pero al que, tomando a Bélgica como terreno de experimentación, iba a conceder un valor universal: «Los belgas –escribió por entonces– dan en este momento un gran ejemplo al mundo, y a Francia en particular». Desde esta época, Lamennais ejerce sobre el clero joven un ascendente irresistible.

Ahora bien, la crisis de 1830 confirma el temor de Lamennais de ver que el triunfo del liberalismo, irritado por la obstinación de esos «necios de casta denominados monárquicos», se vuelve en Francia contra el catolicismo, mientras, por el contrario, en Bélgica y también en Polonia y en Irlanda, las causas de la libertad y de la religión aparecen indisolublemente unidas. En estas condiciones Lamennais decidió, junto con un reducido grupo de discípulos, compuesto por los abates Gerbet y Lacordaire y por publicistas laicos, como De Coux, el barón de Eckstein y después el conde de Montalembert, lanzar *L'Avenir,* bajo el lema de «Dios y la libertad», tribuna en que se reclamaban las libertades fundamentales: libertad de religión (supresión del presupuesto de cultos), de enseñanza, de prensa y de asociación, así como el derecho a rebelarse de los pueblos oprimidos. Sin indulgencia hacia el gobierno surgido de la Revolución de 1830, *L'Avenir* puso muy pronto sus esperanzas en el advenimiento de una república. Aún más, Lamennais y sus amigos sentaron las bases de una vasta asociación de católicos franceses al crear la Agencia general para la libertad religiosa; y en marzo de 1831 inauguraron en París una escuela libre y gratuita, que suscitó un proceso sensacional por violación de las leyes existentes, el comparecimiento de Montalembert ante la Cámara de los pares y la posibilidad de una extensa propaganda. Sin embargo, el catolicismo liberal era objeto de constantes ataques procedentes del episcopado francés, de los jesuitas y de la diplomacia vienesa; fueron precisamente estas dificultades crecientes que acosaban al periódico las que decidieron a Lamennais, acompañado de Lacordaire y de Montalembert, a emprender un viaje a Roma. ¿Cómo podían creer que lograrían convencer a un pontífice preocupado por cerrar el camino a las ideas revolucionarias en el preciso momento en que los estragos producidos por aquellas se manifestaban en el corazón mismo de los Estados pontificios? Tras inútiles gestiones, los peregrinos partieron para Múnich, donde tenían numerosos amigos, y allí conocieron la encíclica *Mirari vos,* que, sin designarlos nominalmente, condenaba el «indiferentismo» con todas sus consecuencias; entre otras, las libertades de prensa, de conciencia y de culto, así como todas las doctrinas que tendían a debilitar la fidelidad y la sumisión de los súbditos en relación con sus príncipes, y a defender la rebelión contra ellos. Se ha dicho que, al redactar dicha encíclica, el papa había actuado en un contexto puramente religioso y en cumplimiento estricto de su labor pastoral; pero, en realidad, la encíclica era el resultado de las insistentes presiones de Metternich.

Pese a su aparente sumisión, Lamennais estimó que la carta del papa en modo alguno tenía un carácter dogmático y que, por tanto, podía continuar manteniendo sus opiniones. Y se enfrascó en la redacción de *Palabras de un creyente* (1834), reflexiones apocalípticas sobre los destinos de la religión y de la sociedad que le valieron una condena sin paliativos en la encíclica *Singulari vos,* tras la que se apartó de la Iglesia. A partir de entonces, Lamennais se orientó hacia un «demoteísmo» republicano y socialista. Pero sus compañeros, que se sometieron a la condena, contribuyeron ampliamente al renacimiento religioso en Francia y lograron plantear numerosos problemas ya esbozados o intuidos por *L'Avenir,* con el mismo espíritu. Cada uno de ellos en su propio terreno consiguió hacer fructificar las semillas esparcidas por Lamennais. Ahora bien, en esta acción los católicos liberales tomaron como ejemplo a la Iglesia de Bélgica, que, gracias a la constitución de febrero de 1831, bajo el signo de la separación teórica de la Iglesia y del Estado, había obtenido inmensas ventajas materiales, aunque conservando una total independencia respecto al poder. Este sistema, hacia el cual, debido a su inspiración claramente liberal, Gregorio XVI mantuvo siempre una insalvable desconfianza (aunque no llegara a condenarlo en la encíclica *Mirari vos*), funcionó a la perfección, gracias al arzobispo de Malinas, monseñor Sterck, que contó con el apoyo decidido de los católicos «unionistas».

Podemos examinar, en primer lugar, la labor de este grupo de católicos franceses en el plano espiritual, en el que tuvieron que enfrentarse con una irreligiosidad creciente (en París tan solo existían 50.000 católicos practicantes), e incluso en las esferas intelectuales, prácticamente descristianizadas. A partir de 1835, Lacordaire inauguró las Conferencias de Notre Dame, que le permitieron propagar algunas ideas caras a los católicos liberales y que prosiguió a partir de 1837 el padre Ravignan; gracias a ellas, el público cultivado dejó de considerar la religión romana como un amasijo de supersticiones para gentes incultas. Aún más, la misma vida religiosa, debido al declive de las tradiciones galicanas, se vio profundamente transformada: el abate Guéranger, discípulo de Lamennais, dirigió una campaña contra la pluralidad de las liturgias; en

1833 restauró la abadía benedictina de Solesmes y sentó las bases de una renovación litúrgica, que será uno de los rasgos esenciales del catolicismo contemporáneo. Cuando Lacordaire, en 1841, restableció en Francia la Orden de los Dominicos, no pidió autorización al gobierno, sin que tampoco ignorara, por otra parte, las reservas que su iniciativa despertaba en los prelados galicanos. Nuevas devociones, como las de la Virgen, cuyas apariciones en La Salette (1846) atestiguan ya un nuevo fervor, tienden a darle a la sensibilidad religiosa del siglo una mayor expansión.

En segundo lugar, lo concerniente al plano social. Antes de 1830 ya existía un catolicismo social, y algunos ultras habían insistido sobre los deberes de los ricos en relación con las clases inferiores. Algunos legitimistas, como Villeneuve-Bargemont, trataron de definir una economía política cristiana. Menos dogmático, pero dotado de una inagotable caridad, Armand de Melun fundó, ya en 1846, la Sociedad de Economía Cristiana, y en los *Annales de la Charité,* que dirigía desde 1844, propugnó la formación de sociedades de socorros mutuos y de educación popular dirigidas por católicos, sacerdotes o laicos. Las clases populares, con su instintiva desconfianza hacia ese paternalismo, se sintieron más fuertemente atraídas por el socialismo crisitano de Buchez y de su escuela. Pero entre ambas corrientes se sitúan algunos católicos liberales que muestran tendencias sociales. El mejor ejemplo es el del lionés F. Ozanam, estudiante y más tarde profesor de la Sorbona, que en 1833 sentó las bases de la Sociedad de San Vicente de Paul. En 1848 existían ya en Francia 282 conferencias, en las que participaban entre 8.000 y 10.000 miembros activos; en el extranjero, en esa misma fecha, se habían fundado ya unas 106. En el pensamiento de su fundador, esta obra de caridad, fundamentalmente dedicada a visitar a domicilio a los pobres, fue concebida no tanto como remedio a la miseria, sino como un medio que permitía a las clases privilegiadas sondear las causas de la miseria pública y elaborar «la ciencia de las reformas benefactoras».

Por último, hay que señalar su defensa de la libertad de la enseñanza. De 1842 a 1846 tienen lugar los episodios más espectaculares de un conflicto que oponía a los adversarios y a los defensores del monopolio universitario. Los primeros pedían la extensión a la enseñanza secundaria del régimen liberal que la ley Guizot de 1833 había otorgado a la enseñanza primaria: bajo un régimen censitario, que confiaba la dirección del país a una oligarquía burguesa formada en los liceos, la posibilidad de abrir libremente colegios secundarios era considerada por el clero y los católicos laicos, que habían emprendido una vasta campaña de reconquista de la sociedad secularizada, como arma esencial. En realidad, el gobierno de Luis Felipe, preocupado desde 1835 por mejorar sus relaciones con la Iglesia, toleraba importantes infracciones del monopolio universitario. Pero el proyecto del ministro Vuillemin de 1841, menos liberal, por otra parte, que el previsto por Guizot en 1836, se enfrentó con las inquietudes de los universitarios y de los parlamentarios anticlericales, lo que provocó reacciones muy violentas del episcopado y ataques en las pastorales episcopales contra la universidad, «esa sentina de todos los vicios», «vasto receptáculo de todas las herejías y de todos los errores, de todos los sofismas y de todas las mentiras». Con la intervención de escritores como el padre Deschamps, y de otros sacerdotes tan distinguidos como el padre Combalot, la polémica adopta un tono cada vez más violento y personal. *L'Univers,* de L. Veuillot, se convierte en el especialista de esas denuncias. La participación de algunos miembros de la Compañía de Jesús en los ataques contra la Universidad hizo que Michelet publicara su *Jesuitas,* «libro que no ataca tanto a un partido religioso como a la religión e incluso a Cristo, y plagado de errores y de blasfemias». Esta obra contribuyó a hacer la situación más explosiva y obligó al gobierno a pedir a Roma la clausura de las casas y de los noviciados que poseía la Compañía de Jesús en Francia. Comprendiendo que la violencia perjudicaba la causa de la libertad, Montalembert y sus amigos decidieron plantear el debate en el terreno de los principios y de la libertad; en 1845 logran constituir el «Comité para la defensa de la libertad religiosa», organizan peticiones e intervienen en las elecciones de 1846, conquistando 140 escaños para diputados favorables a su causa. Todo parece indicar que se acerca la constitución de un gran partido católico, al que Montalembert, recuperando el tono de *L'Avenir* de antaño, pronostica una victoria próxima. Pero, para ser exactos, todavía se estaba muy lejos de ello: Gregorio XVI no estaba dispuesto a sacrificar sus buenas relaciones con el gobierno de Luis Felipe por esos «exaltados». Por eso, el proyecto presentado por el ministro de Instrucción pública, Salvandy, en 1847, que abrió el camino a la obra posterior de Falloux, no fue siquiera discutido. A pesar de todo, la lucha por la libertad de enseñanza había permitido una amplia toma de conciencia sobre los intereses católicos[1].

No cabe la menor duda de que, frente a las predicciones de algunos librepensadores, el catolicismo acentuó bajo la Monarquía de Julio su influencia sobre la vida nacional. Este renacimiento se vio favorecido por el gobierno que, consciente de la ayuda que le había proporcionado la religión contra las ideas subversivas, aumentó desde 1836 el presupuesto de culto y eligió a obispos de valor, frecuentemente de origen burgués, preocupados por la administración de sus diócesis, deseosos de no identificar la Iglesia con cualquier régimen, y que, en muchas ocasiones (así, el cardenal De Bonald en Lyon sobre el tema del *placet* real, o incluso monseñor Affre, arzobispo de París), manifestaron su firme voluntad de independencia. «Un nuevo clero se está formando», observó monseñor Parisis, obispo de Langres, muy comprometido él mismo en la cuestión de la libertad de enseñanza, «que nada tiene que ver con las revoluciones, pero que acepta sin amargura y sin hacer comparaciones, los hechos consumados, tal vez porque comprende mejor el estado social actual; pero que también, y precisamente por ello, siente más vivamente la necesidad de la plena libertad de su ministerio». Este renacimiento, sin embargo, tan solo afectó a una pequeña elite; únicamente era conocido por las clases dirigentes. Y en el propio clero, la oposición, muy fuerte, entre el episcopado y una fracción de clero bajo, desplazado arbitrariamente por sus superiores jerárquicos, mantuvo vivo un espíritu de malestar, como demuestran las publicaciones de los hermanos Allignol y del abate Clavel.

La situación estaba más avanzada en Alemania, donde la Iglesia católica había sentado ya las bases de su emancipación del Estado.

La vida religiosa, desde las dos primeras décadas del siglo, se mantuvo en pleno desarrollo en Alemania. En torno a Münster, en Wetsfalia, con la princesa Galitzin, Fürstenberg y Overberg, de Maguncia, con los prelados Liebermann y Raess, y en Landshut con Sailer, se constituyeron varios centros de intensa religiosidad. En particular Sailer –quien ha sido llamado el «San Francisco de

---

[1] Véase L. Trénard, *Salvandy et son temps* (1968).

Sales alemán»–, hizo retroceder, a través de sus libros, de sus sermones, de las amistades que supo crear en torno a su persona, a la religión desecada de la época anterior, que padecía la anemia provocada por una teología medio incrédula: «Atrás –escribió– esos reformadores que esperaban la salvación del mundo cuando transformaron a los sacerdotes en preceptores de virtud, la predicación en lecciones de moral, la Iglesia en una sala de conferencias y el caticismo en un registro de virtudes». Ciertamente, se le reprochó a Sailer que en su enseñanza concediera un lugar excesivo al corazón y que arrastrara a algunos de sus discípulos hacia un misticismo dudoso y exaltado, lo que le supuso levantar sospechas en Roma y soportar una larga espera antes de alcanzar la dignidad episcopal; a pesar de todo, hay que reconocer que supo insuflar a la Iglesia de Baviera un nuevo espíritu. Sailer, haciendo uso de su influencia personal sobre el rey Luis I de Baviera, contribuyó a trasladar de Landshut a Múnich la universidad bávara, que se convirtió, bajo la dirección del rector Ringseis, el médico del rey, en uno de los grandes focos de la cultura católica, gracias a la colaboración de profesores ilustres, como Görres, que enseriaba allí «de forma titánica» la historia y la mística, o Baader, cuya filosofía se orientaba hacia una interpretación teosófica del universo y estaba nutrida de una vasta cultura esotérica, o el joven Döllinger, que se entregó por entonces a la patrística y cuyo ultramontanismo militante todavía no permitía presagiar las audacias a que llegó en su edad madura. Aunque en los escritos de los maestros de Múnich reinaba una cierta confusión, esta no fue obstáculo para que ejercieran una influencia importante, incluso en el extranjero, como testimonian los recuerdos de Montalembert y de Wiseman, que les frecuentaron. Finalmente, la escuela de teología de Tubinga, con Drey y Moehler, redactores de la *Theologische Quartalschrift,* intentó mostrar, en un lenguaje romántico, la unidad espiritual y orgánica de la Iglesia, restaurando la idea de comunidad viva y de continuidad doctrinal. Algunos historiadores vieron en esos intentos una prefiguración del modernismo; en realidad, se trata más bien de un esfuerzo para darle al concepto de revelación su pleno valor. Según Moehler, la doctrina, como también la fe, no son una cosa muerta, fijada en una fórmula *ne varietur;* es el efecto perpetuo, en el seno de la Iglesia, para traducir intelectualmente la vida de la fe; el dogma es una creación permanente del Espíritu en la

Iglesia, organismo vivo, encarnación del Hijo de Dios; y la herejía no es más que la obra de especulativos que hacen abstracción de la vida mística, de individuos que se separan del todo, de retrógrados que continúan anclados en la Iglesia estática de los primeros siglos, mientras que la Iglesia es vida interior y unión íntima de lo divino y de lo humano.

Ahora bien, la nueva fe soportó difícilmente la ingerencia del Estado e intentó, utilizando las armas que le proporcionaban los concordatos, revisar la legislación josefinista. La cuestión principal en la historia de la emancipación de la Iglesia alemana fue la cuestión de los matrimonios mixtos. A pesar del breve pontificio de marzo de 1830, el episcopado de Prusia se había mostrado singularmente complaciente con relación al gobierno; e incluso el arzobispo de Colonia, monseñor Spiegel, se había comprometido, por el acuerdo de 1834, a no exigir promesa alguna a los padres en relación con la religión en que deberían ser educados sus hijos. Ahora bien, esta situación evolucionó bruscamente cuando ocupó la sede de Colonia monseñor von Droste-Vischering, prelado anciano, obstinado y de gran pureza doctrinal, que había sido formado en el círculo de Münster y que se mostró decidido a aplicar en esta materia el derecho canónico con todo su rigor. El mismo rigor manifestó en su hostilidad frente al teólogo Hermes, cuyas ideas, expandidas desde Bonn, influían en su diócesis. El gobierno prusiano, estimando que se había roto la palabra empeñada, cometió entonces el error de detenerle, y con él al arzobispo de Posen, monseñor Dunin, que había adoptado una actitud similar (1837). Toda esta cuestión despertó una intensa conmoción en Alemania, así como un violento movimiento de protestas, cuya expresión más elocuente fue el *Athanasius,* de Görres. Al ocupar, en aquel momento, el trono Federico Guillermo IV, creyó preferible dar marcha atrás, negoció con el papa el nombramiento de un nuevo arzobispo para Colonia y creó en el Ministerio de Cultos un departamento católico.

La cuestión de Colonia dejó bien sentado que los católicos ahora estaban decididos a escapar a la tutela del Estado. Al obligar al gobierno de Berlín a ceder, lograron garantizar a la Iglesia la independencia que hasta entonces les había arrebatado la burocracia protestante en Alemania y la legislación josefinista en Austria. Al reconciliarse con Roma, y al autoproclamarse ultramontanos, manifestaban claramente su voluntad de determinar por sí mismos la organización de la vida religiosa. Los años cuarenta están caracterizados por el desarrollo de las tendencias romanas que preconizaron monseñor Geissel en Colonia y monseñor Reisach en Múnich, y que se vieron acompañadas por el renacimiento de los estudios tomistas, por el incremento de la acción de los jesuitas, por la aparición de una ortodoxia que sospechaba de todo y que no dudó, en el caso del converso F. Hurter, en recurrir a la denuncia ante el Tribunal de Roma. La Iglesia, por otro lado, trataba de extender su influencia sobre las masas: mediante procesiones, fiestas y misiones, se abrió paso hacia la superstición popular, intentando de este modo granjearse el amor de las masas y alejarlas de las ideas subversivas. Conviene subrayar que este despertar del catolicismo no se realizó, como en Bélgica o como en Francia, bajo el signo del liberalismo; el catolicismo continúa en Alemania apegado hasta una fecha muy tardía a las ideas políticas y sociales del romanticismo; la acogida dispensada a las ideas lamennesianas sobre la separación de la Iglesia y del Estado fue muy escasa. En el *Athanasius,* Görres se pronunció a favor de una monarquía cristiana, en la que la Iglesia, libre en materia de disciplina y de enseñanza, impregnara la legislación con su moral y sus preceptos. A partir de 1838, comienzan a publicarse en Múnich las *Historisch-politische Blätter,* que, bajo la dirección del hijo de Görres, Guido, quedan abiertas a las directrices de dos nuevos conversos, C. E. Jarcke, miembro de la cancillería austriaca, y G. Phillips, profesor de la Universidad de Múnich. Doctrinarios ambos, en el sentido con que se entiende este término bajo la Restauración, convencidos, por influencia del filósofo E. von Lassaulx, amigo de ambos, de que vivían en un período de decadencia, pesimistas en cuanto al futuro de la civilización occidental, afectados por la sed de emancipación y por el materialismo de la época, atribuyeron esta triste evolución primero a la Reforma, que rompió la unidad de la Iglesia, y luego a la filosofía de las luces, que condujo a la Revolución francesa. Frente al Estado absolutista o liberal, que desconoce los lazos entre los hombres, defendieron el Estado germánico y cristiano, basado en la jerarquía, la fidelidad y la obediencia, y los *Blätter* incluso llegaron a recriminar a los irlandeses y a los belgas el haber basado su lucha por la independencia en reivindicaciones democráticas.

Sin embargo, los católicos alemanes no podían mantener a largo plazo una actitud totalmente negativa frente al liberalismo ni continuar ignorando la infraestructura económica y social que le servía de plataforma para conquistar el Estado. En Renania, región comercial e industrial, donde el catolicismo no excluyó en modo alguno un apego razonado a las instituciones heredadas de la Francia revolucionaria e imperial, fue donde se concibió la necesidad de revisar la actitud religiosa ante los problemas constitucionales. En 1847, un jurista de Colonia, Peter Reichensperger, que, consternado por la cuestión de Colonia, incluso llegó a proporcionarle a un amigo francés, G. de Failly, los materiales para una requisitoria contra el gobierno prusiano, pero al que la actitud conciliadora de Federico Guillermo IV recondujo a actitudes más conciliatorias, publicó un libro sobre la *Cuestión agraria*. En él, preocupado por establecer un compromiso entre las posiciones históricas del catolicismo y las exigencias del mundo moderno, preconizaba la convocatoria, junto a las Dietas provinciales, de un Parlamento nacional elegido sobre una base corporativa. Esto no significaba que los católicos de esta tendencia se alinearan tras el liberalismo, que por sus orígenes estaba excesivamente vinculado a la Reforma protestante y al racionalismo de la Ilustración para resultarles simpático; pero, al menos, en el plano táctico, aceptaban realizar juntos una parte del recorrido.

En vísperas de la Revolución de 1848, *el Staatskirchentum* (Iglesia nacional) recibió asimismo un golpe muy duro en el ducado de Baden, donde F. J. Buss, profesor de la Universidad de Friburgo y diputado en el *Landtag,* proseguía una intensa agitación en favor de la libertad de la Iglesia, no sin provocar, por otra parte, reacciones en un clero muy apegado todavía a las tradiciones josefinistas; pero pudo contar con el creciente apoyo de las masas rurales, a las que, consciente de las obligaciones sociales de la religión, intentó auxiliar durante la terrible crisis económica de los años 1845-1847. En el Hesse renano, la lucha contra el cesaropapismo se llevó a cabo según las directrices proclamadas en el *Katholik* por el canónigo Lennig, amigo de Montalembert. Aún más que Múnich, que dependía demasiado de la persona de un soberano lunático, Maguncia resume en 1848 las esperanzas de los católicos alemanes. Pero de estos ejemplos no se puede concluir que existiera en Alemania un partido católico organizado. Las armas estaban forjadas; existían contactos entre los jefes y la masa, y la teoría del «partido político» estaba en el aire. Es cierto que en la mayoría de los Estados faltaba la utilización del derecho de asociación y de reunión para movilizar a los fieles: por eso, lejos de oponerse a la revolución, los líderes católicos tratarían de utilizarla al máximo con objeto de obtener para la Iglesia esa libertad de acción, sin la que su influencia y su autoridad espiritual seguirían siendo letra muerta. La situación, en cambio, no estaba tan avanzada en Austria, donde la legislación josefinista continuaba en vigor con el consentimiento de una fracción importante del alto clero, aunque también existía, en torno a los antiguos discípulos del redentorista Hofbauer y en torno al teólogo A. Guenther, todo un grupo de jóvenes eclesiásticos que pretendían el resurgimiento de la Iglesia, pero no en virtud de una ayuda mayor del Estado, sino del desarrollo de la propia vitalidad interna.

En Inglaterra, el despertar de la Iglesia católica estaba en sus inicios. Pero este despertar se debe también al movimiento de protesta, en el seno de la Iglesia anglicana, contra su supeditación al poder civil y contra el indiferentismo religioso derivado de ella.

El intenso movimiento intelectual que reanima el pensamiento y la vida de la Iglesia de Inglaterra durante la primera mitad del siglo XIX no partió de los católicos de este país. Dirigido por vicarios apostólicos dependientes de la Congregación de Propaganda, el catolicismo inglés de los años 1830, a pesar del edicto de emancipación, llevaba una vida muy pobre, casi clandestina. Todo el esfuerzo de esos católicos se concentró en hacerse tolerables, minimizando su vinculación con Roma, conservando su fe intacta y replegándose sobre ellos mismos; se orientaron más hacia el pasado que hacia el presente, y *a fortiori,* hacia el futuro; vivían «del recuerdo y no de esperanzas». No obstante, después de 1830, dos focos que se ignoraban y se oponían entre sí, la Universidad de Oxford y el Colegio inglés de Roma, prepararon un renacimiento de una amplitud y de un brillo asombrosos. En Roma había un sacerdote que, como inglés, estaba capacitado para comprender a sus compatriotas y hacerse comprender por ellos, y, sin embargo, estaba lo suficientemente despegado por su actitud personal de las costumbres de los católicos del otro lado del Canal de la Mancha como para no poseer ni sus timideces ni la corta visión de las cosas: era Nicholas Wiseman. Formado en Douai y luego en Roma, Wiseman es nombrado rector del Colegio inglés en 1828; a partir de

1835, tras haber escuchado a Lacordaire, comienza en Londres sus «conferencias sobre las principales doctrinas de la Iglesia católica», destinadas tanto a los protestantes como a sus correligionarios. En ellas trata de evitar las polémicas irritantes y aporta una argumentación simple e inteligible. Varios anglicanos se convierten, como el arquitecto Pugin, mientras otros, al menos, abandonan sus prejuicios. De común acuerdo con O'Connell, funda ese mismo año la *Dublin Review,* que tenía por objeto dar a conocer «el genio del cristianismo bajo su forma católica», tratando cuestiones vivas «pertenecientes a la actualidad».

No obstante, fue del movimiento de Oxford de donde partió el impulso decisivo. Indudablemente, hacia 1830 la Iglesia anglicana sufre un movimiento de pánico: dividido en tres tendencias –la de Low Church, de tradición puritana, en la que el movimiento evangélico intentó reanimar el espíritu de apostolado; la Broad Church, de tendencia latitudinaria y antidogmática; la High Church, conservadora y más simpatizante del catolicismo–, el anglicanismo se encuentra amenazado de disolución doctrinal, en el momento en que es afectado por el voto del *Reform Bill* y por la supresión de diez obispados en Irlanda. Sin embargo, lejos de participar del abatimiento de sus colegas, un grupo de *clergymen* de Oxford trató de sacar provecho de esta crisis para restaurar la Iglesia de Inglaterra, que perecía por falta de vitalidad. El mal que la corroe, afirman, no viene de fuera, sino de dentro; la solución no debe esperarse del juego político, sino del abandono de todo lo que ha falseado y pervertido a la Iglesia y de la recuperación de «sus títulos sobrenaturales» y la comprensión de su misión. Este es el tema del sermón de John Kehle, en julio de 1833, sobre la «apostasía nacional», que representa un llamamiento a los fieles y a los *clergymen* para reagruparse frente a la intrusión del Estado y entregarse a la causa de la Iglesia apostólica. Un *fellow* de Oxford, cura de Santa María, parroquia de la Universidad, John Henry Newman, comienza por entonces su campaña de folletos, que prosigue a lo largo de los años siguientes y que pronto acabará sacudiendo las inercias y apasionando a la opinión. Ciertamente, Newman en modo alguno sueña con orientar a sus oyentes hacia Roma, menos aún orientarse él mismo: muy vinculado a su Iglesia, que no abandonará sin atravesar por una verdadera «agonía», todavía imbuido de prejuicios contra el papismo, al que ataca con frecuencia, se atiene por cuenta propia a la *via media,* intermedia entre el protestantismo y el catolicismo, «manteniendo contra el primero la autoridad y la tradición de los primeros Padres y rechazando del segundo las doctrinas que aparecen como grandes innovaciones». En esta vía cree encontrar la «verdadera línea», que vincula su confesión a los orígenes y que garantiza su carácter apostólico. Asimismo defiende que la Iglesia católica está compuesta por tres ramas: la anglicana, la ortodoxa y la católica; por ello, «el pecado de cisma consiste en enfrentar un altar con otro altar, un obispo con otro obispo, en la misma diócesis, como lo hacían en su época los donatistas». Una Iglesia no pierde su cualidad de Iglesia mientras no pierda la sucesión apostólica, mientras no se solidarice con la herejía.

Sin embargo, ni la teoría de la *via media* ni la de la *Branch Church* le resultaron defendibles con el tiempo. El estudio del monofisismo y del Concilio de Calcedonia le revelaron, en efecto, que los arrianos ya le habían precedido en esta *via media.* Por otra parte, un texto de Wiseman, publicado en su *Dublin Review,* relativo a los donatistas, atrajo su atención sobre otro de San Agustín, que versaba sobre la Iglesia universal. La condena que recayó sobre el folleto número 90, donde sostenía que los treinta y nueve artículos podían interpretarse en un sentido católico, y los mandamientos que publicaban contra él los obispos demostraban por otro lado que la separación estaba en trance de consumarse. Entonces comenzó a dudar: ¿realmente se puede llamar Iglesia a la Iglesia anglicana? Tras haberse retirado para reflexionar en la soledad de Littlemore, acaba convenciéndose de que la Iglesia católica romana es la verdadera Iglesia de los apóstoles. Y allí se hace consciente de que las «innovaciones romanas en materia de dogma», que anteriormente tan profundamente le habían conmovido, no constituyen sino «desarrollos legítimos y necesarios del depósito fecundo que le ha sido confiado»; y esta ley de «crecimiento», cuyo movimiento desarrolla en su *Essay on the Development of Christian Doctrine,* le parece un argumento más en favor de la Iglesia católica. En noviembre de 1845 pide la baja en la lista de los *fellows* de Oxford; pocos días después pronuncia su abjuración ante un sacerdote pasionista. En esta vía ya había sido precedido por uno de sus amigos de Littlemore, Ward, que había atraído sobre sí todas las iras por su libro *The ideal of a Christian Church considered in a Comparison with Existing Practice.* Newman arrastra tras de sí toda una serie de conversiones, como la del padre Faber, futuro oratoriano, mientras algunos de sus antiguos amigos publicistas, Keble y Pusey, por ejemplo, se mantendrían dentro de la Iglesia anglicana prosiguiendo sus esfuerzos para recatolizar al anglicanismo. Newman, tras haber homenajeado a Wiseman por su conversión, marchó a Roma, donde fue ordenado, e ingresó en la Congregación del Oratorio, que luego estableció en Inglaterra, primero en Birmingham y luego en Londres.

Esta afluencia de universitarios y de *clergymen* de gran valor revela sensiblemente el nivel intelectual y la vitalidad de la Iglesia católica en Inglaterra. Numéricamente, creció debido al establecimiento en las ciudades industriales, después de la terrible hambre de 1845-1847, de numerosísimos emigrantes irlandeses, cuya exuberancia céltica y devoción entusiasta se acomodaban bastante mal con los aires de catacumba del antiguo catolicismo inglés. Wiseman, provicario apostólico de Londres desde 1847, se enfrentó con una considerable obra; es entonces cuando el catolicismo sale de su letargo, de su retiro. En aquel momento se planteó la cuestión de la reorganización de la jerarquía eclesiástica, a la que Wiseman se muestra personalmente favorable, no sin suscitar múltiples objeciones entre los católicos que continúan padeciendo todavía la timidez originada por siglos de persecución. No obstante, tampoco hay que exagerar la amplitud de la renovación; solo tras la conversión de Manning, en torno a 1850, se aceleró el movimiento hacia Roma; y los sentimientos de hostilidad hacia los «papistas» siguieron siendo muy profundos en la masa del pueblo inglés.

El esfuerzo que los católicos llevaron a cabo en los grandes Estados europeos para reconciliar su Iglesia con los principios que rigen el mundo moderno chocó, sin embargo, con la indiferencia de los papas, que ligaron su pontificado con la contrarrevolución y el absolutismo. ¿Seguiría ocurriendo lo mismo tras la elección del cardenal Mastai, obispo de Imola, que el conclave eligió, tras breves negociaciones, frente al reaccionario cardenal Lambruschini? Muchos alabaron entonces las tendencias liberales de Pío IX, cuya elección fue acogida con estremecida esperanza. De hecho, en Roma, otorgó inmediatamente una amnistía a los condenados políticos. Pero no hay razón alguna para pensar que, si conocía los escritos de Gioberti, estuviera de acuerdo con el programa neogüelfo; su pretendido liberalismo se reducía de hecho a un talante liberal, que le llevaba a considerar preferible desarmar al espíritu revolucionario por la dulzura en lugar de intentar domeñarlo por la fuerza, sobre todo en los Estados pontificios, donde el soberano es al mismo tiempo sacerdote; además se apreciaba en él un sincero deseo de atacar los abusos de la administración pontificia, e introdujo, en ejercicio de su autoridad, algunas reformas. Si se mostró más comprensivo que su predecesor respecto a Montalembert y a la lucha emprendida en Francia por la libertad de enseñanza, por otra parte publicó, a raíz de su entronización (noviembre de 1846) la encíclica *Qui pluribus,* basado en un texto de Lambruschini, que condenaba los dos excesos opuestos del racionalismo y del fideísmo con los mismos términos empleados por Gregorio XVI, denunciando de pasada el liberalismo, «ese espantoso sistema de indiferencia que escamotea toda distinción entre la virtud y el vicio, la verdad y el error». A pesar de las apariencias, no se puede decir que se inicie una nueva época en historia de la Iglesia.

En mayor grado que la Iglesia católica, las Iglesias protestantes concedieron una creciente atención a las exigencias del mundo moderno y trataron de tomar distancias con respecto a los poderes públicos. Hacia 1848, solo la Iglesia luterana de los países germánicos mantendrá un carácter resueltamente conservador.

A raíz de las grandes sacudidas revolucionarias, el protestantismo europeo se benefició de una fe, ardiente y mística, tan fuerte como la del catolicismo; también el protestantismo reaccionó contra el racionalismo y la incredulidad. En Alemania, ese movimiento estaba vinculado, desde hacía tiempo, al pietismo y al romanticismo: Schleiermacher, «el segundo reformador», intentó definir la religión como la sensación inmediata de lo infinito, como la necesidad íntima del alma de tener un contacto con Dios, no basado en los libros ni en la tradición, sino en el corazón. El subjetivismo de Schleiermacher estaba llamado a ejercer una fuerte influencia sobre la evolución del pensamiento protestante, ya que fue retomado por discípulos valiosos, como los teólogos Neander y Tholuk, y la llamada escuela de los «conciliadores». El movimiento religioso, al que se le da el nombre de «despertar» en los Estados occidentales, nació en Suiza, en los medios de la academia de Ginebra, como signo de protesta contra la tibieza de la fe; fue suscitado por la acción, entre otros, de un misionero de Wesley, el escocés Haldane, y condujo a la formación de Iglesias independientes, en las que los teólogos Malan y Gaussen hicieron revivir las enseñanzas de Calvino. El «despertar» se extendió a Francia gracias a Charles Cook, metodista, cuyo ministerio itinerante despertó a las viejas Iglesias del «yermo»; en París contó con el apoyo de altas personalidades, como la condesa de Broglie, hija de madame de Staël, y se agrupó en la Iglesia independiente de la calle Taitbout.

Para ser exactos, también hay que señalar que en el protestantismo de entonces existían manifestaciones de tendencias racionalistas, que a veces reciben el nombre de protestantismo liberal. El pastor de Nimes, S. Vicent, recuerda a los hugonotes que el libre examen es la razón de ser del protestantismo. Pero el renacimiento de los estudios de exégesis se lleva a cabo sobre todo en Alemania: mientras David Strauss publicaba su *Vida de Jesús* (1835), convirtiendo a Cristo en un mito popular, la encarnación, en cierto modo, de las ideas mesiánicas de su tiempo, Karl Baur, que enseñaba en la Facultad de teología protestante de Tubinga, aportó amplias contribuciones a la crítica bíblica, reduciendo el cristianismo al conflicto de dos tendencias, una judaizante y otra paulina. Estas ideas alcanzarían amplio eco en Francia a través de la Universidad de Estrasburgo.

Pero el hecho esencial seguía estribando en la tendencia de las Iglesias protestantes a separarse del Estado. Las poderosas Iglesias nacionales, religiosamente unificadas y aliadas al Estado, habían contribuido notablemente a la expansión del protestantismo en sus comienzos, pero habían acabado por convertirse en una fuente de debilidad para este. De ahí la aceleración del movimiento de «desligamiento», cuando se produce el renacimiento protestante en el siglo XIX. La reactivación de la vida espiritual, con las discusiones que comportaba normalmente, hacía cada vez más difícil la existencia de Iglesias de Estado, a la vez autoritarias y desprovistas de vida religiosa. De todos modos, esta evolución es más neta en los calvinistas que en los luteranos. Inglaterra había dado ejemplo, desde hacía tiempo, de la existencia de fuertes comunidades disidentes: el Parlamento les reconoció, como a los católicos, la igualdad religiosa (1829), suprimiendo el *Test Act* de 1673; actuando a favor de la separación entre la Iglesia y el Estado, los *whigs* reconocieron en 1836 el matrimonio no conformista oficiado por un representante del poder civil; sin embargo, continuó siendo muy grande el peso de la presión estatal sobre la Iglesia oficial, como lo demuestra la designación por el gobierno, contra el deseo de la Alta Iglesia, de un teólogo heterodoxo, el doctor Hampden, para ocupar la sede episcopal de Hereford. En Escocia, algunos pastores, que condenaban la docilidad de la Iglesia presbiteriana en relación con los patrones laicos de las comunidades, se declararon independientes y, respondiendo al llamamiento de Chalmers, constituyeron en 1843 una Iglesia Libre de Escocia. En las comunidades calvinistas de lengua francesa se notaba la influencia del pastor A. Vinet, quien había definido ya en 1825, para uso de la Sociedad francesa de moral cristiana, la doctrina de la separación total de la Iglesia y del Estado como única forma capaz de garantizar la dignidad de la religión y la sinceridad de los fieles. Esta evolución ideológica fue mucho menos sensible en los países luteranos. Las Iglesias escandinavas continuaron actuando con rigor, durante mucho tiempo, contra los «renovadores» más o menos disidentes. La monarquía prusiana se mantuvo apegada al principio de la Iglesia de Estado: en 1817, Federico Guillermo III había impuesto una «unión evangélica» a los luteranos y a los reformados, haciéndoles adoptar curiosamente una liturgia común, formulada en una compilación oficial. Su sucesor, Federico Guillermo IV, continuó fiel a la idea del Estado cristiano, cuyo teórico será Stahl, vinculando por ese lado a la Iglesia luterana con la idea del conservadurismo social y político e impidiendo, a pesar de los meritorios esfuerzos de ciertos espíritus evangélicos, como H. Wichern, el fundador de la Misión interior, todo contacto eficaz con el mundo moderno. No faltaron inteligencias preclaras en el seno del protestantismo alemán, hacia 1848, que advirtieron las transformaciones en curso: V. A. Hüber, en particular, editor de la revista *Janus* y relacionado con Federico Guillermo IV, que le había dado una cátedra en la Universidad de Berlín, era perfectamente consciente del carácter ineluctable de la Revolución industrial, que había estudiado en Inglaterra; pero contaba con la acción financiera del Estado y de la aristocracia para sentar las bases de una actividad cristiana y social. El pensamiento conservador protestante, debido a sus orígenes ideológicos y sociales, era excesivamente respetuoso con la autoridad estatal y con las jerarquías establecidas como para influir notablemente sobre la opinión; a este respecto mostraba un gran retraso en relación con los católicos.

IX. LAS RELACIONES INTERNACIONALES

La oposición entre los partidarios del *Ancien Régime* y los partidarios de los movimientos liberales y nacionales constituirá igualmente la trama de la historia de las relaciones internacionales entre 1815 y 1848. De ahí se deriva el carácter ideológico que constantemente adquirió el conflicto entre las grandes potencias. El intento realizado en el marco del «sistema» de Metternich por asfixiar las aspiraciones de los pueblos hacia la libertad y la unidad tuvo que enfrentarse, sobre todo a partir de 1823, con la oposición de Inglaterra, que pretendía aparecer como estado liberal y que lograría, con ocasión de la insurrección de las colonias de América Latina, y posteriormente en el caso de Grecia, dislocar la coalición monárquica de 1815. La Revolución de 1830 logrará que Francia pase al campo de los Estados liberales, y determinará, sobre todo en relación con los asuntos ibéricos, una nueva constelación de potencias. No obstante, el entendimiento, bastante precario, entre los Estados liberales no podrá resistir a la persistencia de las rivalidades imperialistas, en particular en el Mediterráneo; y en vísperas de la Revolución de 1848, Francia, gobernada por un soberano autoritario, tratará de aproximarse al campo de las potencias conservadoras.

En un primer periodo, entre 1815 y 1830, se asiste primero a la organización, y posteriormente a la dislocación de las fuerzas de opresión.

La obra realizada por los diplomáticos reunidos en el Congreso de Viena (1815) no carecía de mérito. Habían estado animados por la voluntad de reconstruir Europa sobre una base más justa y de respetar, en la nueva determinación de los territorios, el consentimiento de sus propietarios. El término de «legitimidad», pronunciado por el representante de Francia, Talleyrand, no fue una palabra del todo carente de sentido, y el zar, independientemente de cualquier otra consideración, no tuvo más remedio que tenerla en cuenta. Por otra parte, el Tratado de Viena, aunque no recibiera absoluto consenso, representaba un contrato colectivo con vistas a mantener una paz general. Ciertamente, no cabe hablar de limitación impuesta a la soberanía de los Estados en beneficio de un organismo internacional, aunque esta idea fuera expuesta de forma muy precisa por algunos innovadores, como el polaco Czartoryski y el francés Saint-Simon. Pero al menos, la obra realizada en Viena se inspiró en una cierta concepción de las relaciones internacionales, que excluía el empleo de la violencia y que, por consiguiente, representaba un serio progreso en relación con el «bandolerismo» del siglo XVIII y de la época revolucionaria. A fin de cuentas, fue la idea del equilibrio de fuerzas entre los Estados europeos la que determinó las concepciones fundamentales sobre las que se estableció la nueva Europa. Desde el punto de vista de la política general, el destino de esta última continuaba en manos de cinco grandes Estados sensiblemente iguales. Por eso, el Tratado final de Viena resultó, a pesar de las pretensiones hegemónicas del zar, un instrumento de la política inglesa favorable al contrapeso de las fuerzas europeas.

Sin embargo, en la práctica, los Tratados de Viena fueron juzgados por los contemporáneos como una obra maestra del *Ancien Régime,* porque lograban el equilibrio dentro del respeto de las conveniencias dinásticas, según concepciones de mecánica política y procedimientos estadísticos, teniendo solo en cuenta las relaciones de fuerza y dividiendo los pueblos en lotes, como se hace con una herencia. Los Tratados de 1815 no reconocen las fuerzas morales que la Revolución francesa y, tras ella, el romanticismo habían suscitado en Europa. Se realizaron al margen del principio de las nacionalidades. Debido a esta concepción caduca de la nación, la obra diplomática de Viena, dedicada a reconstruir el orden europeo sobre bases legales, condujo, en cierto modo, a una situación falsa: de ahí la hostilidad que le declararon los sectores progresistas; de ahí la fuerza de los resentimientos que levantó; de ahí, finalmente, el papel de Francia, interesada en alto grado en provocar la revisión de los tratados que le fueron impuestos y en borrar la humillación que sentirá durante mucho tiempo por culpa de ellos.

Por el momento, las potencias vencedoras de Francia se encontraron frente a dos sistemas destinados a asegurar el mantenimiento de la paz en Europa y que son el resultado de la rivalidad entre

Rusia e Inglaterra: la Santa Alianza y la Cuádruple Alianza. Alejandro I había redactado en París, en septiembre de 1815, el Tratado de la Santa Alianza que, ligeramente reajustado por Metternich, fue presentado a la firma de los soberanos cristianos: bajo la advocación de la Muy Santa e Indivisible Trinidad, creaba entre los príncipes signatarios, «todos miembros de una misma nación cristiana», una «verdadera fraternidad», «conforme a las palabras de las Santas Escrituras que ordenan a todos los hombres tratarse como hermanos»; les invitaba a considerarse como miembros de una misma familia, cuyo jefe era «Dios, nuestro divino Salvador Jesucristo, el Verbo del Altísimo, la Palabra de la Vida». Se ha querido ver en este documento, que fue calificado por Metternich de «campanudo y vacío», y por Castlereagh, de «un trozo de misticismo sublime carente del menor sentido», un simple capricho del pensamiento místico del zar; se ha subrayado, para explicar su sentido, la influencia de la baronesa de Krüdener y la del francés Bergasse. Pero semejante interpretación de la Santa Alianza continúa siendo, pese a todo, insuficiente: Alejandro I es un personaje complejo y difícil de comprender; en él conviven «la locura de la fama» y el deseo de ver unido su nombre a una gran obra y aparecer como el jefe de una Europa regenerada; pero, aunque algunas veces se dejó llevar por sus arrebatos místicos, jamás perdió de vista los intereses inmediatos de su país. El Tratado de la Santa Alianza tendía, por ello, a agrupar en una organización internacional la totalidad de las potencias, incluidos los Estados marítimos y coloniales, para poder utilizarlas seguidamente contra Inglaterra. Esta última, naturalmente, se negó a adherirse a la Santa Alianza; y el ministro Castlereagh enfrentó a ella, dos meses después, la Cuádruple Alianza, por la que los cuatro vencedores de Napoleón –Inglaterra, Austria, Prusia y Rusia– renovaban el pacto de Chaumont, formaban una liga de vigilancia permanente y preveían la reunión periódica de conferencias internacionales. Para la diplomacia inglesa se trataba no solo de garantizar el desarme moral y material de Francia, sino también de apartar del areópago europeo a las potencias marítimas, con el fin de asegurarse el dominio indiscutido de los mares y de oponerse en el continente al avance ruso, que los Estados germánicos tampoco veían con simpatía. De este modo, mientras la Santa Alianza permitiría al zar levantar contra Inglaterra el contrapeso de las naciones marítimas, la Cuádruple Alianza permitiría a

Inglaterra oponer las potencias continentales a Rusia. La rivalidad de los dos bloques enemigos permitió al ministro de Asuntos Exteriores francés, el duque de Richelieu, exacto cumplidor de las obligaciones impuestas a su país por el segundo Tratado de París, obtener, en el Congreso de Aquisgrán (1818), la evacuación del territorio francés y el reingreso de Francia en el concierto europeo. Sin que el pacto de Chaumont fuera denunciado, la Cuádruple Alianza se transformó de hecho en la Quintuple Alianza.

La persistencia de la rivalidad anglo-rusa permitió al canciller Metternich adquirir una influencia preponderante en el continente. El sistema de los congresos, cuya primera experiencia se realizó en Aquisgrán, se convertirá en sus manos en un instrumento dirigido contra la emancipación de los pueblos. Convencido, no sin razón, de que Austria en particular se veía amenazada por el avance del pensamiento liberal y nacionalista, estimando que el *statu quo* europeo era para dicho país una necesidad vital, deseaba que los monarcas se unieran estrechamente entre sí para preservar a la sociedad de una ruina amenazadora. Como los gobiernos son, en definitiva, los responsables de las revoluciones, estos no deben vacilar ante las medidas preventivas. En la óptica de Metternich no solo es necesario que los soberanos estén de acuerdo entre sí y que se reúnan frecuentemente en congresos para aprobar las medidas a adoptar, sino que también puedan intervenir en los países vecinos para restablecer el orden amenazado. Debían, por ello, constituirse en tribunal político supremo de Europa, para actuar de policías internacionales contra la revolución. La Santa Alianza acabará transformándose, gracias a sus esfuerzos, en un sistema de policía internacional contra los innovadores. En resumen, Metternich fue quien, especulando sobre el sentimiento creciente de solidaridad que animaba desde 1815 a las antiguas clases dirigentes, imprimió a la alianza europea su carácter antirrevolucionario y antiliberal, para convertirla en un arma poderosa en manos de los Habsburgo. La política intervencionista de Metternich lograría alcanzar entre 1820 y 1822 toda una serie de señalados éxitos.

En el Congreso de Aquisgrán, la diplomacia inglesa había logrado mantener al margen de las deliberaciones la cuestión de una intervención europea contra las colonias españolas de América levantadas frente a la metrópoli. Pero cuando estallaron los disturbios en España –rebelión de los regimientos de Cádiz dirigidos por el general Riego contra Fernando VII– y en el reino de Nápoles –levantamiento de los *carbonari* contra Fernando I– se volvió a plantear la cuestión de la intervención. Mediante una nota de 5 de mayo de 1820, Castlereagh consiguió evitar momentáneamente la intervención en España. En el caso de Nápoles, juzgado como más serio, Metternich hizo prevalecer la necesidad de una intervención militar, con el fin de restablecer el orden, amenazado por los liberales; sin lugar a duda, hubiera preferido una intervención exclusivamente austriaca, pero finalmente se adhirió a la idea de un congreso europeo, como deseaba el zar. Por tanto, fue en el Congreso de Troppau (otoño de 1820) donde, pese a la oposición de Inglaterra, fue definido el principio de intervención de la alianza europea en todos los Estados donde hubiera estallado una revolución, lo que apareció, a los ojos de sus contemporáneos, como el triunfo del «sistema» de Metternich. En el Congreso de Laibach (enero de 1821), al que acudió Fernando I, Metternich logró que fuera únicamente Austria quien interviniera en Italia: fueron, por tanto, las tropas austriacas las que restablecieron en Nápoles el régimen absolutista y las que aniquilaron en el Piamonte a los liberales sublevados contra la autoridad legítima. A costa de su influencia tradicional en Italia, la diplomacia francesa dejó las manos libres a Austria.

En cambio, fue Francia quien tomó la iniciativa, en las Conferencias de Viena y después en el Congreso de Verona (otoño de 1822), de intervenir en España, donde el soberano multiplicaba sus llamamientos a las grandes potencias. A pesar de que el presidente del Consejo, Villèle, era partidario de la paz, los representantes de Francia en el Congreso, Montmorency y Chateaubriand, el primero de ellos por simpatía hacia la Santa Alianza y el segundo para restaurar el prestigio de los Borbones por una guerra victoriosa, trataron de llevar a Francia a una intervención contra la España liberal. A pesar de la oposición de Inglaterra, pero con el apoyo de Rusia, Francia obtuvo la dirección de la expedición punitiva. La expedición alcanzó sus objetivos tras la toma del fuerte del Trocadero en Cádiz por los soldados del duque de Angulema (agosto de 1823) y el restablecimiento de Fernando VII en el poder absoluto. Pese al deseo francés de que se dotara a España de una «carta otorgada», la intervención representó un nuevo triunfo de la contrarrevolución.

Las victorias de las potencias del *Ancien Régime* solo fueron posibles gracias a la abstención efectiva de Inglaterra. Castlereagh había definido firmemente el principio de la no intervención, pero tuvo que renunciar a imponerlo en Europa continental. Estaba demasiado vinculado a los hombres de Estado, con los que había combatido a Napoleón, para romper ahora abiertamente con ellos; muy preocupado por mantener la paz, carecía, sin embargo, del lenguaje enérgico necesario para conmover y satisfacer a la opinión pública, que él tendía a menospreciar, como diplomático de la vieja escuela, enemigo de «abstracciones» y «generalidades». Agotado por las luchas parlamentarias, continuo blanco de los ataques de la oposición, que exigía una no-intervención activa, Castlereagh se suicidó en agosto de 1822. Canning, que le sucedió en el cargo, apareció durante mucho tiempo como la antítesis viviente de su predecesor: al ministro conservador, el menos «insular» de los hombres de Estado ingleses, le había sucedido un radical, protector de los pueblos que deseaban independizarse. En realidad, la diferencia entre ambos no fue tan profunda. Canning no era más partidario que Castlereagh de propagar la revolución; *tory* como aquel, se sentía apegado a las fórmulas de la monarquía constitucional, y creía necesario salvaguardar los Tratados de 1815. Pero supo mostrarse más despreciativo que su predecesor respecto a la tendencia a favor de la colaboración europea: hostil al sistema de los congresos, decidido a reducir la alianza europea a sus «elementos separados», pretendía no solo impedir la política de intervención, sino también romper el aislamiento en que había sido colocada la diplomacia inglesa en los Congresos de Troppau y de Laibach. Para apoyar su política estaba dispuesto a recurrir a la opinión pública, incluso, si era necesario, contra el propio rey. De ahí sus declaraciones aparatosas, que suscitaron el entusiasmo del pueblo británico y de los liberales del mundo entero. Aplicó primero su política a la cuestión de las colonias españolas, y posteriormente a la independencia griega, provocando finalmente en el continente el hundimiento del «sistema» de Metternich.

En el momento en que se inauguraba el Congeso de Verona, la autoridad española era combatida en toda América Latina, y a las potencias europeas se les planteaba el problema del reconocimiento de Estados insurrectos. Hasta entonces, el gobierno inglés, pese a la presión de los medios económicos, dudaba en seguir el ejemplo de Estados Unidos, que en 1822 había optado por el reconocimiento; el gobierno inglés no era favorable al régimen republicano y temía que las independencias pudieran servir de precedente negativo en el caso de Irlanda. Pero Canning, consciente del interés que representaba para el comercio inglés la independencia de América, temiendo, por otra parte, que el principio de intervención fuese también seguido por Francia, de acuerdo con la visión de Chateaubriand, en las colonias rebeladas y que en aquella parte del mundo se crearan monarquías independientes bajo el cetro de los Borbones, decidió llegar a un acuerdo con el gobierno de Washington frente a una posible intervención europea en América del Sur. Así comenzaron las negociaciones entre Canning y Rush, embajador de Estados Unidos en Londres. Pero fueron superadas por la decisión del presidente Monroe, quien, mediante un mensaje al Congreso, dio a conocer las líneas directrices de la política de su país: mientras Estados Unidos se comprometía a no intervenir en los asuntos europeos y reconocía las colonias ya adquiridas, prohibía en adelante a los Estados de Europa extender su influencia en el Nuevo Mundo. Con esta declaración, Monroe se oponía a las amenazas de la Santa Alianza y a las pretensiones del zar de reservarse el derecho de comercio sobre la costa septentrional del Pacífico; además, evitaba tener que actuar a remolque de Inglaterra, de la que en todo momento podría esperar apoyo. Sin embargo, Canning, adelantándose a la decisión norteamericana, había tratado de neutralizar las veleidades de intervención francesa en el curso de unas conversaciones mantenidas con Polignac, embajador de Francia, que aceptó firmar un memorándum de abstención. Tras la derrota de las últimas tropas españolas, Canning decidió, en enero de 1825, reconocer oficialmente las repúblicas americanas. Era el final del «sistema de policía europeo», dolorosamente sentido por Metternich: «Nadie quiere comprenderme; estoy en medio del caos, como un hombre que ante la proximidad del diluvio se encuentra solo en una isla desierta».

Fue, sin embargo, la insurrección griega la que acabó comprometiendo definitivamente la Alianza monárquica. El levantamiento griego, apoyado por los helenos ricos que habitaban los puertos del extranjero, y se habían agrupado en una sociedad secreta, la *Filikí Etería,* estalló en marzo de 1821. El instigador, Ipsilantis, un ayudante de campo del zar, que con anterioridad había establecido en Odesa la sede de la *Filikí Etería,* creyó poder contar con el apoyo de los griegos de los principados danubianos; pero tuvo que enfrentarse a la hostilidad de la población rumana, sublevada además contra sus señores por Vladimirescu, e inmediatamente fue desautorizado por Alejandro I. No obstante, el movimiento se extendió a los griegos de la Hélade, que se adueñaron del Ática y del Peloponeso. El día 1 de enero de 1822, la Asamblea de Epidauro proclamó la independencia, confiando la regencia a Mavrokordatos. La lucha, que se caracterizó por matanzas salvajes, se endureció aún más cuando el sultán Mahmud recurrió al pachá de Egipto, Mehmet Alí: este estableció una cabeza de puente en Navarino para reconquistar el Peloponeso, y Missolonghi y Atenas cayeron una tras otra (1826-1827). Inicialmente, las grandes potencias habían enfocado el asunto griego no desde la óptica de la independencia, sino desde su interés nacional. El zar, en Laibach, había aceptado con facilidad el punto de vista de Metternich, según el cual los griegos no eran sino rebeldes que debían ser abandonados a su propia suerte; de ahí su desautorización a Ipsilantis. Pero al regresar a Rusia, bajo la influencia de su consejero íntimo, Capo d'Istria, y del clero ortodoxo, profundamente conmovido por las matanzas de griegos en Constantinopla, cambió de actitud y envió una nota conminatoria al sultán, emplazándole a reconstruir las iglesias destruidas y garantizar la libertad de cultos. Poco después, bajo otras influencias, se separó de Capo d'Istria, hizo saber que consideraba la unión de los gobiernos monárquicos más importante que la causa de los griegos y se negó a recibir a sus delegados en el Congreso de Verona. En enero de 1824 sugirió a las cancillerías el llamado plan de las «tres porciones» para resolver la cuestión griega, por el que se dividiría la Hélade en tres principados que gozarían de una cierta autonomía en el marco del Estado turco, y sobre los cuales le habría resultado fácil ejercer su influencia; pero este proyecto chocó con la oposición de Mavrokordatos, que denunció la «hospodarización» de Grecia y la mala voluntad de Austria e Inglaterra. Las Conferencias de San Petersburgo resultaron igualmente inútiles para llevar la paz a la península. Alejandro I murió sin haber podido hacer nada por Grecia.

Tres nuevos hechos acaecidos en 1826 modificaron profundamente la coyuntura internacional. Ante todo, el desarrollo del movimiento filohelénico, que obligó a los diplomáticos a someterse a los deseos imperiosos de la opinión pública. El recuerdo de la Antigüedad clásica, el gusto romántico por el exotismo, la necesidad de aventuras de los militares sin ocupación tras la caída de Napoleón, el desarrollo de las ideas liberales, el llamamiento a una cruzada cristiana contra el islam, son otros tantos factores, por lo demás bastante contradictorios, que atrajeron a la causa griega las simpatías universales, tanto de los medios demócratas como de los conservadores y católicos. La publicación del *Último canto de la peregrinación de Childe Harold,* de Lamartine, de la *Nota sobre Grecia,* de Chateaubriand, y después de las *Orientales,* de Victor Hugo, lo mismo que la muerte de Byron en Missolonghi (1824), contribuyeron a exaltar el entusiasmo que, a partir de 1821, se tradujo en la marcha de voluntarios y la apertura de múltiples suscripciones, administradas por el banquero de Ginebra, Eynard. París, donde tenía su sede el Comité filohelénico presidido por Chateaubriand; Múnich, donde el rey Luis I de Baviera se mostraba favorable a la causa griega; Ginebra, donde residía Capo d'Istria, constituían, junto con Boston, en Estados Unidos, los principales focos del filohelenismo. Finalmente, los europeos que vivían en Oriente, y que al principio desconfiaban de los griegos, a los que reprochaban su piratería y su desunión, se volvieron favorables a su causa debido a las matanzas y violencias turcas: marinos y cónsules alertaron a sus gobiernos contra los proyectos de transferir poblaciones, sobre todo del Peloponeso a Egipto. Sin embargo, el movimiento filohelénico no habría bastado si, por una parte, el nuevo zar, Nicolás I, no se hubiera mostrado mucho más sensible que su padre a los problemas que planteaba la expansión rusa en los Balcanes y si, por otra parte, los griegos no se hubiesen dirigido a Canning, que en 1825 les reconoció en calidad de beligerantes.

Para ser exactos, la cuestión de los principados danubianos interesaba al zar infinitamente más que la cuestión griega. En cuanto a Inglaterra, lo que más temía era la progresión de la potencia rusa, que le permitiera apoderarse de Constantinopla. Pero Canning estimó que, dadas las circunstancias, en lugar de oponerse a Rusia valía más asociarse a ella en la península balcánica: lo cual podría ser el mejor medio de frenarla llegado el momento oportuno. Por eso se firmó el acuerdo de abril de 1826, que preveía una amplia autonomía griega en el marco del Imperio turco, al que pagaría un tributo. En virtud de la adhesión del gobierno francés, que durante mucho tiempo se había mostrado favorable a los turcos (por la preocupación de no irritar a Mehmet Alí, que por entonces reorganizaba Egipto con la ayuda de colaboradores franceses y que era el presunto sucesor del sultán), pero que, bajo la presión de la opinión pública, se vio obligado a revisar su política balcánica, el protocolo del 4 de abril se transformó, tras largas negociaciones, durante las cuales la situación de Grecia había empeorado sensiblemente, en el Tratado franco-anglo-ruso del 6 de julio de 1827: en él se preveía que las tres potencias ofrecerían su mediación y que, en el caso de una negativa de Turquía, establecerían con los griegos relaciones comerciales y consulares, y, finalmente, que si no se concluía un armisticio, las tres potencias se interpondrían militarmente entre los beligerantes, aunque sin participar directamente en la guerra. Por muy tímido que fuera ese acuerdo, a pesar de todo obligó a las tres potencias a enviar una flota al Mediterráneo. Y así, sin que mediara declaración de guerra, los almirantes Codrington y Rigny, interpretando el Tratado como una decisión de intervenir en favor de los griegos, destruyeron la flota turco-egipcia en la rada de Navarino (octubre de 1827).

La batalla de Navarino, que fue considerada como un «incidente deplorable» por Londres y estuvo a punto de ser fatal para los griegos, tuvo la siguiente doble consecuencia: por una parte, obligó al sultán a declarar la guerra santa a los Estados cristianos, cuyos embajadores tuvieron que abandonar Constantinopla; por otra, dividió a los aliados. Mientras Rusia declaraba la guerra a Turquía (abril de 1828), Inglaterra se inquietaba por la progresión rusa hacia los estrechos. ¿Se produciría un conflicto armado entre Rusia e Inglaterra? La diplomacia francesa actuó como mediadora entre las dos potencias: el ministro de Asuntos Exteriores, La Ferronays, logró que Aberdeen, quien había sucedido a Canning en un gabinete presidido por el duque de Wellington, y el zar aceptaran que Rusia intervendría solo en la zona del Danubio y que las potencias occidentales actuarían en el Mediterráneo (julio de 1828). Fueron, pues, los franceses quienes negociaron con Mehmet Alí la evacuación de las tropas egipcias del Peloponeso. Los rusos, tras una guerra difícil, lograron imponer a Turquía, por la Paz de Adrianópolis (septiembre de 1829), la autonomía de Servia, colocada bajo el mando de Miloš Obrenović, y de los principados danubianos, gobernados en adelante por *hospodares* rumanos vitalicios, pero ocupados por el ejército ruso hasta que Turquía pagara una fuerte indemnización, y, además, la libertad de comercio a través de los estrechos, la cesión de las bocas del Danubio e importantes concesiones territoriales en el Cáucaso y Armenia. En cuanto a Grecia, el Tratado de Adrianópolis se limitó, como había decidido con anterioridad una conferencia de embajadores reunida unos meses antes en Londres, a concederle una autonomía bajo protectorado turco, señalándole como límites la línea Arta-Volo: a los ingleses no les preocupaba que los griegos se estableciesen frente a las islas Jónicas. De hecho, el segundo Tratado de Londres, un año después, reconoció la independencia total de Grecia a cambio de una pequeña concesión territorial.

Desde el punto de vista europeo, estos acontecimientos representaban la ruina definitiva del sistema de Metternich. Este último, muy hostil a los insurrectos, no pudo, sin embargo, impedir la intervención europea, la formación de una triple alianza contra Turquía, ni la Guerra ruso-turca. En realidad, la cuestión griega condujo a un acercamiento bastante estrecho entre Rusia y Francia, acercamiento preconizado desde 1822 por Chateaubriand, y con mayor insistencia aún durante su embajada en Roma (1828). Polignac, encargado de formar gabinete en agosto de 1829, solicitó de un alto funcionario del Ministerio de Asuntos Exteriores, Bois-le-Comte, la redacción de un «gran proyecto» que, basándose en la alianza de Francia, Rusia y Prusia, y aceptando un amplio reajuste territorial, habría autorizado a Francia a anexionarse Bélgica. La Paz de Adrianópolis no permitió la celebración de estas negociaciones; de todas formas, el apoyo de Rusia permitió a Polignac no hacer caso a las protestas inglesas cuando organizó la expedición de Argel.

Así pues, en 1830 nada queda del sistema de la alianza monárquica. Inglaterra, al apoyar la independencia de las colonias de América del Sur, y Rusia y Francia, con su apoyo a la libertad de Grecia, destruyeron una política que se basaba en el *statu quo* europeo. Metternich no se equivocaba al pronosticar que la ruina de la línea de las potencias conservadoras iba a facilitar la tarea de los revolucionarios: América Latina y Grecia iban a servir de ejemplo a las otras nacionalidades y provocar, a corto plazo, la rebelión de los pueblos oprimidos, sin que le fuera posible al canciller austriaco continuar utilizando la Santa Alianza contra el progreso de las ideas liberales y nacionales.

Se podría pensar que la Revolución francesa de 1830 contribuiría, a corto plazo, a soldar de nuevo el bloque de las potencias conservadoras: los aliados, de hecho, se habían comprometido en 1818 a mantener el gobierno de la Restauración. Pero, aunque fue mal acogido en el concierto europeo, Luis Felipe dio pruebas inmediatamente de sus inclinaciones pacifistas. Hombre del siglo XVIII, favorable a una política de equilibrio europeo, más cercano de Vergennes que de la ideología revolucionaria, sentía la necesidad de ser reconocido por los reyes legítimos. Las misiones militares que envió, a raíz de su entronización, a las diversas capitales, ofrecieron garantías de que Francia no deseaba superar sus fronteras y era partidaria de la paz. Luis Felipe solo estaba dispuesto a intervenir donde los intereses franceses estuvieran directamente en juego. Por eso fue reconocido por todas las potencias, empezando por Inglaterra y acabando por Rusia.

No obstante, tras la Revolución de 1830, gravitará aún alguna incertidumbre sobre las relaciones internacionales. Esta revolución aparece a los contemporáneos, en primer lugar, como una revolución nacional, llevada a cabo, en cierto modo, como protesta contra el apartamiento de Francia del concierto europeo. El grupo político que gravita en torno del *National* y que incluye a hombres como Thiers, Mignet y Carrel, no solo reivindican para Francia la orilla izquierda del Rhin, sino que llegan a afirmar el deber de Francia de promover en Europa la revolución contra los poderes establecidos. Una fracción importante de la opinión francesa, en particular los hombres de izquierda, piden la revisión de los Tratados de 1815 y se imaginan que es posible esta revisión propiciando la insurrección de las nacionalidades oprimidas. De este modo surge la idea de la misión de Francia en Europa, la misión de liberar a los otros pueblos, que Louis Blanc expresa del siguiente modo en su *Historia de diez años:* «Nada parecido se ha visto hasta ahora en la historia. Las potencias más altivas se mostraron atraídas; parecía que, en lo sucesivo, las naciones solo podrían vivir con la ayuda y el permiso de Francia». La leyenda napoleónica, que adquirió cuerpo con la publicación del *Memorial,* de Las Cases, que se desarrolla después de 1830 y que presenta al emperador como el defensor de la independencia de los pueblos, como la encarnación del espíritu revolucionario, refuerza naturalmente en el país las aspiraciones que acabamos de describir. En 1839, las *Ideas napoleónicas,* de Luis Napoleón Bonaparte, desarrollaron la tesis de que las conquistas le fueron impuestas al emperador por Inglaterra y que no constituían sino un prefacio para una reorganización racional de Europa. Finalmente, los franceses acabaron asimilando el mesianismo de los refugiados extranjeros –sobre todo de los polacos– que en número elevado vivían dentro de su territorio desde 1830. Michelet y Quinet definen a Francia como apóstol de las naciones, destinada a convertirse en el centro de la libertad del mundo. En particular Michelet compara a Francia «con el piloto del barco de la humanidad». Así pues, primero en el país y luego en toda Europa se acaba admitiendo que Francia es la depositaria de la civilización moderna y se le exige que haga triunfar fuera de sus fronteras las ideas de libertad y de nacionalidad.

Resulta indispensable comprender hasta qué punto Francia constituía una pesadilla para los soberanos absolutistas, para comprender las reacciones internacionales frente a ella durante los años que siguen a la Revolución de 1830.

Correspondería a la Revolución belga el provocar un nuevo reagrupamiento de las potencias, basado en la oposición de puntos de vista ideológicos: frente a las potencias absolutistas (Austria, Prusia y Rusia) aparece la primera *entente cordiale* de las potencias liberales, Inglaterra y Francia.

El estatuto de los Países Bajos había sido determinado por la ley fundamental de 1814, otorgada por Guillermo I. Aunque, como verdadero déspota ilustrado, este monarca pensaba apoyarse en el régimen económico, favorable a la industria belga, y en los progresos de la instrucción, para ganarse a sus nuevos súbditos, pronto tuvo que enfrentarse, en su política de asimilación, con serias quejas derivadas de la preponderancia de los elementos holandeses en la administración y en el seno del Parlamento, del uso obligatorio del holandés como lengua oficial, de la distribución injusta de la deuda y de los impuestos, así como de la intolerancia del clero, al que el rey intentó controlar, sin éxito, de 1824 a 1827, recurriendo a los métodos josefinistas. Las tardías concesiones de Guillermo I, que, tras haber inaugurado en Lovaina un colegio filosófico para la formación del clero, firmó en 1827 un concordato con el papa, no pudieron impedir la posterior evolución de la opinión. ¿Qué parte desempeñó en todo ello el factor económico? Algunos manufactureros valones reclamaron ciertamente una mayor protección; pero en general los comerciantes de Amberes se mostraban favorables al régimen aduanero existente, y el industrial más emprendedor, J. Cockerill, era «asociado» del gobierno real, que le abrió un crédito considerable. El círculo de los negocios no era, por tanto, partidario de la independencia, sino de un régimen de unión personal que mantuviese intacta la unión económica de Bélgica y Holanda. Lo más grave sin duda era la formación de un sentimiento nacional belga, que hacía *tabula rasa* de los antagonismos entre los valones liberales y los flamencos clericales. La transformación del liberalismo, poderoso en Bruselas (de Potter) y en Lieja (Lebau, Devaux, Rogier), al aceptar la subordinación de sus preferencias religiosas a sus preferencias políticas, y la penetración de ideas mesiánicas entre los católicos, tuvieron como consecuencia el acercamiento de los dos grandes partidos de la oposición belga –el «unionismo»– contra Holanda, que sirvió de punto de arranque a una vasta campaña de peticiones. No era todavía la independencia lo que pedían los belgas, sino la abrogación del régimen personal. Pero después de la insurrección de Bruselas del 25 de agosto de 1830 –consecuencia totalmente inesperada de los acontecimientos parisinos– y del inútil esfuerzo desplegado por Guillermo I para recuperar la capital (23-26 de septiembre), se constituyó un gobierno provisional, que reclamó la independencia y convocó un Congreso nacional.

Los acontecimientos belgas constituyeron la primera brecha abierta en el estatuto territorial establecido en 1815. Podían, por ello, permitir a Francia revisar sus fronteras. El peligro era tanto mayor cuanto que la Francia democrática había manifestado inmediatamente un vivo entusiasmo hacia los insurrectos. Ciertamente, la opinión belga, exceptuando algunos centros industriales del valle del Mosa, no era favorable a una adhesión a Francia, y el clero era resueltamente hostil a esa posibilidad; sin embargo, a finales de septiembre el gobierno provisional había enviado a uno de sus miembros, Gendebien, para pedir el apoyo material del poderoso vecino. La reacción de los soberanos europeos fue entonces muy viva, e inmediatamente movilizaron sus tropas. Pero el gobierno de Luis Felipe supo mostrarse a un tiempo enérgico y tranquilizador: satisfecho por la dislocación de los Países Bajos, máquina de guerra contra Francia, el rey manifestó solemnemente absoluto desinterés territorial respecto a Bélgica y declaró que no estaba dispuesto a inmiscuirse en el problema, pero tampoco a tolerar la intervención de terceros. Al comportarse de este modo supo adelantarse a los deseos de Inglaterra, que, en virtud de declaraciones anteriores, se había comprometido a hacer respetar el principio de no intervención, pero que no hubiera tolerado ninguna extensión territorial por parte de Francia. Talleyrand, nombrado embajador en Londres, colaboró hábilmente con Palmerston para concordar el punto de vista de ambos gobiernos. Una conferencia de embajadores, reunida en Londres a comienzos de noviembre, decidió, sin que Rusia, por entonces paralizada por la insurrección polaca, pudiera oponerse a ello, la independencia del nuevo Estado belga. La presión franco-belga se orientó asimismo en favor de la neutralidad de Bélgica, que fue reconocida por la Conferencia de 1831. Esto último implicaba para Francia la ventaja de que Bélgica no podía servir en adelante de trampolín para un ataque dirigido contra ella, asegurando sus fronteras en el Nordeste; para Inglaterra significaba que la costa de Flandes no podría servir de terreno de ofensiva para una eventual armada continental.

Mucho más difícil fue el arreglo de la cuestión de los límites territoriales de Bélgica y la elección de su soberano. Sobre el primer punto, el deseo del Congreso belga de introducir en el marco del nuevo Estado a Luxemburgo, Limburgo y el Flandes zelandés, chocó con las decisiones de la conferencia, que se pronunció por la frontera de 1790. Sobre el segundo punto también surgieron dificultades cuando el Congreso eligió al duque de Nemours, segundo hijo de Luis Felipe (febrero de 1831); ante las protestas de Palmerston, Luis Felipe, que, sin embargo, había propiciado la candidatura de su hijo, para apartar del trono a un hijo de Eugenio Beauharnais, hacia el que se inclinaba la opinión de Bruselas, decidió dar marcha atrás. Finalmente, fue el candidato inglés, Leopoldo de Sajonia-Coburgo, el elegido (junio de 1831). Pero las condiciones territoriales favorables para Bélgica, establecidas por el Tratado de los 18 Artículos, provocaron la reacción violenta de Guillermo I, quien invadió sus antiguas provincias, incapaces de ofrecer resistencia. Luis Felipe envió inmediatamente un ejército que obligó a los holandeses a soltar su presa. Pero, a pesar de ello, Bélgica tuvo que aceptar el Tratado de los 24 Artículos (octubre de 1831), que le privaba de los territorios en litigio, y que, pese a ello, no sería ratificado por Holanda hasta 1839, ocho años después.

En el plano diplomático, la cuestión de la independencia belga había afirmado, frente a las potencias absolutistas, el entendimiento franco-inglés. Sin duda, este entendimiento solo había sido posible gracias a que Luis Felipe, rehusando admitir las exigencias del partido nacional en Francia y olvidando los orígenes populares de su poder, se mostró más preocupado por el equilibrio europeo que por las conquistas materiales. Aún a riesgo de comprometer su popularidad, se negó a aventurarse en una guerra incierta y renunció a la adquisición de las fronteras «naturales» de Francia, que había podido obtener anexionándose Bélgica o colocando a su hijo en el trono. Pero a costa de esos sacrificios logró desmantelar el sistema de protección establecido contra Francia en 1815. Ese resultado había sido alcanzado con el acuerdo de Inglaterra, que, comprendiendo que la letra del tratado estaba ya muerta, aceptó la independencia de Bélgica con la condición de que fuera neutral. De la simpatía de ambos gobiernos por los principios liberales surgió una *entente,* de la que Palmerston afirmó en marzo de 1831 que regiría las relaciones entre ambos países. No obstante, Inglaterra no cesó de mostrarse desconfiada, en particular con ocasión de la entrada de las tropas francesas en Bélgica, y jamás quiso concluir una alianza, como le había pedido Luis Felipe a raíz de la renuncia del duque de Nemours.

El éxito de las potencias liberales en Bélgica solo pudo ser obtenido a costa de la inhibición de las mismas en los otros países sublevados, donde los soberanos absolutistas eran perfectamente capaces de proseguir una política de implacable reacción. En el caso de Polonia, Francia se limitó a sugerir su mediación, que fue rechazada. En el caso italiano, el levantamiento de Romaña provocó sucesivamente dos intervenciones espectaculares de Austria, que ocupó Bolonia. Luis Felipe envió en febrero de 1832 un regimiento a Ancona; protesta espectacular, pero de eficacia dudosa, contra las actuaciones austriacas. Como miembro del partido de la resistencia, Casimir-Perier había dado a conocer, en su declaración ministerial, que no estaba dispuesto a convertirse en el campeón desinteresado de los pueblos oprimidos: «En el interior, el orden, sin sacrificar la libertad; en el exterior, la paz, sin que atente al honor».

Durante varios años, la *entente cordiale* permitiría la solución pacífica de un determinado número de conflictos. Este entendimiento se apoyaba sobre la similitud de los regímenes políticos –Carta revisada de 1830, *Reform Act* de 1832– sobre las simpatías personales que Luis Felipe tenía en Londres y el vínculo que había contraído a través de la familia de los Coburgo con la reina Victoria, así como sobre la amplitud de las inversiones financieras inglesas en los negocios industriales franceses. El duque de Broglie, quien a partir de 1832 ocupaba el Ministerio de Asuntos Exteriores, deseaba por afinidades personales –era yerno de madame de Staël y mantenía numerosas relaciones con el mundo liberal inglés–, así como por desconfianza frente a Austria, convertir el entendimiento con Inglaterra en un instrumento sólido que sirviera de contrapeso a las potencias conservadoras del Este. Tuvo el mérito de comprender que las alianzas no deben descansar tan solo en un acuerdo político, sino también en intereses económicos permanentes, en particular en la rebaja progresiva de las tarifas aduaneras entre ambos países. Pero en este terreno el duque, que era apoyado por las Cámaras de Comercio de los grandes puertos franceses y alentado por el economista inglés Bowring, tuvo que enfrentarse con la hostilidad de los industriales proteccionistas, que ejercían una influencia decisiva sobre una fracción importante del Parlamento. ¿Habría estado dispuesto a comprar una alianza diplomática a cambio de importantes concesiones comerciales, como parecía incitarle Palmerston? En cualquier caso, este último no se mostraba favorable a un compromiso de carácter general, que ataría por mucho tiempo a la diplomacia inglesa: «No tenemos nada que objetar –afirmó– a tratados cuyo objeto está especificado, definido y con carácter inmediato; pero no nos gustan los tratados firmados en relación con circunstancias indefinidas e imprevisibles. Deseamos continuar libres en nuestra apreciación de cada ocasión que puede presentarse, teniendo en cuenta todas las circunstancias concomitantes; y no queremos estar ligados por compromisos contraídos, ignorando el carácter particular de los acontecimientos a los que podrían aplicarse».

El acercamiento franco-inglés se manifestó con motivo de la primera crisis egipcia, y posteriormente, con motivo de la guerra civil en la península ibérica. En 1832, la rebelión del pachá de Egipto Mehmet Alí contra el sultán Mahmud, provocó el fracaso de los ejércitos turcos en Siria y en Asia Menor, y la amenaza que a consecuencia de ello se cernía sobre Constantinopla condujo a que Rusia anclara su flota en el Bósforo. La diplomacia anglo-francesa logró evitar lo peor reconciliando al sultán con su pachá, que recibió Siria por el Tratado de Kutahia (mayo de 1833), pero no pudo impedir que Rusia continuara logrando ventajas a costa de la Sublime Puerta. El Tratado de Unkiar Skelessi (julio de 1833) obligó a esta última a cerrar el paso a toda flota extranjera: Tratado de incalculable alcance, puesto que establecía una especie de protectorado de Rusia, libre de todo peligro en el mar negro, y libre, en caso de guerra, de ocupar los estrechos o franquearlos según el interés de su política. El conflicto entre Turquía y Egipto subrayaba el reagrupamiento ideológico de las potencias. Descontento con la actitud de las potencias occidentales, Nicolás I se esforzó, durante las Conferencias de Münchengrätz (octubre de 1833), en reconstituir con Austria y Prusia una especie de Santa Alianza, que intentó hacer revivir el principio de intervención para la defensa de las Coronas amenazadas. A manera de respuesta, Broglie ofreció a Palmerston la firma de un tratado de alianza defensiva que fue rechazado; pero logró, en cambio, inmiscuirse en los asuntos ibéricos, donde Palmerston se había convertido, desde la muerte de Fernando VII (1833), en el campeón de los soberanos liberales, tras su promesa de apoyar en Portugal a la joven doña María, y en España, a la reina Isabel y a la regente María Cristina contra los pretendientes «carlistas», don Miguel y don Carlos, apoyados por Metternich. De este modo pudo firmarse, en abril de 1834, el Tratado de la Cuádruple Alianza, limitado por lo demás a los asuntos ibéricos. A los ojos de la opinión europea, que exageró por otra parte su alcance, la Cuádruple Alianza era la respuesta de los Estados liberales a la convención de Münchengrätz, y los representantes de las tres Cortes absolutistas abandonaron conjuntamente Madrid en señal de protesta. Realmente, la ideología dividió, en relación con la guerra civil española, a Europa en dos campos.

Para ser exactos, la *entente cordiale* subsistió hasta 1840, pero desde 1834 se reveló artificial e infructuosa. En el fondo, ni franceses ni ingleses eran demasiado partidarios de continuar con ella: en París, Thiers, que había sucedido a Broglie, por su formación de historiador simpatizaba escasamente con Inglaterra, la enemiga de Napoleón. En cuanto a Palmerston, se mostró desconfiado respecto a Francia, sospechando siempre, desde que participó en el Almirantazgo, en la lucha contra Napoleón, de sus ideas expansionistas; tan solo se había aproximado a Francia con la idea de controlarla mejor y, sobre todo, para apartarla de Rusia. A pesar de sus protestas, continuó apegado de hecho al espíritu de la Alianza de 1815. En el liberalismo veía principalmente una prueba de debilidad de los demás, sirviéndose de él como un medio para garantizar la supremacía de Inglaterra, cuyos intereses eran lo único que le preocupaba. Con sus indiscutibles cualidades, su lealtad y su notable sentido de responsabilidad aportó en las negociaciones diplomáticas métodos extremadamente autoritarios y ofensivos, intentando satisfacer sus deseos de venganza personales y sin mostrar el menor miramiento hacia el contrario. La oposición entre Francia e Inglaterra se hizo manifiesta en primer lugar en España, donde la primera apoyó a los «moderados», y la segunda a los «exaltados» –Martínez de la Rosa es el hombre de Francia, y Mendizábal, el de Inglaterra–, mientras Espartero, jefe del gobierno, después de derrotar a los carlistas (1839) favoreció abiertamente a Gran Bretaña, autorizando a las sociedades inglesas a comprar a bajo precio los bienes confiscados a las comunidades religiosas. Pero fueron los conflictos coloniales, en particular en África del Norte, donde los ingleses temían un intento de expansión francesa a partir de Argelia hacia Marruecos y Túnez, y el mantenimiento, por último, de una legislación proteccionista en Francia los que proporcionaron, en ambos países, argumentos para los partidarios de una distensión del entendimiento entre ellos.

En realidad, Luis Felipe, que trató por todos los medios de hacerse perdonar los orígenes de su poder, tendía, con el apoyo de Thiers y de Moldé, a aproximarse a las potencias absolutistas. En la cuestión de la República de Cracovia y en la de los refugiados suizos alineó su política con la de Metternich. No pudo obtener para su hijo, el duque de Orleans, la mano de una archiduquesa, pero logró forzar el «bloqueo matrimonial», y el duque de Orleans acabó por casarse con la hija del duque de Mecklemburgo-Schwerin, vinculada a la familia real de Prusia. En 1838, Molé negoció con Metternich la retirada simultánea de las tropas de ocupación de Ancona y de Bolonia. Aunque, en el fondo, en las Cortes del *Ancien Régime,* subsistía la desconfianza hacia Francia, por lo que, a la vez que el entendimiento franco-inglés se vaciaba de su sustancia, tampoco pudo Francia integrarse en un nuevo sistema de alianzas. Durante la crisis de 1840 calibraría el grado de su aislamiento.

La Segunda Guerra turco-egipcia reveló la amplitud de las rivalidades. La política de Palmerston en la cuestión de Oriente derivaba, desde 1834, de unos cuantos principios muy simples. En primer lugar, estaba decidido a arrebatar a Rusia la influencia que gozaba sobre Constantinopla a raíz del Tratado de Unkiar Skelessi. Ciertamente, no compartía el temor y la hostilidad de sus compatriotas, entre los que se había desarrollado por entonces un intenso clima de rusofobia, y tampoco aprobaba las violencias de su agente diplomático Urquhart, que llevaba hasta la monomanía su hostilidad frente a las ambiciones rusas, intentando comprometer al gobierno de Nicolás I mediante la publicación en *The Portfolio* de documentos secretos robados al gran duque Constantino. Pero estaba decidido a impedir que el gobierno de San Petersburgo gozara de los privilegios que conquistó en 1833. Aunque más que a Rusia, temía al expansionismo de Mehmet Alí, cliente de Francia, al que atribuía la pretensión de establecer un gran Estado árabe capaz de dominar el Mediterráneo oriental y cuyas ambiciones podrían comprometer la seguridad de la ruta de las Indias. Por eso firmó, en 1838, con el sultán Mahmud un tratado comercial que perjudicaba a Egipto, y en 1839 logró que se le cediera Adén. La crisis comenzó con el ataque de Mahmud contra Siria, que acabó con su propia derrota: su muerte brutal dejó la Sublime Puerta a disposición del pachá de Egipto (junio de 1839). Palmerston procedió con la máxima rapidez para impedir una intervención aislada de Rusia. Aprovechando la disposición conciliatoria del gobierno francés, que aceptó la idea de una solución internacional de la crisis, negoció una nota de las cinco grandes potencias (julio de 1839), por la que se establecía una tutela colectiva de las cinco grandes potencias sobre el Imperio otomano. Quedaban por fijar las condiciones de la paz turco-egipcia, asunto sobre el cual negociaba una conferencia de embajadores reunida en Viena; pero sobre este aspecto surgió inmediatamente una divergencia fundamental entre Francia, que se negaba a toda medida de coerción contra Mehmet Alí, e Inglaterra, que deseaba que las potencias exigieran al pachá la devolución de la flota turca que había requisado y el abandono de Siria. Palmerston no dudó en iniciar negociaciones con Rusia, que por su parte trataba de forzar una fisura en la *entente cordiale*. De hecho la opinión francesa deseaba que la solución de la crisis fuera favorable al pachá; planteó, pues, que sus posesiones fueran hereditarias y que se le respetara Siria en toda su integridad. A las propuestas de Palmerston de una especie de reparto de Siria, el ministro de Asuntos Exteriores francés, mariscal Soult, había respondido negativamente. Thiers, que le sucedió en 1840, hizo aún más rígida la posición de Francia, esperando que Mehmet Alí y la Sublime Puerta llegaran directamente a un acuerdo, y que las potencias, cansadas por una guerra agotadora, acabarían por ceder. Invocando la contradicción entre esos intentos y la nota de las cinco grandes potencias, Palmerston obtuvo de Rusia, de Austria y de Prusia la firma del Tratado de Londres (julio de 1840), que dejaba Egipto a Mehmet Alí, con carácter hereditario, y el Bajalato de San Juan de Acre, a título vitalicio, a cambio de una sumisión inmediata. El gobierno francés, advertido del hecho consumado, interpretó el acta de Londres como una manifestación de la voluntad de las grandes potencias de humillar a Francia, incluso como un intento de reconstituir contra ella la coalición de 1814. ¿Estallaría la guerra? La ruptura de hostilidades era tanto más de temer cuanto la opinión francesa, sobreexcitada, hablaba de «jugar el formidable juego de las revoluciones», sugiriendo la reconquista de las fronteras del Rhin (lo que provocó, de rechazo, un despertar del nacionalismo germano contra Francia, cuyo testimonio más llamativo fue *El Rhin alemán* del poeta polaco Becker), mientras Thiers se dedicaba a una política de fanfarronadas militares. Sin embargo, tras el bombardeo de Beirut y la retirada de los cónsules de Alejandría, se evidenció que las potencias estaban determinadas a hacer respetar las decisiones tomadas en Londres. Luis Felipe no quiso dejarse arrastrar a una guerra por su «pequeño ministro» y se negó a refrendar un discurso belicoso de este. Thiers fue sustituido por Guizot, que siendo embajador en Londres había desaprobado la política exterior hasta entonces seguida. Además, ante la aparición de una flota ante Alejandría, Mehmet Alí capituló sin condiciones. Palmerston, sin duda, hubiera deseado la total humillación del pachá; pero ni sus colegas ni Metternich le siguieron por ese camino, y Mehmet Alí mantuvo Egipto con carácter hereditario. En cuanto a Francia, deseosa de reingresar en el concierto europeo, se asoció a la Convención de los Estrechos (julio de 1841), que cerraba el paso de estos a todo navío de guerra. De este modo la crisis terminaba con el triunfo de Inglaterra, que, marginando a Rusia de los estrechos y a Francia del Nilo, se aseguró una posición preponderante en el Mediterráneo. Por muy descorteses y brutales que fueran los métodos diplomáticos de Palmerston, no cabe la menor duda de que este último fue uno de los grandes promotores de la potencia de Inglaterra en el mundo.

¿Se volvería otra vez a la *entente cordiale*? Comprometida en una política de expansión en todas las partes del mundo (establecimiento en Afganistán, expansión en China, delimitación de territorios en la Colombia británica), Inglaterra continuaba siendo partidaria de una política de equilibrio en el continente europeo. lord Aberdeen, que sucedió, en agosto de 1841, a Palmerston al frente del Foreign Office, deseaba reanudar los lazos con Francia, sobre todo con la esperanza de mantener aislada a Rusia en Oriente. Ahora bien, Guizot, gran admirador del constitucionalismo británico, al que había dedicado una gran parte de sus estudios históricos y que, debido a sus orígenes protestantes, contaba con muchas simpatías del otro lado del Canal de la Mancha, también era favorable a una reactivación de la *entente cordiale*. Veía en ella la garantía de una fructuosa colaboración económica, en especial en la construcción de los ferrocarriles franceses. El nuevo entendimiento se basaba fundamentalmente en las relaciones de ambos ministros, amigos ambos de la princesa de Liéven, así como en los lazos que se establecieron entre las dos familias reinantes: en 1843 y en 1845, la reina Victoria visitó en Eu a Luis Felipe, que por su parte devolvió la visita a la reina en Windsor, en 1844. Por supuesto, los soberanos absolutistas se sentían celosos de estas relaciones cordiales; pero el viaje que el zar realizó a Londres en junio de 1844 no condujo a resultados prácticos. La *entente cordiale* permitió resolver amistosamente algunos problemas difíciles: supresión del derecho de visita de los barcos negreros, solución del asunto Pritchard, cónsul inglés en Tahití, que debido a sus actuaciones políticas tuvo que ser expulsado, pero a quien Guizot concedió una indemnización. No obstante, la falta de comprensión recíproca comprometió a la larga un entendimiento que la persistente rivalidad económica y política en España entre ambas potencias transformó finalmente en conflicto. Tal vez Guizot soñaba en convertir a España en una de las piezas de una liga de los Borbones, de París, Nápoles y Madrid, esbozo de una amplia política mediterránea, de la que el tratado de comercio franco-piamontés de agosto de 1843 habría sido otro elemento. En cambio, Inglaterra no estaba dispuesta a dejar que Francia, dueña ya de Argelia, obtuviese un lugar preponderante en España, que le habría permitido dominar en el Mediterráneo occidental. La rivalidad se hizo manifiesta en torno a la cuestión de los «matrimonios españoles»: ¿se casaría la reina Isabel con un Coburgo, primo hermano de la reina Victoria, o con un hijo de Luis Felipe? En 1843, cuando la primera visita de Eu, ambos monarcas habían aceptado un «desistimiento mutuo»; pero en 1844, Guizot trató de casar a María Luisa, hermana de la reina Isabel, con el duque de Montpensier (aunque ya había nacido un heredero real). Palmerston, vuelto al poder, tomó como pretexto esta iniciativa para replantear la candidatura Coburgo; Guizot se creyó entonces con derecho a insistir en sus promesas y negociar simultáneamente el matrimonio de Isabel y de María Luisa, a lo que accedió el gobierno de Madrid algunos meses después. Palmerston aprovechó la cuestión de los «matrimonios españoles» para orientar a la opinión inglesa contra Francia, revelando a Thiers y a los miembros de la oposición parlamentaria documentos comprometedores para Guizot.

El fracaso de la *entente cordiale* permitió a los Estados absolutistas disfrutar de mayor libertad de maniobra: en 1846, Metternich decidió la anexión, a favor de Austria, de la República de Cracovia, sin que se produjera por ello ninguna protesta. Además, tras la ruptura con Inglaterra, el gobierno de Luis Felipe, conforme a su inclinación personal, se orientó de nuevo hacia las potencias conservadoras. El acercamiento de Guizot y Metternich, basado en la inquietud de ambos ante el progreso del poder de Prusia en Alemania, tendría ocasión de afirmarse con ocasión de la Guerra del Sonderbund. Los radicales suizos tenían, efectivamente, como objetivo la transformación de la Confederación en un Estado centralizado y unitario, en contra de las estipulaciones de los Tratados de 1815, y Metternich, para contrarrestarlo, había transmitido, en junio de 1847, una invitación a las potencias para que se comprometieran a respetar el estatuto de Suiza y las libertades católicas. Sin aceptar esta invitación, Guizot había sugerido, contra el gobierno de Berna, que ordenó una medida de ejecución federal contra los cantones católicos del Sonderbund, una acción concertada de las potencias, invitando también a Inglaterra para que interviniera. La habilidad de Palmerston consistió en aceptar en principio, pero proponiendo un contraproyecto, para ganar tiempo y permitir que, mientras tanto, fueran aplastados los cantones católicos. El gobierno suizo pudo, por ello, rechazar el ofrecimiento de mediación europea. Las potencias, con excepción de Inglaterra, protestaron inútilmente en enero de 1848 contra la ilegalidad de las operaciones, y anunciaron medidas cuya puesta en práctica fue impedida por las Revoluciones de 1848.

La política de Guizot no era, realmente, una política típica de la reacción. Intentó actuar de mediador entre la corriente revolucionaria que se desencadenaba sobre Europa y la corriente de opresión protagonizada por Austria. Guizot deseaba reformas moderadas que respetaran el orden establecido: política que expuso a Metternich, primero mediante un emisario personal, el alemán Klindworth, y seguidamente en una carta personal de 1847. Política que intentó hacer prevalecer en Italia, donde, para dar respuesta a la agitación revolucionaria, Austria ocupó Ferrara, pero donde el gobierno francés, al mismo tiempo que trataba de frenar a Austria en la vía de la intervención, solicitó de los soberanos, y en particular del papa, reformas administrativas: a ello se dedicó su embajador en Roma, Pellegrino Rossi. Política difícil de realizar porque tenía que enfrentarse a la hostilidad que despertaba la nación francesa y a la desconfianza de las potencias absolutistas. Mientras pretendía presentarse como el guía del liberalismo europeo, dentro de unos límites razonables, Guizot aparecía en realidad como el instrumento de la política de la reacción. Entre tanto, a Palmerston le resultaba mucho más fácil enviar agentes para tomar contacto por doquier con los elementos revolucionarios –por ejemplo, en Italia, lord Minto, miembro de su propio gabinete– y presentarse como el protector de las nacionalidades frente a la reaccionaria Austria.

Al romper en 1846 con Francia, y al obligar a Luis Felipe a realizar intentos de acercamiento con las potencias absolutistas, Inglaterra contribuyó a desencadenar la Revolución de 1848. Además, al fomentar por todas partes el despertar de las nacionalidades y la agitación liberal, Inglaterra se disponía a destruir la Europa de los Tratados de 1815. Pero tanto apoyándose, como hizo Castlereagh, en las potencias victoriosas sobre Napoleón, o aliándose, como en la época de Palmerston, a la propaganda revolucionaria, el objetivo que persiguió fue siempre la división y la impotencia del continente. Tras las brillantes victorias obtenidas, sin combatir, en el frente Atlántico y posteriormente en el Mediterráneo, continuó extendiendo sus intereses por el mundo, frente a una Europa que no encontraba en su seno ningún elemento estable de organización.

X. CONCLUSIÓN.
LAS CAUSAS DE LAS REVOLUCIONES DE 1848

Exceptuando a Grecia y Bélgica, el mapa político de Europa no había variado desde el Congreso de Viena hasta 1848. Pero la conmoción moral que se había producido durante esos treinta años era considerable, y en 1847 el estado de efervescencia de la opinión era tal que se puede afirmar, sin temor a caer en exageraciones, que la Europa de los Tratados de 1815 estaba ya caduca, que no era más que una fachada y que el equilibrio político era extremadamente precario. Prueba de ello es la desproporción entre las causas inmediatas de las diferentes Revoluciones, en general incidentes insignificantes, y la amplitud de la conmoción que representaron esas Revoluciones, y que respondía, evidentemente, a causas mucho más profundas.

Con sobrada razón se ha escrito que las Revoluciones de 1848 se debieron a la conjunción de una crisis económica y de un descontento político. Como en 1789 y en 1830, la crisis política coincidió con una crisis económica. Cualquier explicación unilateral del movimiento revolucionario se enfrentaría, pues, con insuperables dificultades; pero aun así hay que establecer equitativamente la parte desempeñada por cada uno de esos factores.

Sobre la importancia de la crisis cíclica de 1847 el acuerdo entre los historiadores es total: no se discute el doble carácter de esta crisis, a saber, crisis agrícola de tipo antiguo, crisis de crédito de nuevo tipo. Pero no hay un acuerdo equivalente en torno a la valoración de cada uno de estos dos fenómenos. Para unos, la crisis aparece esencialmente como una crisis agrícola, que repercutió progresivamente sobre la economía general del país; su origen hay que situarlo en una carencia de alimentos provocada por la enfermedad de la patata, que destruyó la casi totalidad de la cosecha, sobre todo en Irlanda, en Flandes, en los Países Bajos y en Alemania. Al año siguiente sucedió otro tanto con los cereales: una brusca sequía y un calor excepcional destruyeron la cosecha de cereales, agravada por la falta de reservas del año anterior. En Europa occidental y en Europa central la penuria alimenticia comenzó a sentirse a partir de la primavera de 1847. Los efectos de esta escasez de subsistencias, acompañada en toda Europa por desórdenes populares, fueron particularmente dolorosos en el campo, donde la economía se apoyaba en una mezcla de cultivo y de trabajo industrial, ya que la pequeña industria doméstica o artesanal a duras penas venía soportando la competencia de la producción fabril. El efecto se dejó sentir rápidamente en el mercado de la industria textil, provocando el paro total o parcial. Las otras formas de trabajo industrial se vieron a su vez afectadas inmediatamente, mientras que, como resultado de la crisis, ya no era posible recurrir ni al crédito ni a la ayuda del Estado para proseguir las grandes obras de interés nacional, en especial la construcción de ferrocarriles, que habían suscitado a partir de 1841 una gran fiebre especulativa. La crisis agrícola, al obligar a los bancos y al gobierno a importantes compras de trigo en el extranjero, vació por completo sus cajas. Las quiebras se multiplicaron, mientras las cajas de los grandes establecimientos nacionales de crédito se vaciaban, a pesar del alza general de la tasa de descuento. Sin embargo, algunos historiadores han opuesto a esta visión tradicional de la crisis económica la preponderancia de los factores financieros, explicativos, con exclusión de todos los demás, del profundo cambio de estructuras. Efectivamente, en una primera fase, dominada por la euforia y el auge, las inversiones, sobre todo las ferroviarias e industriales, fueron progresivamente en aumento. Debido a ello, la liquidez de los bancos y de las empresas se redujo considerablemente. La propia agricultura se vio arrastrada por el movimiento, atraída por la importancia de los beneficios industriales, muy superiores a los beneficios agrícolas; los propietarios se vieron inducidos a desviar una gran parte de sus capitales hacia inversiones mobiliarias y a reducir en idénticas proporciones la extensión de sus sembrados. Sin embargo, en una segunda fase el abuso de las inversiones, por lo demás frecuentemente poco sólidas, incluso puramente especulativas, provocó una distorsión entre capitales fijos y capitales circulantes, reduciéndose estos últimos poco a poco. De todo ello se derivó una falta creciente de liquidez: para procurarse liquidez, las empresas inundaron el mercado con masas de títulos que rápidamente se depreciaban. El pánico bancario, generador de quiebras, provocó una inmediata baja general del precio de las mercancías a consecuencia de la atonía general de los negocios. Las quiebras industriales y comerciales se multiplicaron y la depresión repercutió sobre el sector agrícola a través de la baja de precios, del endeudamiento y de la falta de liquidez. Así pues, la crisis agrícola ya no es la causa, sino la consecuencia de la crisis general, como ya lo había afirmado el *Journal des Economistes* en 1847, y los acontecimientos de 1845-1847 aparecen como el preludio de las grandes crisis del mundo moderno, dominadas por la especulación y el abuso del crédito.

Sin embargo, independientemente de cuál sea el orden que se atribuya a esos diversos factores, es evidente que las Revoluciones de 1848 no se sitúan en el momento álgido de la crisis, sino en el periodo de lenta recuperación que siguió a la misma. Los precios, que se elevaron entre 1845 y 1847 del 100 al 150 por 100, en 1848 tienden a estabilizarse, mientras los salarios permanecen a un nivel mediocre. Si las causas de la Revolución hubieran sido exclusivamente económicas, habría estallado un año antes. Pero la miseria solo provocó motines. Aunque es cierto que la oleada de precios altos y los sufrimientos que implicaron asolaron Europa y, como una inundación cuando se retira, dejaron tras de sí a toda una población siniestrada y con las reservas agotadas. Además la crisis, al erosionar la autoridad y el crédito del Estado, preparó el terreno para la propaganda subversiva. La crisis, se ha dicho, «despertó todos los agravios», intensificó y sincronizó los descontentos.

Ahora bien, estos últimos eran de orden esencialmente político. La falta de libertad, bajo una forma u otra, fue lo que más profundamente sintieron las naciones y lo que les empujó a empuñar las armas. En Francia, la esperanza de 1830 se perdió ante el desarrollo de la reacción: los franceses habían soñado con un soberano que les guiara hacia el sufragio universal y con una monarquía que sería, según la famosa frase, la mejor de las repúblicas; ahora bien, tuvieron que enfrentarse con un rey que se opuso a toda veleidad de emancipación política y que se negó a reconocer otra cosa que no fuera el «país legal», desdeñando al «país real» y a la oposición, que reclamaba la reforma electoral y parlamentaria. En Alemania, donde la Dieta no constituía más que una oficina de policía que perseguía a la prensa liberal, el descontento lo fomentó principalmente la práctica del absolutismo, el odio al

Estado burocrático y policíaco, y el sentimiento de inseguridad personal en el que vivía cada ciudadano; solo a duras penas se soportaba la vigilancia mezquina de la vida intelectual y las medidas arbitrarias que diariamente se abatían sobre los elementos más progresistas de la nación. La reacción todavía se soportaba con mayor dificultad en Austria, donde el viejo régimen, sumergido en la rutina y en el papeleo, y cuyos destinos continuaba presidiendo Metternich, se apoyaba en la censura y en la policía secreta. Y, finalmente, en Italia, donde el absolutismo se combinaba con el espionaje, el favoritismo y la delación.

Frente a las fuerzas de la reacción, los elementos liberales tomaron conciencia de su solidaridad. Luis Felipe pudo negarse a convertirse en abogado y protector de las reivindicaciones liberales en Europa, pero la opinión pública le sustituyó en este cometido. No solamente los republicanos, sino toda la izquierda, e incluso hombres como Thiers, basaban el prestigio de su patria en el triunfo de las ideas revolucionarias; París se había convertido en la capital del liberalismo europeo, en el refugio de los perseguidos políticos polacos, alemanes, italianos, en la escuela donde se formaba una cohorte de profesores o de estudiantes extranjeros; el francés, todavía lengua de la buena sociedad, servía para transportar hasta los Balcanes al conjunto de las ideas liberales. En Francia se había formado en 1834 la Liga de los Proscritos, y en 1844, la Joven Europa de Mazzini y los *Anales francoalemanes*. También era en París donde residía el núcleo esencial de la emigración polaca, que indefectiblemente se encontraba comprometida en todas las intentonas revolucionarias de los años treinta y cuarenta. Si no existió en 1848 una conspiración internacional, al menos no cabe duda de que hubo un cosmopolitismo revolucionario y una solidaridad de los liberales.

En los pueblos de Europa despertó la esperanza inseparable de las aspiraciones hacia el liberalismo, de ver cómo se constituían Estados fundados sobre una base nacional. Para apuntalar el principio de las nacionalidades, el romanticismo, aunque adoptó en sus comienzos una actitud reaccionaria, acabó tomando el relevo del pensamiento revolucionario. Michelet ve a Francia como la nación por excelencia, destinada a llamar a los otros pueblos a la independencia y a la unidad, y espera de la exaltación del sentimiento nacional la paz y la concordia universales; en *Le Peuple* (1846) escribió que la patria es la iniciación necesaria para la fraternidad universal. En sus lecciones en el Collège de France, dirigiéndose a un auditorio procedente de todos los rincones de Europa, exaltaba la idea de la nacionalidad, señalando como misión de Francia la de orientar a Europa por ese camino: «Francia –afirmó– es la portadora del genio divino de la sociedad; es el piloto del barco de la humanidad». En la elite europea penetró progresiva y profundamente la idea de que Francia era el depósito de la civilización moderna; por eso se le exigía que contribuyera a hacer triunfar las ideas de libertad y de nacionalidad, sobre las cuales se basa toda civilización. «Francia –escribía otro historiador, Edgar Quinet– ya no puede detenerse sin que millares de voces inmediatamente le griten: ¡Adelante! ¡Adelante!» Y en un folleto de 1847, *Sobre Francia, su genio y sus destinos,* Henri Martin escribió: «Nunca las nacionalidades han pesado tan gravemente sobre la política general que tratan de remodelar. Signos infalibles anuncian que dentro de pocos años las cuestiones de las nacionalidades, combinadas con las cuestiones sociales, dominarán sobre todas las demás en el continente, y que los Estados que no puedan por su razón de ser mantenerse dentro de ese principio serán transformados o disociados».

Para los teóricos de la idea de la nacionalidad, como Mazzini, la obra nacional no finaliza, por lo demás, en las fronteras de la nación; no se agota en la liberación y la realización de la nación; se eleva a la noción de humanidad: «La humanidad –proclama Mazzini– es la asociación de las patrias; la humanidad es la alianza de las naciones para realizar, en paz y con amor, su misión sobre la tierra».

Estas son las ideas maestras que provocaron los movimientos revolucionarios de 1848. En torno a ellos se produjo la unanimidad de quienes deseaban la destrucción del estatuto territorial y político creado por el Congreso de Viena. Ciertamente, la mayor parte de los hombres del cuarenta y ocho entrevieron esas transformaciones necesarias bajo el ángulo del idealismo, ignorando frecuente y totalmente las realidades materiales y la política de las potencias; tenían una concepción espiritualista de las relaciones internacionales y se dejaban mecer por la esperanza de la fraternidad universal. Sin embargo, las aspiraciones de los pueblos eran tan evidentes y tan fuertes que las autoridades establecidas tuvieron que desaparecer o que aceptar importantes concesiones, a partir del momento en que se vieron atacadas.

Sin embargo, estos deseos, ya fueran de naturaleza política o nacional, adquirieron aspectos muy diferentes, según el grado de madurez económica y las estructuras sociales de los países considerados. El resorte de la Revolución no podía ser el mismo en Francia, donde la burguesía había realizado desde hacía tiempo su revolución y donde realmente ejercía el poder, que en los países de Europa central, donde el *Ancien Régime* solo en parte había sido abolido y donde las antiguas clases dirigentes continuaban gobernando.

En Francia, la causa profunda de la Revolución radicó en el aislamiento de la alta burguesía, que se había identificado totalmente con el régimen. Tocqueville lo percibió con absoluta claridad en sus *Recuerdos:* «En 1830 el triunfo de la clase media había sido definitivo y tan completo que todos los poderes políticos, todas las franquías, todas las prerrogativas, y el mismo gobierno se encontraron encerrados y apilados dentro de los límites estrechos de esta clase, excluyendo de derecho a todo cuanto se encontraba por debajo de ella y de hecho a todo cuanto había estado por encima de ella. De este modo no solo fue la única clase dirigente de la sociedad, sino que también se puede decir que se convirtió en su administradora. […] El espíritu particularista de la clase media se convirtió en espíritu general del gobierno; dominó la política exterior, lo mismo que los asuntos internos. […] Dueña de todo, como nunca lo había sido y como probablemente jamás lo será aristocracia alguna, la clase media, convertida en gobierno, adquirió el aire de una industria privada; muy pronto se instaló en su poder y muy poco después en su egoísmo, y cada uno de sus miembros se preocupó mucho más de sus asuntos privados que de los negocios públicos, y de sus goces personales que de la grandeza de la nación». Sin embargo, en 1848 la gran burguesía era objeto de la desconfianza de la pequeña burguesía, que le reprochaba el haberse convertido en una burguesía monopolista. Constantemente, los escritores socialistas subrayaron los peligros que representaban para el artesanado los progresos de la gran empresa y la concentración industrial, tanto más cuanto que el gobierno se negaba a aplicar la ley sobre las coaliciones de capitales. Incluso en la gran burguesía el acuerdo tampoco era total: únicamente la aristocracia financiera, como comprobaba Marx, estaba totalmente satisfecha, mientras los medios industriales comenzaban a deslizarse hacia la oposición, inquietos por la amplitud que había adquirido la especulación. Pero, sobre todo, había nacido el proletariado y se había convertido en la clase «ascendente»: no el proletariado de antes, el proletariado disperso de la «manufactura» del siglo XVIII, sino un proletariado concentrado, formado por los obreros de las fábricas y el artesanado de los suburbios; un proletariado que manifestaba ya su conciencia de clase. Lo nuevo no era tanto la existencia de una clase obrera, sino el hecho de que la clase obrera tomara conciencia de su miseria y de su fuerza: el socialismo, incluso el comunismo, estaban al orden del día. Aun en este caso, el juicio de Tocqueville aparece como altamente significativo: «Observad lo que ocurre en el seno de esas clases obreras que actualmente, lo reconozco, se muestran tranquilas –el discurso de Tocqueville tiene por fecha el 27 de enero de 1848–. Sin duda es cierto que no se agitan por pasiones políticas propiamente dichas, en la misma medida en que se agitaban antes. ¿Pero no habéis observado que sus pasiones, de políticas se han convertido en sociales? ¿No os dais cuenta de que, poco a poco, se propagan en su seno opiniones, ideas, que no tienden a derrocar tales leyes, tal ministro, tal gobierno, sino la misma sociedad, a resquebrajar las bases sobre las que se asienta hoy día? ¿Es que no os dais cuenta de que paulatinamente se afirma en su seno que la división de los bienes que hasta ahora ha reinado en el mundo es injusta, que la propiedad se basa en premisas que no son justas? ¿Y no creéis que, cuando tales ideas penetran profundamente en la masas, conducen tarde o temprano a la más temible de las revoluciones?». Así pues, los conflictos sociales se presentan en 1848 como una lucha de clases triangular, con dos burguesías (la grande y la pequeña) y la masa popular. Contra la gran burguesía se hará la Revolución de febrero, aunque después las dos burguesías volverán a soldarse ante el peligro social y aislarán a su vez al proletariado. De cualquier forma, la Revolución de 1848 se realizó en Francia para abrir el «país legal» al conjunto de la nación.

En Alemania, más débilmente industrializada, donde las antiguas clases dirigentes, gracias al particularismo, mantenían una influencia preponderante, la burguesía de negocios aún tenía que conquistarse un puesto bajo el sol. Por ello será esa clase la que constituya el motor de la Revolución. El liberalismo representa, en vísperas de los acontecimientos de 1848, una fuerza cuya potencia ha podido medirse y que, bajo el efecto de la crisis económica, encontró una coyuntura favorable de la que supo sacar amplio provecho. En particular, la gran burguesía renana supo demostrar en el *Landtag* unido de 1848 una madurez política que no dejó de impresionar a los observadores extranjeros; disponía de opiniones consecuentes, fruto de una profunda reflexión, sobre el futuro de la nación alemana. En una Alemania constitucional y unificada, la burguesía podía esperar asegurarse el lugar preponderante que le conferían su riqueza, su actividad y su inteligencia. Pero, para realizar la Revolución, que le daría un puesto dominante en el gobierno del país, necesitaba el apoyo de las clases populares. Ahora bien, casi inmediatamente se encontró en presencia de brutales reacciones del mundo obrero, cuyas actuaciones, incluso antes de que se abriera el periodo revolucionario, llegaron a inquietarle vivamente, repugnándole convertirle en un aliado. En resumidas cuentas, la desgracia quiso que Alemania, cuya evolución económica se había visto retrasada por la división territorial, no pudiera llegar a promover instituciones liberales más que en el momento en que ya la gran industria había creado su antítesis en la forma de un proletariado amenazador. Habría sido necesario que las clases populares estuvieran en 1848 suficientemente educadas como para comprender la significación de la Revolución industrial; pero, de hecho, todavía no existía en Alemania una clase obrera homogénea y consciente de sus fines. Su centro de gravedad radicaba en un artesanado inquieto, amenazado de proletarización, pero que todavía se sentía atado a la burguesía y que buscaba la solución de la crisis no en la organización de la sociedad industrial, sino en el restablecimiento de los vínculos corporativos, en el pasado y no en el futuro; poco dispuesto, por consiguiente, a aceptar la situación humillante a la que le destinaba la revolución económica. La descripción social del *Manifiesto comunista* no constituía, en la época en que se redactó, sino una visión anticipada del porvenir. En el plano social, la Revolución de 1848 se presenta, pues, como un intento de la alta burguesía para garantizar en el plano político el lugar que le confería, desde la creación del *Zollverein,* su situación económica; pero, en presencia de las dificultades que aparecen a su izquierda, se sintió inclinada a pactar con las antiguas clases dirigentes. Por eso, en 1848, se inclinaba más hacia un reparto del poder que hacia su conquista.

En un país como Hungría, donde el sentimiento nacional era particularmente poderoso, pero donde la burguesía era casi inexistente y sin capacidad para tomar la dirección del movimiento de emancipación, el papel de Tercer Estado correspondió a la nobleza media, que, consciente de la crisis económica feudal, exigía la supresión de un sistema económico vetusto basado en la servidumbre. Pero también tenía que contar a su izquierda con una plebe noble, de la que una fracción considerable había realizado estudios en la universidad, y que constituía una especie de proletariado intelectual: de esta clase salió Kossuth. Luchando con ardor contra el régimen imperial y los aristócratas que lo defendían, Kossuth intentó hacer comprender al conjunto de la nobleza que solo adoptando un régimen democrático podría tomar la dirección del nuevo Estado nacional. Hungría había llegado, por consiguiente, como los otros Estados europeos, a un punto de su evolución en que la destrucción de los marcos existentes aparecía como una necesidad, pero donde el temor al radicalismo paralizaba la acción reformadora.

De este conjunto de observaciones se deduce que, en la base de las Revoluciones de 1848 existía un poderoso factor social, que la lucha se emprendió contra el egoísmo de las clases dirigentes, ya se tratara de un mundo todavía feudal, como en Europa central, o, como en Francia, de la alta burguesía que se negaba desde 1830 a compartir el poder. No cabe la menor duda de que en la óptica de los hombres del cuarenta y ocho la emancipación política y nacional estaba ligada a la destrucción de un sistema social vinculado al absolutismo y al particularismo. Sin embargo, la estructura de la sociedad continuó siendo para los revolucionarios un pesado hándicap. En efecto, las divisiones aparecen entre ellos a partir del mismo instante en que se trata de tomar posiciones frente a la participación del mundo de los trabajadores en la acción subversiva. Y en este problema es donde se hace manifiesto el carácter equívoco de la pequeña burguesía, que constituye un elemento al mismo tiempo esencial y dudoso en el transcurso de la acción revolucionaria. Engels observaba al respecto, a raíz de los acontecimientos de 1848: «Su posición intermedia entre los grandes capitalistas, comerciantes e industriales, la burguesía propiamente dicha, y la clase trabajadora o proletaria determina su carácter distintivo. Aspira a la posición de la burguesía, pero el menor revés de fortuna precipita a los individuos de esta clase en el proletariado. Tambaleándose continuamente entre la esperanza de elevarse, hasta integrarse en las filas de la clase más rica, y el miedo de verse reducida al estado de la clase proletaria o incluso indigente; desgarrada entre la esperanza de hacer avanzar sus intereses por la conquista de una parte de la dirección de los asuntos públicos y el miedo de provocar, por una oposición intempestiva, la cólera del gobierno, del que depende su propia existencia […], poseyendo una fortuna mediocre, cuya inseguridad está en relación inversa con su monto, esta clase es extremadamente vacilante en sus opiniones. Humilde y sometida indignamente bajo un gobierno feudal o monárquico poderoso, se inclina hacia el liberalismo cuando la burguesía está en proceso ascendente; experimenta violentos accesos democráticos tan pronto como la burguesía ha asegurado su propia supremacía, pero recae en un miserable desaliento desde el momento en que la clase que está debajo de ella, el proletariado, intenta un movimiento independiente». En definitiva, el sentimiento más importante que animaba a esta fracción tan importante de la opinión era el temor de la proletarización. Sin duda, el drama esencial para los hombres del cuarenta y ocho y la causa profunda de su fracaso final radicaba en el hecho de que las Revoluciones, provocadas por la voluntad unánime de los pueblos de acceder a la libertad y a la nacionalidad, sobrevinieron en una época en que la estructura económica y social, todavía fuertemente marcada por la formas del *Ancien Régime,* no permitía a la totalidad de las clases desheredadas formar un frente común contra las clases poseedoras, adoptando el estandarte de la revolución social.

BIBLIOGRAFÍA

Tan solo han sido incluidas en esta bibliografía las obras que nos parecen fundamentales y aquellas otras que modifican la interpretación tradicional de los acontecimientos. Quien lo desee podrá encontrar una bibliografía completa en J. Roach, *A Bibliography of Modern History* (Cambridge, 1968).

Obras de carácter general

W. Naef, *Die Epochen der neueren Geschichte,* II, 2.ª ed. (1960). M. Beloff, P. Renouvin, F. Senabel y F. Valsecchi, *L'Europe du XIXᵉ et du XXᵉ siècle,* I y II: 1815-1870 (1959). C. Cawley y J.-P. T. Bury (eds.), *The New Cambridge History,* t. 9 y 10 (1960 y 1965). F. Ponteil, *L'Eveil des nationalités et le mouvement libéral, 1815-1848* (1960). R. Schnerb, *Le XIXᵉ siècle* (1955) [ed. cast.: *Historia general de las civilizaciones,* vol. VI, Destino, Barcelona, 1965]. J. Droz, L. Genet y P. Viladenc, *Restaurations et Révolutions 1815-1871,* col. «Clio», tomo IX (1953). J.-B. Duroselle, *L'Europe de 1815 à nous jours,* col. «Nouvelle Clio», n.º 38 (1964) [ed. cast.: *Europa de 1815 a nuestros días: vida política y relaciones internacionales,* Labor, Madrid, 1971]. F. Artz, «Reaction and Revolution 1814-1832», en *The Rise of modern History,* t. XIV (1934). W. Langer, *Liberalism, Nationalism and Socialism, 1832-1852* (1935). J. Pirenne, *Les Grands courants de l'histoire universelle,* t. IV y V (1951 y 1953) [ed. cast.: *Historia Universal. Las grandes corrientes de la historia,* Éxito, Barcelona, 1972].

Historia de las relaciones internacionales

P. Renouvin, *Histoire des relations internationales,* t. V: *Le XIXᵉ siècle. De 1815 a 1871. L'Europe des nationalités et l'*éveil des nouveaux mondes (1954). F. L'Huilier, *De la Sainte-Alliance au Pacte Atlantique,* vol. I, 1815-1898. *L'Hégémonie européenne et la formation des nationalités* (1954). J. Droz, *Histoire diplomatique de 1648 à 1919* (1959). A. W. Ward y G. P. Gooch, *The Cambridge History of British Foreign Policy, 1783-1919,* t. II. C. K. Webster, *The Foreign Policy of Castlereagh, 1815-1822* (1925). H. Temperley, *The Foreign Policy of Canning* (1925). K. Griewank, *Der Wiener Kongress und die Neuordnung Europas* (1942). C. K. Webster, *The Congress of Vienna* (1934). J. H. Pirenne, *La Sainte-Alliance,* 2 vols. (1946 y 1949). M. Bourquin, *Histoire de la Sainte-Alliance* (1954). P. W. Schroeder, *Metternich's Diplomacy at its Zenith, 1820-1823* (1962). E. W. Cawley, *The Question of Greek independance* (1930). R. Guyot, *La Première Entente cordiale* (1926). S. Mastellone, *La Política estera del Guizot, 1840-1847. L'unione doganale. La lega borbonica* (1957). J. Parry, *The Spanisch marriages* (1936). W. Naef, *Die Schweiz in Metternichs Europa* (1940).

HISTORIA ECONÓMICA Y SOCIAL

G. Luzzatto, *Storia economica dell'e ta moderna e contemporanea,* t. (1948). W. Treue, *Wirtschaftsgeschichte der Neuzeit* (1962). J. H. Clapham, *The Economic development of France and Germany, 1815-1914,* 5.ª ed. (1948). O. S. Landes, *Technological change and development in Western Europe, 1750-1914,* en *Cambridge Economic History of Europe,* t. VI, 2 (s. f.). W. Abel, *Agrarkrisen und Agarkonjunkur in Metteleuropa,* vom 13, bis zum 19. Jahrhundert, 2.ª ed. (1966). W. O. Henderson, *Britain and industrial Europe, 1750-1870* (1954). M. Reinhard, A. Armengaud y A. Dupaquier, *Histoire générale de la population mondiale,* 2.ª ed. (1968) [ed. cast.: *Historia general de la población mundial,* Ariel, Barcelona, 1966]. C. M. Cipolla, *The Economic History of world population* (1962) [ed. cast.: *Historia económica de la población mundial,* EUDEBA, Buenos Aires, 1964]. M. Levy-Leboyer, *Les Banques européennes et l'industrialisation dans la première moitié du XIXe siècle* (1964). B. Gille, *Histoire de la maison Rothschild,* I: *des origines a 1848* (1965). J. Bouvier, *Les Rothschild* (1967). J. Kuczynski, *Die Geschichte der Lage der*

Arbeiter unter dem Kapitalismus (1961 y ss.), t. I, 8, 9-11, 18, 23, 24, 32.

HISTORIA DE LA IGLESIA

J. Leflon, *La Crise révolutionnaire, 1789-1846,* en *Historie de l'Eglise,* de A. Fliche y V. Martin (1949). J. Schmiolin, *Papstgeschichte der neuren Zeit,* t. I y 11 (1933-1934). G. Leonard, *Histoire générale du protestantisme,* t. III: *Déclin et renouveau* (1964) [ed. cast.: *Historia general del protestantistmo,* Península, Barcelona, 1967]. H. Meier, *Revolution und Kirche. Studien zur Frühgeschichte der christlichen Demokratie* (1965).

HISTORIA DE LAS IDEAS POLÍTICAS Y ECONOMICAS

P. Touchard, *Histoire des idées politiques,* t. II: *Du XVIIIe siècle a nos jours* (1962) [ed. cast.: *Historia de las ideas políticas,* Tecnos, Madrid, 1972]. G. H. Sabine, *A History of political theory* (1960) [ed. cast.: *Historia de la teoría política,* Fondo de Cultira Económica, México, 1970]. W. Theimer, *Geschichte der politischen Ideen* (1955) [ed. cast.: *Historia de las ideas políticas,* Ariel, Barcelona, 1969]. G. D. H. Cole, *Socialist thought. The Forerunners, 1789-1850* (1955) [ed. cast.: Historia del pensamiento socialista, Fondo de Cultura Económica, México, 1962]. L. Gall, *Benjamin Constant. Seine politische Ideenwelt und der deutsche Vormärz* (1963). E. Halevy, *Histoire du socialisme européen* (1948). H. Kohn, *Die idee des Nationalismus* (1947) [ed. cast.: *Historia del nacionalismo,* Fondo de Cultura Económica, México, 1949]. E. Lemberg, *Nationalismus* (1964). G. P. Gooch, *History and Historians in the 19th century* (1958). C. Gide y C. Rist, *Histoire des doctrines économiques,* t. I: *Des Physiocrates a John Stuart Mill* (1947). E. James, *Histoire des doctrines économiques* (1950) [ed. cast.: Historia del pensamiento económico, Aguilar, Madrid, 1963]. G. Myrdal, *The Political elements in the development of economic theory* (1953) [ed. cast.: *El elemento político en el desarrollo de la teoría económica,* Gredos, Madrid, 1967].

HISTORIA DE LOS PRINCIPALES PAÍSES

Gran Bretaña

E. Halevy, *Histoire du peuple anglais au XIXe siècle,* vol. I: *L'Angleterre en 1815* (1912); vol. II: *Du lendemain de Waterloo au Reform Bill, 1815-1830* (1923); vol. III: *De la crise du Reform Bill l'avènement de Sir Robert Peel 1830-1841* (1923); vol. IV: *Le milieu du siècle, 1841-1852* (1946). E. L. Woodmard, *The Age of reform, 1815-1870,* en *Oxford History of England,* t. XIII (1960). D. Beales, *From Castlereagh to Gladstone, 1815-1885* (s. f.). A. Briggs, *The Age of improvement 1774-1874* (1959). G. M. Trevelyan, *British History in the Nineteenth Century and after 1782-1919* (1945). P. Deane y W. A. Cole, *British economic growth 1688-1959* (1962). J. D. Chambers y G. E. Mingay, *The Agricultural Revolution, 1750-1880* (1966). A. D. Gayer, W. Rostow, *et al., The Growth and fluctuations of the British economy, 1790-1850,* 2.ª ed. (1953). A. L. Morton y G. Tate, *Histoire du mouvement ouvrier anglais* (1963) [ed. cast.: *Historia del movimiento obrero inglés,* Fundamentos, Madrid, 1971]. E. P. Thomson, *The Making of the English working class* (1963) [ed. cast.: *La formación de la clase obrera en Inglaterra,* Madrid, Capitán Swing, 2012]. A. S. Tuberville, *The House of Lords in the age of Reform, 1784-1837* (1958). N. Gash, *Politics in the age of Peel* (1953). M. McCord, *The Anti-corn League* (1958). W. Anson, *Law and Custom of the Constitution,* 2 vols. (1922 y 1935). D. L. Keir, *The Constitutional History of Great Britain, 1485-1937* (1948). J. Redlivh, *The History of local government in England* (1958). E. Halevy, *La Formation du radicalisme philosophique,* 3 vols. (1901-1904). S. Macoby, *English Radicalism,* II: *From Paine to Cobbett* (1955). G. D. H. Cole, *A Short History of the British class movement, 1789-1937* (s. f.). E. Dolleans, *Le Chartisme* (1949). D. Williams y J. Frost, *A Study in Chartism* (1938). K. G. Felling, *The Second Tiry Party, 1714-1832* (1938). R. H. Hill, *Torysm and the People, 1832-1846* (1929). E. Curtis, *A History of Ireland* (1945). D. Gwynn, *Laniel O'Connell* (1947). R. B. McDowell, *Public Opinion and Government Policy in Ireland, 1801-1846* (1952). R. D. Edwards y T. D. Williams, *The Great Famine. Studies in Irish History, 1845-1852* (1956). C. F. Harrold, *J. H. Newman. An Expository and critical study of his mind, thought and art* (1945).

Francia

F. Ponteil, *La Monarchic parlementaire, 1815-1848* (1949). P. Bastid, *Les Institutions politiques de la Monarchie parlementaire française, 1814-1848* (1954). G. Bertier de Sauvigny, *La Restauration* (1955). P. Thureau-Dangin, *Histoire de la Monarchic de Juillet*, 7 vols. (1884-1892). P. Vigier, *La Monarchie de Juillet* (1962). C. H. Pouthas, *Guizot sous la Restauration* (1923): G. Bertier de Sauvigny, *Un type d'ultra-royaliste; le comte Ferdinand de Bertier, 1782-1864 et l'*énigme de la Congrégation (1948). R. Rémond, *La Vie politique en France depuis 1789*, t. I: 1789-1848 (1965). *La Droite en France de 1815 à nos jours* (1954). G. Perreux, *Au Temps des sociétés secrètes. La propagande républicaine au début de la Monarchie de Juillet* (1931). G. Weill, *Histoire du parti républicain en France, 1814-1870* (1900). L. Girard, *La Garde nationale* (1964). A. J. Tudesq, *Les Grands notables en France, 1840-1849* (1964). L. Dunham, *La Révolution industrielle en France, 1815-1858* (1953). B. Gille, *La Banque et le crédit en France de 1815 à 1848* (1959). C. H. Pouthas, *La Population française pendant la première moitié du XIXe siècle* (1956). E. Beau de Loménie, *La Responsabilité des dynasties bourgeoises*, t. I: *De Bonaparte à Mac-Mahon* (1943). J. Lhomme, *La Grande Bourgeoisie au pouvoir, 1830-1880* (1960) L. Chevalier, *Classes laborieuses et classes dangereuses pendant la première moitié du XIXe siècle* (1958). A. Daumard, *La Bourgeoisie parisienne de 1815 a 1848* (1963). B. Guyon, *La Pensée politique et sociale de Balzac* (1947). M. Leroy, *Histoire des idées sociales en France*, t. II: *De Babeuf a Tocqueville* (1950). J.-B. Duroselle, *Les Débuts du catholicisme social en France* (1951). R. Garaudy, *Les Sources françaises du socialisme scientifique* (1948). É. Dolléans, *Histoire du mouvement ouvrier*, t. I: 1830-1870 (1947) [ed. cast.: *Historia del movimiento obrero*, Zero, Madrid, 1969]. J. Bruhat, *Histoire du mouvement ouvrier français*, t. I (1952). H. Gouthier, *La Jeunesse d'Auguste Comte et la formation du positivisme*, 2 vols. (1941). C. Ledré, *La Presse it l'assaut de la Monarchie, 1815-1848* (1960). J. Vidalenc, *Le Département de l'Eure sous la Monarchie constitutionnelle, 1814-1848* (1952). P. Vigier, *La Seconde République dans la région alpine* (1959). A. Dansette, *Histoire religieuse de la France contemporaine. De la Révolution a la Troisième République* (1948). A. Latreille y J. Palanque, *Histoire du catholicisme en France. La Période contemporaine* (1962).

Alemania

F. Schnabel, *Deutsche Geschichte im 19. Jahrhundert*, 4 vols. (1954). G. Mann, *Deutsche Geschichte des neunzehnten und zwanzigsten Jahrhunderts* (1959). H. V. Srbik, *Deutsche Einheit*, I (1953), H. Herzfeld, *Die Epochen des bürgerlichen Nationalstaates* (1960). B. Gebhardt (ed.), *Handbuch der deutschen Geschichte III von der Französischen revolution bis zum ersten Weltkrieg* (1960). K. Obermann, *Deutschland von 1815-1849* (1963). E. Vermeil, *L'Allemagne. Essai d'explication* (1940). P. Aycoberry, *L'Unité allemande* (1968). E. H. Huber, *Deutsche Verfassungsgeschichte seit 1789, t. II* (1957). H. Heffter, *Die deutsche Selbsverwaltung im 19. Jahrhundert* (1950). F. Luetge, *Deutsche Sozial – und Wirtschafsgeschichte*, 3.ª edición (1966). P. Benaerts, *Les Origines de la grande industrie allemande. Histoire du Zollverein, 1833-1886* (1940). W. O. Henderson, *The Zollverein* (1933). T. S. Hamerow, *Restoration, revolution, reaction. Economics and Politics in Germany, 1815-1871* (1958). R. H. Thomas, *Liberalism, nationalism and German intellectuals, 1822-1847* (1951). L. Kreiger, *The German idea of freedom. History of a political tradition* (1957). F. C. Sell, *Die Tragödie des deutschen Liberalismus* (1953). J. Droz, *Le Liberalisme rhénan, 1815-1848* (1940). R. Kosellek, *Preussen zwischen Reform und Revolution* (1967). E. Zechlin, *Die deutsche Einheitsbewegung*, en *Deutsche Geschichte. Eriegnisse und Probleme* (1967). P. Wentzke y W. Kloetzer, *Heinrich von Gagerns Briefe und Reden, 1815-1847* (1959). W. Conze (ed.), *Staat und Gesellschaft im deutschen* Vormärz (1962) W. Schieder, *Anfänge der deutschen Arbeiterbewegung. Die Auslandsvereine im Jahrzehnt der Revolution von 1830* (1963). C. Jantke, *Der Vierte Stand. Die gestaltende KrPafte der deutschen Arbeiterbewegung jrn 19. Jahrhundert* (1955). A. Cornu, *Karl Marx et Fiedrich Engels*, 3 vols. (1955-1966). E. Bottigelli, *Genèse du socialisme scientifique* (1967). G. Goyau, *L'Allemagne religieuse. Le Catholicisme*, 2 vols. (1923 y ss.). W. O. Shanahan, *German Protestantism face to the social question. The Conservative phase* (1954).

Italia

F. Catalano, R. Moscati y F. Valsecchi, *Storia d'Italia*, t. VIII: *L'Italia nel Risorgimento dal 1789 al 1870* (1964). C. Spellanzon,

Storia del Risorgimento e dell'unita d'Italia, 5 vols. (1936-1950). G. Candeloro, *Storia dell'Italia moderna,* t. II, *1815-1848* (1958). G. F. H. Berkeley, *Italy in The making 1815 to 1848* (1932). R. A. Carrié, *Italy from Napoleon to Mussolini* (1950). P. Guichonnet, *L'Unité italienne* (1961). A. Gramsci, *Il Risorgimento* (1955). A. Omodeo, *L'Eta del Risorgimento italiano* (1952). *Difesa del Risorgimento* (1951). L. Salvatorelli, *Il Pensiero politico italiano dal 1700 al 1870* (1949). K. R. Greenfield, *Economics and Liberalism in the Risorgimento. A Study of Nationalism in Lombardy, 1815-1848* (1934). R. Romeo, *Risorgimento e Capitalismo* (1959). L. Bulferetti, *Socialismo risorgimentale* (1949). N. Rodolico, *Carlo Alberto,* 3 vols. (1943-1948). A. Omodeo, *La Leggenda di Carlo Alberto nella recente Storiografia* (1940). G. Salvemini, *Il Pensiero religioso, politico e sociale de G. Mazzini* (1905). E.-E. Y. Yales, Mazzini *and the secret societies* (1956). A. Omodeo, *V. Gioberti a la sua evoluzione politica* (1941). A. M. Ghisalberti, *Massimo d'Azeglio, un moderatore realizzatore* (1953).

Austria

H. Hantsch, *Die Geschichte Oesterreichs,* t. II (1950). E. Zoeliner, *Geschichte Oesterreichs* (1961). R. A. Kann. *The Multinatinal Empire. Nationalism and national reform in the Habsburg Monarchy,* 2 vols. (1950). *The Habsburg Empire. A Study in integration and disintegration* (1957). E. Denis, *La Boheme depuis la Montagne blanche,* t. II (1903). H. Muensch, *Böhmische Tragödie. Das Schicksal Mitteleuropas im Lichte der tschechischen Frage* (1949). J. Szekfu, *Etat et nation* (1945). J. Weber, *Eötvös und die Ungarische nationalitrit enf rage* (1966). H. Hantsch, *Die Nationalitätsf rage im alten Oesterreich* (1953). J. Droz, *L'Europe centrale. Evolution historique de l'idée de Mitteleuropa* (1960). R. V. Srbik, *Metternich, der Staatsmann und der Mensch,* 3 vols. (1952, 1954). F. Valvajec, *Der Josef inismus* (1945). E. Winter, *Der Josefinis-mus und seine Geschichte* (1943). *Die geistige Entwicklung A. Guenthers* (1931). *B. Bolzano und sein Kreis* (1933). K. Eder, *Der Liberalismus in Alt-Oesterreich. Geisteshaltung, Politik und Kultur* (1955). J. Blum, *Noble Landowners und Agriculture in Austria, 1815-1848. A Study in the Origin of paysant Emancipation* (1948).

O. Brunner, *Adeliges Landleben und Europäischer Geist* (1949). J. Marx, *Die wirtschaftlichen Ursachen der Revolution von 1848 in Oestrasseich* (1965).

Rusia

M. V. Neckina, *Histoire de l'URSS, t. II, La Russie au XIXe siècle* (1949) (en ruso). M. T. Florinsky, *Russia. A History and an interpretation* (1959). V. Gitermann, *Geschichte Russlands,* t. II (1944). P. N. Milioukov, C. Seignobos y L. Eisenmann, *Histoire de la Russie,* t. II (1932). B. Pares, *A History of Russia* (1949). B. H. Sumner, *Survey of Russian History* (1944). M. C. Wren, *The Course of Russian History* (1958). P. L. Lyaschenko, *History of the national Economy of Russia (to the 1917 Revolution)* (1949). B. Gille, *Histoire économique et sociale de la Russie, du Moyen Age au XXe siècle* (1949). R. Portal, *Les Slaves. Peuples et nations* (1965). J. Danzas, *L'Itinéraire religieux de la conscience russe* (1935). N. Berdiaev, *Les Sources et le sens du communisme russe* (1938). A. Koyre, *La Philosophie et le problème national en Russie au début du XXe siècle* (1929). P. Labry, *A. I. Herzen, 1812-1870. Essai sur la formation et le développement de ses idées* (1928). C. Quenet, *Tchaadev et les Lettres philosophiques. Contribution à l'étude du mouvement des idées en Russie* (1932). A. Gratieux, *A. S. Chomiakov et le mouvement slavophile* (1939). A. G. Mazour, *The First Russian Revolution, 1825. The Decembrist in Movement, its origins, development and significance* (1937). B. P. Hepner. *Bakounine et le panslavisme révolutionnaire* (1950). D. S. Mirski, *Russia. A social History* (1931). M. Kuriel, *Czartoryski and European History, 1770-1861* (1955). *Cambridge History of Poland,* II (1951).

APÉNDICE BIBLIOGRÁFICO

Las características del texto de Droz aconsejan presentar al lector una bibliografía sucinta sobre la historia de España entre 1815 y 1848 que le permita, si en ello está interesado, completar su conocimiento del periodo. Para su redacción nos hemos guiado por el mismo criterio señalado por Droz: mencionar exclusivamente las obras básicas, a veces las únicas existentes sobre determinados temas, o los trabajos que modifican la interpretación tradicional de los acontecimientos. El lector que lo desee puede encontrar bibliografías más detalladas en la mayoría de las obras incluidas en este apéndice.

OBRAS GENERALES

La historiografía española sufrió una profunda transformación, en su método y contenido, tras la publicación, de las obras fundamentales de J. Vicens Vives, en especial de la *Historia social y económica* dirigida por él, cuyo tomo V, *Burguesía, industrialización, obrerismo (siglos XIX y XX)* se refiere al periodo aquí estudiado. (Este tomo se ha reeditado, en edición de bolsillo, en 1972, con un amplio apéndice bibliográfico que recoge y comenta, aunque a veces con cierta parcialidad, varias obras sobre el periodo. Vicens Vives, Barcelona, 1972, 748 pp.) Tras esta obra, y en buena medida continuando el proceso de renovación trazado por Vicens, se han publicado en los últimos años diversos libros dedicados al siglo XIX, entre los que conviene destacar: M. Tuñón de Lara, *La España del siglo XIX* (Laja, Barcelona, 1974, 438 pp.); A. Jutglar, *La era industrial en España* (Nova Terra, Barcelona, 1963, 349 pp.); del mismo autor, *Ideologías y clases en la España contemporánea,* cuyo tomo I abarca de 1808 a 1874 (Cuadernos para el Diálogo, Madrid, 1968, 397 pp.); R. Carr, *España, 1808-1939* (Ariel, Barcelona, 1970,

734 pp.), y, finalmente, M. Artola, *La burguesía revolucionaria (1808-1874)* (Alianza, Madrid, 1973, 434 pp.), hasta el momento, la última y más lograda síntesis del periodo, tomo V de una nueva *Historia de España,* dirigida por el mismo Artola. Con posterioridad a la publicación de la obra de Artola, han aparecido los tomos XIV y XV de una *Nueva Historia de España: La España de Fernando VII y Liberalismo y Absolutismo* (Edaf, Madrid, 1974), que no añaden ninguna novedad y se limitan a repetir, a veces con errores, los planteamientos ya conocidos sobre el periodo.

Desde otra perspectiva (centrada en el estudio de *mores* o «formas de vida colectiva»), merece ser mencionado el sugestivo ensayo de J. L. L. Aranguren, *Moral y sociedad. La moral social española en el siglo XIX* (Cuadernos para el Diálogo, Madrid, 1965, 203 pp.), uno de los pocos trabajos de interés sobre el siglo que no procede de un historiador profesional. Los textos legales más importantes del periodo han sido publicados por E. Tierno Galván, *Leyes políticas españolas fundamentales (1808-1936)* (Tecnos, Madrid, 1968, 534 pp.), obra que puede completarse con la reciente, aunque no muy afortunada, selección de textos de la época realizada por M. C. García-Nieto, J. M. Donézar y L. López Puertas, *Bases documentales de la España contemporánea,* cuyos tomos I y II abarcan el periodo 1808-1868 (Guadiana, Madrid, 1971, 268 y 309 pp.).

Historia económica y social

El papel renovador de la obra de Vicens, ya mencionado, se reflejó igualmente en la aparición de su *Manual de historia económica de España,* publicado con la colaboración de J. Nadal Oller (Vicens Vives, Barcelona, 1964, 717 pp.). Al lado de esta obra, Vicens había dedicado diversos artículos a la historia económica de la España contemporánea, entre los que destacan *Coyuntura económica y reformismo burgués* y *La industrialización y el desarrollo económico de España de 1800 a 1936,* recogidos por J. Fontana en un volumen publicado bajo el título del primero de los trabajos citados (Ariel, Barcelona, 1968, 217 pp.).

Entre los estudios posteriores de historia económica relativos al periodo 1814-1849, podemos mencionar los siguientes:

El Banco de España. Una historia económica (Madrid, 1970, 540 pp.), obra en la que se encuentran dos estudios sobre la evolución económica del país, escritos, al igual que en la anterior, por G. Ânes («La economía española, 1782-1829») y J. Nadal («La economía española, 1829-1931»), y junto a ellos dos trabajos de E. J. Hamilton y G. Tortella dedicados al estudio del Banco Nacional de San Carlos y a la formación del Banco de España, respectivamente.

LACOMBA, J. A., *Introducción a la historia económica de la España contemporánea,* Guadiana, Madrid, 1972, 2.ª ed. revisada, 606 pp.

NADAL, J., *La población española (siglos XVI a XX),* Ariel, Barcelona, 1971, 239 pp., primer estudio global de la evolución demográfica del país, que dedica uno de sus capítulos al análisis del siglo XIX.

RINGROSE, D. R., *Transportation and economic stagnation in Spain, 1750-1850,* Duke University Press, Durham, 1970, XXV + 171 pp. [ed. cast.: *Los transportes y el estancamiento económico de España,* Tecnos, Madrid, 1972, 222 pp.].

ROMERO DE SOLIS, P., *La población española en los siglos XVIII y XIX,* Siglo XXI de España, Madrid, 1973, 288 pp.

Servicio de Estudios del Banco de España, *Ensayos sobre la economía española a mediados del siglo XIX,* Madrid, 1970, 399 pp., que incluye dos trabajos de interés relativos a este periodo: el de J. Nadal, «Los comienzos de la industrialización española (1832-1868): la industria siderúrgica» y el de G. Anes, «La agricultura española desde comienzos del siglo XIX hasta 1868: algunos problemas».

La transformación de la sociedad, esbozada en la primera mitad del siglo XIX, no ha sido estudiada en su conjunto, aunque hay ya trabajos de importancia sobre distintos aspectos de la misma. Salvador de Moxó ha analizado *La disolución del régimen señorial en España* (Consejo Superior de Investigaciones Científicas, Madrid, 1965, 271 pp.), que también ha sido estudiada recientemente en la obra de Bartolomé Clavero, *Mayorazgo. Propiedad feudal en Castilla, 1369-1836* (Siglo XXI de España, Madrid, 1974, 436 pp.). Y tras la obra de C. Viñas Mey, *La reforma agraria en España en el siglo XIX* (Tip. de «El Eco Franciscano», Santiago, 1933, 65 pp.), han aparecido, sobre todo en los últimos años, diversos estudios sobre el proceso jurídico y las consecuencias económicas y sociales de la desamortización, entre los que conviene mencionar los libros de F. Tomás y Valiente, *El marco político de la desamortización en España* (Ariel, Barcelona, 1972, 172 pp.), y de F. Simón Seguro, *La desamortización española del siglo XIX* (Instituto de Estudios Fiscales, Madrid, 1973, 328 pp.), además de los trabajos de Anes y Nadal citados más arriba. El resto de los trabajos publicados se refieren al desarrollo del proceso desamortizador en varias provincias (Toledo, Navarra, Barcelona, Gerona, Madrid, Sevilla...).

Dos grupos sociales de trascendental importancia en este periodo, la Iglesia y el Ejército, han sido objeto de estudios recientes, aunque dedicados fundamentalmente al análisis de su relaciones con el poder político: la primera, en el libro de J. M. Cuenca Toribio, *La Iglesia española ante la revolución liberal* (Rialp, Madrid, 1971, 290 pp.), en especial en los dos primeros artículos, y en la obra de J. M. Castells, *Las asociaciones religiosas en la España Contemporánea. Un estudio jurídico-administrativo (1767-1965)* (Taurus, Madrid, 1973, 502 pp.); el segundo, en la obra de F. Christiansen, *The origins of military power in Spain, 1800-1854* (Oxford University Press, 1967, X + 194 pp.) [ed. cast.: *Los orígenes del poder militar en España,* Aguilar, Madrid, 1974]. Pero el tema que en los últimos años está siendo objeto de mayor atención de parte de los historiadores es el de los orígenes y desarrollo del movimiento obrero español. Para el periodo que nos ocupa (1814-1848) pueden verse: C. E. Lida, *Anarquismo y revolución en la España del siglo XIX* (Siglo XXI de España, Madrid, 1972, 334 pp.); la parte primera de la antología de la misma autora, *Antecedentes y desarrollo del movimiento obrero español, 1835-1888* (Siglo XXI de España, Madrid, 1973, 500 pp.); M. Tuñón de Lara, *El movimiento obrero en la historia de España* (Taurus, Madrid, 1972, 963 pp.); Vila y Viada, *Eis primers moviments socials a Catalunya* (Nova Terra, Barcelona, 1972, 1.ª ed., Llibreria Catalonya, Barcelona, 1935); *Los orígenes del asociacionismo obrero en España,* selección e introducción de A. Elorza (Revista de Trabajo, número 37, 1972); y J. M. Ollé Romeu, *El Moviment Obrer a Catalunya, 1840-1843. Textos i Documents* (Nova Terra, Barcelona, 1973, 432 pp.).

Historia política

El reinado de Fernando VII fue estudiado inicialmente por F. Suárez en varios trabajos recogidos en su libro *La crisis política del Antiguo Régimen en España* (Rialp, Madrid, 1958, 285 pp.), y tras él, por varios de sus discípulos, que han publicado en la *Colección histórica de la Universidad de Navarra* algunos estudios originales y numerosas fuentes del periodo. En especial se puede citar el libro de J. L. Comellas, *El trienio constitucional* (Rialp, Madrid, 1963, 446 pp.), que, como las obras de Suárez y del resto de la escuela, se mueve dentro de los cauces de la historiografía política tradicional, de talante claramente conservador.

Pero el mejor estudio sobre el reinado es el de M. Artola, *La España de Fernando VII,* publicado como tomo XXVI de la *Historia de España* dirigida por Ramón Menéndez Pidal (Espasa-Calpe, Madrid, 1968, 999 pp.). La primera fase del reinado ha sido, además, objeto de un análisis muy riguroso en la obra de J. Fontana, *La quiebra de la Monarquía absoluta* (Ariel, Barcelona, 1971, 498 pp.), que no se limita a la historia política de los años 1814-1820, sino que trata de poner de manifiesto las interconexiones existentes entre los hechos políticos y la evolución económica. Complementariamente, J. Fontana ha publicado con posterioridad un estudio sobre *Hacienda y Estado, 1823-1833* (Instituto de Estudios Fiscales, Madrid, 1974, 360 pp.), y una selección de trabajos que abarcan diversos temas del periodo 1808-1868, bajo el título *Cambio económico y actitudes políticas en la España del siglo XIX* (Ariel Quincenal, Barcelona, 1973, 200 pp.). Las luchas por la independencia de las colonias americanas y la creación de las nacionalidades pueden estudiarse, entre otros muchos, en el libro de T. Halperin Donghi, *Historia contemporánea de América Latina* (Alianza, Madrid, 1969, 549 pp.). Finalmente, J. Torras ha estudiado *La guerra de los agraviados* (Publicaciones de la Cátedra de Historia General de España, 1967, XXI + 216 pp.), claro precedente de las guerras carlistas posteriores.

En cambio, el reinado de Isabel II no ha sido sometido aún a un estudio global, de acuerdo con las exigencias de la historiografía actual, al menos por lo que conocemos. Hay varios análisis de diversos aspectos del reinado, entre los que se pueden señalar, para el periodo que precede a 1848, los siguientes:

COMELLAS, J. L., *Los moderados en el poder, 1844-1854,* Consejo Superior de Investigaciones Científicas, Madrid, 1970, 369 pp.

OYARZÚN, R., *Historia del carlismo,* Alianza, Madrid, 1969, 553 pp.

SÁNCHEZ AGESTA, L., *Historia del constitucionalismo español,* Instituto de Estudios Políticos, Madrid, 1964, 462 pp.

TOMÁS VILLARROYA, J., *El sistema político del Estatuto Real (1834-1836),* Instituto de Estudios Políticos, Madrid, 1968, 649 pp.

TUÑÓN DE LARA, M., «¿Qué fue la década moderada?», en *Estudios sobre el siglo XIX,* Siglo XXI de España, Madrid, 1971, 284 pp.; en este libro se incluye también uno de los escasos trabajos sobre el colonialismo español del periodo, «España y Cuba en la primera mitad del siglo XIX».

HISTORIA DE LAS IDEAS

Mientras la historia de la literatura o la historia del arte cuentan con obras de importancia relativas a este periodo (por ejemplo, el estudio, ya clásico, de E. Allison Peers sobre el romanticismo español), la historia del pensamiento decimonónico, en concreto del pensamiento político, social o económico, está aún falta de estudios sobre las principales figuras y, por supuesto, de síntesis adecuadas. Una introducción al tema puede encontrarse en el estudio de Rodrigo Fernández Carvajal, «El pensamiento español en el siglo XIX», publicado en la *Historia General de las Literaturas Hispánicas* (Barna, Barcelona); las partes publicadas en los tomos IV (2.ª parte) y V son las que corresponden a este periodo. Los doctrinarios españoles y sus relaciones con los franceses han sido estudiados por L. Díez del Corral, *El liberalismo doctrinario* (Instituto de Estudios Políticos, Madrid, 1945, XIII, 616 pp.); para los primeros socialistas disponemos de la antología de Antonio Elorza, *Socialismo utópico español* (Alianza, Madrid, 1970, 240 pp.), y de la de J. M. Ollé, *Introducció del socialisme utópic a Catalunya (1835-1837)* (62, Barcelona, 1969, 234 pp.). El desarrollo del pensamiento económico en Cataluña ha sido analizado con gran rigor por Ernest Lluch en su obra *El pensament economic a Catalunya (1760-1840)* (62, Barcelona, 1973, 384 pp.). Aparte de estas obras hay algunos estudios sobre, diversas figuras de la época que las características de esta bibliografía no nos permiten enumerar;

pero falta una visión de conjunto, que solo se logrará cuando existan suficientes trabajos monográficos sobre los planteamientos ideológicos del periodo.

Manuel Pérez Ledesma
Madrid, junio de 1974

ÍNDICE ONOMÁSTICO

Abel 138
Aberdeen, George Gordon 204, 216
Affre, arzobispo de París 182
Aksakov, hermanos 170
Alejandro I, zar 23, 165-167, 197, 202, 203
Alejandro II, zar 171
Allen 87
Allignol, hermanos 182
Andrian, barón 159, 160, 164
Angulema (Luis de Borbón), duque de 199
Arago, Etienne 105
Araktcheev, A. A. 165, 166
Arconati-Visconti, marqués 151
Arenberg (familia) 33
Arndt, Ernst Moritz 135
Artois, conde de (véase Carlos X) 96, 97
Auerswald, familia de 142
Augustenburg, duque de 146
D'Azeglio, Massimo 149, 155

Baader, F. Xaver 19, 183
Babeuf, François Noël 76, 86, 112
Bakunin, M. A. 170
Balbo, Cesare 155
Balzac, Honoré de 36, 45, 47, 67
Bandiera, hermanos 153
Baneering 43
Barante, de 98
Barbes, Armand 90
Baring (banqueros) 25, 31, 32
Barrot, Odilon 108, 114, 117
Bassermann 137, 138
Bastiat, Fréderic 51, 52
Bastide, Jules 105
Bauer, Bruno 80, 82, 143
Bauer, Edgar 143
Baur, Karl 192
Bautain, L. E. M. 176
Bazard, Armand 70, 71
Beauharnais, Eugene de 209
Beck, Josef 138
Becker, A. 80
Becker, Nikolaus 141, 215
Beckerath 140
Benbow 86

Benckendorff, general 168
Bentham, Jeremy 51, 52, 85, 121, 123, 124
Bentinck, George 126
Béranger, Pierre-Jean de 52, 102
Berchet, G. 148, 149, 151
Bergasse 197
Bernetti 176
Berry, Carlos de Borbón, duque de 100, 108
Berry, Carolina, duquesa de 110
Berryer, P. A. 111
Bertin, L. F. 43, 102
Bielinski 170, 171
Birotteau, Cesar 43
Bismarck, Otto von 145
Blanc, Louis 75, 96, 97, 206
Blanqui, Auguste 51, 52, 64-66, 76, 90
Blittersdorf 137, 138
Bois-le-Comte, Charles H. 205
Bolzano, Bernard 159
Bonald, Vizconde de 17, 18, 69, 96, 97, 182
Borisov, hermanos 167
Börne, L. 136
Borsig 38
Botta, Carlo 151
Bourmont, conde de 103
Bowring, John 211
Brentano, Bettina von 89
Bright, John 86, 128
Broglie, condesa de 192
Broglie, Victor, duque de, 98, 112-114, 211, 212
Brontë, Charlotte 58-60
Bruges, conde de 96, 97
Brune, G. M. 95
Brunel, M. I. y K. I. 31
Brunswick, Carolina de 122-124, 135
Buchez, Ph. 73, 88, 117, 180
Büchner, George 90, 91, 136
Bugeaud, general 112
Buonarotti, F. 76, 90, 91
Burdeos, duque de 48, 49, 105, 109
Buret de Chadwick, A. 63, 64
Burke, Edmund, 17

247

Buss, F. J. 186
Byron, George Gordon, lord 84, 203

Cabet, Étienne 75, 76, 112, 113
Chadwick, Edwin 63, 64, 85
Calvino, Juan 192
Camphausen Ludolf von 37, 38, 140
Cancrin, G. F. 40
Canning, George 123, 124, 200, 201, 203, 204
Cantù, Cesare 149
Capo d'Istria, Juan, conde de 202, 203
Capponi, G. 148
Carey, H. T. 57, 58
Carlos Alberto, príncipe de Carignan 150, 154-157
Carlos Félix, rey de Cerdeña 150
Carlos, Don, pretendiente carlista 212
Carlos X de Francia 99, 102, 105, 114
Carlyle, Tomás 28, 58-60, 66
Carnot, Sadi 28
Carrel, Armand 104, 111, 206
Cartwright, John 121
Casimir-Perier, J. 28, 48, 98, 99, 108-110, 112, 210
Castlereagh, Enrique Roberto Stewart, vizconde de 123, 197, 199, 200, 218
Cattaneo, C. 155
Cavaignac, L. E. 105, 112, 116
Cavour, Camilo Benso, conde de 39, 155
Clavel, abate 182
Clontarf 130
Cobbett, W. 84, 121, 122
Cobden, Richard 86, 128, 155
Cockerill, W. 33, 38, 208
Codrington, E. 204
Combalot, T. 181
Comte, Auguste 59-62
Confalonieri, F. 148
Consalvi, cardenal 148, 173-175
Considérant, Victor 72
Constant, Benjamin 52-54, 56, 98, 99
Constantino, gran duque 167, 168, 214
Cook, Charles 192
Coppet 57
Corbière, Edouard Joachim 97, 100
Corbon 88
Corvetto 101
Cotta, J. G. 164
Courier, Paul-Louis 52
Cousin, Víctor 103, 110, 114, 115, 151
Crétineau-Joly, Jacques 176
Cubières, general 117
Custin 170
Cuvier, Jorge 28
Czartoryski, príncipe Adam 168, 169, 196

Chaadaiev 170
Chalmers 193
Charnier, Pierre 87
Chateaubriand, François A., Vizconde de 96, 97, 102, 103, 176, 199, 201, 203, 205
Chevalier, Michel 71
Chlopicki, general 168
Choiseul-Praslin, duque de 117
Christian VIII de Dinamarca 146

Dahlmann, Friedrich 136, 140, 141, 146
Daumier, Honorato 112
Davis, T. O. 130
De Bonald, cardenal 17, 18, 96, 97, 182
Decazes, Elie 95, 98, 99, 100
De Coux 178
Delessert, B. 48
Delolme 118
Derby, conde de 126
Descartes, René 20
Deschamps, F. 181
Dessoles, marqués de 99
Devaux, L. E. J. 208
Dezamy 76
Dickens, Charles 58-60
Didier 95
Disraeli, Benjamin 59, 60, 128
Dobrovsky, abate 162
Doherty, John 85
Dollfus (familia) 48, 49
Döllinger, I. von 183
Dombasle, Mathieu de 34
Dostoievski, F. M. 171
Drey, J. S. 183
Droste-Vischering, arzobispo 184
Droysen, J. G. 141
Drummond, Thomas 130
Duchâtel, C. M. 117
Duffy, Gavan 130
Dunin, arzobispo 184
Dunoyer, Ch. 28, 51, 52
Dupin, André 114, 115
Dupont de L'Eure, J. Ch. 98, 99, 101
Durando, G. 155
Duvergier de Hauranne, P. 113, 115, 117

Eckstein, barón de 20, 178
Eichhorn, K. F. 19
Eldon, J. S., conde de 122
Enfantin, P. 35, 70, 71
Engels, Friedrich 44, 63, 64, 68, 83, 87, 91, 229
Eötvös, conde 161
Ericsson, J. 32
Espartero, Joaquín Baldomero 213
Eynard, J. G. 203

Failly, G. de 186
Falloux 182
Federico II de Prusia 138
Federico Guillermo III de Prusia 134, 193
Federico Guillermo IV de Prusia 38, 89, 138, 139, 145, 184, 186, 193
Fellersleben, Hoffmann von 143
Fernando I 158, 162, 163, 199
Fernando II 153
Fernando IV de Nápoles 150
Fernando VII de España 199, 212, 240, 243
Ferrari, G. 155
Feuerbach, Ludwig 78, 80-82, 143
Fichte, Johann Gottlieb 57, 58
Fieschi, G. 112
Fiévée, J. 96, 97
Flocon, F. 116
Follen, Karl 134
Forbin-Janson, Ch. 47
Fossombrini, V. 147
Fouché, J. 95
Fourier, Charles 71-73, 77, 78, 171
Francisco I de Austria 26
Francisco II 158
Francisco IV 150
Frayssinous, Monseñor 102
Freiligrath, Ferdinand 143
Frost, John 86
Fürstenberg 182

Gagern, Heinrich von 138
Gaj, L. 163
Galitzin, princesa 182
Galitzin, príncipe 165, 166
Gall, Ludwig 79
Garibaldi, Giuseppe 153
Garnier-Pagés, L. A. 116
Gaskell, Elizabeth 58-60, 66
Gaussen, F. S. 192
Geissel, arzobispo 185
Gendebien 208
Genoude, abate 111
Gentz, Friedrich von 22, 26, 158
Gerbet, abate 178
Gerlach, hermanos 21
Gervinus, G. G. 136, 143, 146
Gioberti, V. 151, 154-156, 190, 191
Giusti, G. 149
Gladstone, William Ewart 129
Glücksburg, Christian von 146
Godin, J. B. A. 72
Görres, Guido von 185
Görres, Joseph von 19, 134, 135, 183-184
Goüin, A. 48

Granovski 171
Grégoire, abate 100
Gregorio XVI, papa 39, 173, 175, 176, 179, 181, 191
Grey, lord Charles 124, 125, 127
Grillparzer, F. 159, 160
Grün, Athanasius, conde de Auersperg 159, 160
Grün, Karl 81
Guenther, A. 187
Guépin, doctor 65
Guéranger, abate 179, 180
Guerrazzi, F. D. 149
Guillermo I 33, 207-209
Guillermo IV 38, 89, 125, 138, 139, 145, 184, 186, 193
Guizot, François 48, 49, 54, 55, 98, 99, 103, 105, 112, 114-117, 180, 181, 215-218
Gützkow, Karl F. 136

Haldane, R. 191
Haller, Ludwig von 18
Hampden, R. D. 193
Hanka, V. 162
Hansemann, David J. 139, 140
Hardenberg, Karl August von 140
Harkort, F. W. 37, 38
Harney, George Julian 87, 91, 92
Haüsser, L. 141
Havlicek 162
Hecker, F. 145
Hegel, G. W. F. 21, 22, 80, 170
Heine, Heinrich 71, 136
Heinzen, Karl P. 145
Herder, Johann Gottfried von 161
Hermes, G. 176, 184
Herwegh, G. 143
Herzen, Alejandro Ivanovich, 171
Hess, Moses 81, 82, 143
Heydt, von der 140
Hobhouse, J. C. 121
Hodgskin, T. 77
Hofbauer, G. M. 19, 187
Hope (familia) 25
Hottinguer, J. 48
Hüber, V. A. 193
Hugo, V. 67, 69, 102, 106, 107, 203
Humann 114, 115
Hume, Joseph 123
Hunt, William Holman 84, 122
Hurter, F. 185
Huskisson, W. 123, 124

Ibell 135
Ingres, Dominique 43

Ipsilantis, A. 201, 202
Isabel II de España 243, 244

Jacoby 141, 144
Japy (familia) 48, 49
Jarcke, C. E. 21, 185
Jomiakov 170
Jones, Ernest 86
Jordan, C. 98
Jorge III de Inglaterra 118, 122, 123
Jorge IV de Inglaterra 122-124
José II 159, 160, 162, 163
Jungmann, J. 162

Kant, Emmanuel 141, 176
Karadjitch, vuk 163
Keble, John 190
Kingsley, C. 59, 60
Kirievski 170
Kisselev 40
Klindworth, general 218
Kolowrat, conde 158
Kollar, Jan 162, 163
Kopitar 163
Kossuth, Lajos 161, 229
Kotzebue, Augusto von 135
Krüdener, baronesa de 165, 166, 197
Kübeck 158

La Bourdonnais, F. R. 104
Lacordaire, J. B. H. 178-180, 188
Lafayette, marqués de 98, 99, 101, 105
La Ferronays, P. L. 204
Laffitte, J. 36, 48, 98, 99, 105, 108
Lahautière 76
Lainé, J. H. 98, 99
Lamarque, general Maximilien 111
Lamartine, Alphonse de 102, 117, 118, 203
Lambruschini, cardenal 176, 190, 191
Lamennais, H. F. R. de 19, 20, 69, 76, 77, 117, 154, 177-180
Lanner, J. F. K 159
Laponneraye 76
Las Cases, M., conde de 206
Lassaulx, E. von 185
Lebau, J. 208
Ledru-Rollin, A. A. 116, 118
Legrand, B. A. V. 35
Lelewel, J. 168, 169
Lenin, V. I. U. 36
Lennig, canónigo 186
León XII, papa 175
Leopardi, Giacomo 149
Lermontov, M. Y. 170
Leroux, Pierre 69-71, 73

Lesseps, Ferdinand de 71
Lesser, G. 90
Libri, G. 151
Liebermann (prelado) 20, 182
Liebig, Justus von 38
Liéven, princesa Dorotea 216
List, Friedrich 37, 38, 57-59, 144, 164
Liszt, Franz 71
Liverpool, conde de 31, 66, 121, 123
Louis, barón L. D. 75, 101, 206
Louvel, L. P. 100
Lovett, W. 86
Lubecki, príncipe 168
Luden, Heinrich 134
Luis, Archiduque 158
Luis I, rey de Baviera 19, 138, 183, 203
Luis XVIII de Francia 95, 99, 100
Luis Felipe de Francia 47-49, 105, 107-109, 113-116, 118, 151, 181, 206, 208-210, 213, 215-218, 224
Luis Napoleón Bonaparte 115, 206
Lutero, Martín 20, 134

Maassen, K. 37
McAdam, J. L. 31
Mackenzie, W. 31
Mackintosh, J. 123
Maffei 38
Mahmud II, sultán 202, 211, 214
Maistre, Joseph de 17, 18, 59, 60, 69, 148
Malan, S. C. 192
Malet (familia) 48
Malthus, T. R. 28, 50
Mangan, J. C. 130
Manning, H. E. (cardenal) 190, 191
Manuel, J. A. 98, 99, 101, 245
Manzoni, A. 149
Marat, J. P. 112
María, Reina de Portugal 147, 150, 188, 212, 217
María Cristina, Regente en España 212
María Luisa de Parma 147, 150, 217
Marmont, A. L. F. 105
Marr, W. 80
Marrast, Armand 104, 105, 116
Martignac, vizconde de 103
Martin, Henri 66, 225
Martínez de la Rosa, Francisco 213
Marx, Karl 68, 72, 73, 78, 82-84, 87, 91, 92, 140, 143, 226
Mastai, cardenal 190, 191
Mathy, K. 137, 138
Maurice, F. D. 59, 60
Mavrokordatos, A. 202, 203
Mazzini, Giuseppe 90-92, 152, 153, 155, 156, 224, 225

McCulloch, J. R. 52
Mecklemburgo-Schwerin, duque de 213
Médicis, L. de 147
Mehmet Alí 202-204, 211, 214, 215
Meinert 161
Melbourne, William Lamb, lord 127
Melun, Armand de 180
Mendizábal, Juan Álvarez 213
Mérimée, Próspero 151
Metternich, Clemente, príncipe de 22, 23, 26, 135-138, 145, 151, 154, 156-161, 163, 164, 173, 174, 179, 195, 197-202, 205, 212, 213, 215, 217, 218, 224
Mevissen, Gustav 140
Mickiewicz, Adam 169
Michelet, Jules 181, 207, 224, 225
Mieg (familia) 48, 49
Mignet, F. A. 104, 206
Miguel, Don, pretendiente carlista 212
Mill, James 121
Mill, John Stuart 59, 60
Minto, G. E. 218
Mitchell, J. 130
Moehler, J. A. 183
Moering, K. 164
Molé, conde 97, 114, 115, 213
Moll, Joseph 91
Monroe, James (doctrina M.) 201
Montalembert, C. F. R., conde de 178, 181, 183, 186, 191
Montes, Lola 138
Montesquieu, Charles de Secondat, barón de 118
Montlosier, F. D., conde de 102
Montmorency Laval, Mathieu, marqués de 47, 97, 199
Montpensier, duque de 217
Morogues, P. 63, 64
Mortemart, C. L. V. 105
Motz, F. von, 37
Müller, Adam 19
Muraviov, Nikita 166

Nadaud, Martin 66
Napoleón I 133
Neander, J. A. 191
Nebenius 137, 138
Neipperg, A. 147
Nemours, duque de 209, 210
Nestroy 159
Newman, John Henry (cardenal) 188-190
Newton, Isaac 72, 87
Ney, Mariscal 95, 101
Nicolás I, zar 40, 165-168, 171, 203, 212, 214
Niebuhr, B. G. 22

Novalis, Friedrich von Hardenberg 17
Novosiltsev 165, 166

Obrenović, Miloš 204
O'Brien, James Bronterre 86
O'Connell, Daniel 124, 129, 130, 162, 188
O'Connor, F. 86
Orleans, Fernando Felipe, duque de 105, 107, 213
Oultrémont (familia) 33
Overberg, F. 182
Owen, Robert 77, 78, 85
Ozanam, A. F. 180

Pálacky, F. 162
Palmerston, Henry Temple 126, 209-212, 214-218
Panizzi, Antonio 151
Parisis, Monseñor 182
Paskievitch, general, I. F. 168
Pasquier, E. D. 94, 101
Paturot, Jérôme 43
Pecqueur, Constantin 74
Pedro I el Grande, zar 170
Peel, Robert 123, 124, 126-130
Pellico, Silvio 148, 149
Pepe, general Guglielmo 150, 151
Perdiguier, Agricol 87
Pereire, hermanos (banqueros) 35, 71
Pestel, Coronel 166, 167
Petöfi, Sandor 161
Petrashevski 171
Peugeot (familia) 48, 49
Peyronnet, P. D. 102
Pfizer, Paul 135
Philipon 112, 114
Phillips, G. 185
Piet 97
Pío VII, papa 173-175
Pío VIII, papa 175
Pío IX, papa 156, 190, 191
Place, F. 28, 121, 123, 124
Podsnap 43
Polignac, Jules de 96, 97, 103, 104, 131, 201, 205
Potter 208
Pozzo di Borgo 95
Pritchard, G. 216
Proudhon, P. J. 73, 83
Prudhomme, Joseph 43
Pugin, A. W. 188
Pusey, E. B. 190
Pusckin, A. S. 170

Quinet, Edgar 207, 225

251

Raditschev 166
Raess, Prelado 20, 182
Raimund 159
Rambuteau, C. Ph. 68
Ramel, J. P. 95
Ranke, Leopoldo von 22
Raspail, F. V. 113
Ravignan, Padre 179, 180
Raymond 57, 58
Reichensperger, Peter 186
Reisach, cardenal de Múnich 185
Rémusat, Charles de 98, 106, 117
Renouvier, Ch. B. 117
Ricardo, David 50, 57, 78, 121, 123
Richelieu, A. E., duque de 95, 98-100, 198
Riego, Rafael del 199
Rigny, A. G. 204
Ringseis 183
Roberts 31
Robespierre, M., 86, 112
Robinson (lord Goderich) 123
Rodrigues, Eugène, y Olinde 70
Roederer, C. D. L. 115
Rogier 208
Röhmer 138
Ronge, J. 143
Rosmini, abate 154, 176
Rossaroll, Hermanos 153
Rossi, Pellegrino 51, 52, 151, 155, 218
Rothschild (familia) 25, 26, 145
Rothschild, Salomon 158
Rotteck, Karl 137, 141
Rousseau, J. J. 73
Roux, J. B. 117
Royer-Collard, P. P. 54, 56, 98
Ruffini 153
Ruge, Arnold 82, 143
Rush, R. 201
Ruskin, John 59, 60
Russell, John 124, 126, 127, 129
Ryleev, K. F. 167

Safarik, P. J. 162
Sailer, J. M. 182, 183
Saint-Cyr, Gouvion 99
Sainte-Beuve, Ch. A. 68, 73
Saint-Martin, Claude de 17
Saint-Simon, conde de 59, 60, 62, 69-71, 73, 196
Sajonia-Coburgo Gotha, Alberto de 127
Sajonia-Coburgo, Leopoldo de 127, 209
Salvandy, N. A., conde de 181, 182
Sand, George 69, 73, 106, 107, 117
Sand, Karl 134
Santa Rosa, Santorre Di 150

Savigny, F. K. von 18, 19
Say, Jean B. 28, 51, 151
Schapper, Karl 90, 91
Schelling, Friedrich W. 170
Schlegel, Friedrich 19
Schleiermacher, F. D. E. 191
Schlumberger (familia) 48, 49
Schön, von 141
Schubert, Franz 159
Schuselka, F. 164
Schwerin (familia) 142, 213
Sedlinsky, barón 158
Sella (familia) 39
Senior, W. Nassau 52, 155
Serre, conde de 98, 100
Sharp 31
Sidmouth, H. A. V. 122
Sieyès, E. J. 44
Sismondi, J. C. L. 56, 57, 74
Smith, Adam 50, 165, 166
Solaro della Margherita 154, 156, 157
Soult, Mariscal 112, 115, 215
Spafields 122
Spence, Thomas 121
Speranski, M. 169, 170
Spiegel, arzobispo de Colonia 184
Staël, Madame de (Germaine Necker) 52, 57, 192, 211
Stahl, F. J. 138, 139, 193
Stankevich 170
St. Born 90
Stein, Lorenz von 79
Stephenson, G. 31
Sterck, arzobispo de Malinas 179
Strauss, David Friedrich 142, 192
Strauss, Johann 159
Struve, F. von 145
Štúr, L. 162
Sturge, Joseph 86
Sue, Eugène 67, 73, 117
Sybel, Heinrich von 143
Széchenyi, conde 160, 161

Talbot 71
Talleyrand, Ch. M. de 45, 94, 95, 104, 195, 209
Tancsics 161
Teste, J. B. 117
Thibaut, A. F. J. 19
Thierry, Augustin 69
Thiers, L. A. 45, 104, 105, 110-112, 114, 115, 117, 206, 212, 213, 215, 217, 224
Tholuk, F. A. 191
Thompson, William 77
Tocqueville, Alexis Clerel de 55, 56, 117, 155, 226, 227

Tommaseo, N. 148, 154
Torielli, L. 155
Toussenel, F. 26
Trélut 105
Tristan, Flora 66, 88
Troya, C. 149, 154
Turguénev, Iván 171

Urquhart, D. 214
Uvarov 169, 170

Vergennes 206
Vernes 35
Veuillot, L. 181
Vicent, S. 192
Victoria, Reina 15, 22, 83, 87, 92, 127, 177, 181, 211, 216, 217
Vidocq, F. J. 67
Viena, Congreso de 15, 135, 195, 221, 225
Vieusseux 148
Villèle, conde de 97, 100-103, 199
Villeneuve-Bargemont, C. 63, 64, 74, 180
Villermé, L. R. 63, 64
Vincke, Freiherr von 142
Vinet, A. R. 193

Vitrolles, baron 96, 97
Vladimirescu, T. 202
Voltaire, F. M. A. 118
Vuillemin 181

Waitz, T. 141
Ward, W. 189, 190
Watt, James 30
Weidig, F. L. 136
Weitling, Wilhem 79, 80, 83, 91
Welcker, Theodor 135, 137
Wellington, A. Wellesley, duque de 84, 123, 125, 204
Wendel (familia) 35, 48, 49
Werburg 164
Wessenberg, Ignaz von 174
Weydemeyer, J. 82
Wichern, J. H. 193
Wiseman, Nicholas (cardenal) 183, 187-191
Wolfe Tone 130
Wolff, Wilhelm 89
Wolowski, L. 51, 52

Zwanziger (familia) 89